Renate Kroll (Hg.)

Victoria Ocampo – Mein Leben ist mein Werk

aufbau

Dieses Werk wurde im Rahmen des SUR-Programms zur Förderung von Übersetzungen des Ministeriums für Auswärtige Angelegenheiten, Internationalen Handel und Kultur der Republik Argentinien verlegt.

Renate Kroll (Hg.)

Victoria Ocampo – Mein Leben ist mein Werk

Eine Biographie in Selbstzeugnissen

Herausgegeben,
kommentiert und übersetzt
von Renate Kroll

aufbau

Mit 27 Abbildungen

ISBN 978-3-351-02724-7

Aufbau ist eine Marke der Aufbau Verlag GmbH & Co. KG

1. Auflage 2010

Einbandgestaltung hißmann, heilmann, hamburg
Druck und Binden CPI Moravia Books, Pohořelice
Printed in Czech Republic

www.aufbau-verlag.de

Inhalt

Vorwort

> Zuweilen fühle ich mich weit entfernt von meinem früheren Ich wie von dem abgeschnittenen Haar, das der Friseur wegfegt, oder von einem abgefeilten Fingernagel, der sich in Staub auflöst. Ich bin nicht mehr das Vergangene; es ist Teil von mir geworden und hat nichts mehr mit mir zu tun. Ich bin etwas anderes. Nur frage ich mich, was?
>
> Victoria Ocampo, *Autobiografía I*

Diese Frage steht bis heute im Raum: Wer war Victoria Ocampo, diese Argentinierin aus der großbürgerlichen Oberschicht, höhere Tochter, die zu einer Lady erzogen werden sollte und die sich aus ihrer behüteten, verwöhnten Kindheit heraus zu einer der bedeutendsten Frauen Lateinamerikas entwickelte?

Alle, die sie aus der Nähe kannten, zog sie in ihren Bann. Für Rabindranath Tagore war sie die Verkörperung eines exotischen, ihm fremden Landes. Hermann Graf Keyserling wollte in ihr eine Kurtisane sehen, eine »Urnatur von primordialer Wucht und Macht«, später sah er in ihr eine »Indianerin mit vergifteten Pfeilen«. Drieu la Rochelle nannte sie »die schönste Kuh der Pampa«, José Ortega y Gasset schwärmte von ihr als »Mona Lisa des Südens«. Er empfand sie als überirdische Erscheinung, ersehnte sie als Muse. Virginia Woolf verglich sie mit einem herrlichen Schmetterling – »So muss der Garten Südamerikas aussehen«. Cocteau meinte in ihrer Schönheit die sichtbare Gestalt des Genies zu erkennen. Gabriela Mistral huldigte ihr als »Göttin des Mais«, der erdverbundenen Geberin und Beschützerin, »weil du beharrlich nach dem strebst, was kommt und noch nicht gekommen ist; und weil du freigebig wie die Natur bist: wie das Korn des fruchtbaren Amerika«.

Mit zahlreichen weltberühmten Persönlichkeiten – Intellektuellen, Künstlern wie Politikern – ist Victoria Ocampo zusammengetroffen, unter ihnen Alfonso Reyes, Sigmund Freud, Nehru,

Indira Gandhi, Charles de Gaulle, Mussolini, Marinetti. Zu ihrem engeren Kreis gehörten Autoren, die sie schätzten und verehrten, so etwa Jorge Luis Borges, Adolfo Bioy Casares, Ricardo Güiraldes, Eduardo Mallea, Waldo Frank, Aldous Huxley, Stefan Zweig, André Malraux, Roger Caillois, aber auch Komponisten wie Igor Strawinsky und Ernest Ansermet, Architekten wie Walter Gropius und Le Corbusier, Filmregisseure wie Sergej Eisenstein. Die Liste ist so lang wie breit gefächert.

Wer die Privatperson Victoria Ocampo wirklich war, wird niemand sagen können. Ihren Verehrern war sie Muse, Diva, Freundin oder Geliebte – sie besaß offenbar selber, was sie an ihre lebenslange Liebe Julián Martínez fesselte: »eine angeborene Anziehungskraft«, eine *innata aristocracia* (José Bianco). Dass sie zusammen mit der chilenischen Dichterin und Nobelpreisträgerin Gabriela Mistral zu den bemerkenswertesten Frauen Lateinamerikas gehört, basiert indes auf ihren literarischen und kulturellen Leistungen und Verdiensten. Als Autobiographin, Essayistin, Briefeschreiberin, Zeitzeugin, ebenso wie als Feministin und Statthalterin eines umfassenden kulturellen Austauschs zwischen Südamerika, Nordamerika und Europa wurden ihr internationale Anerkennungen zuteil. Ihre gigantische Lebensleistung jedoch vollbrachte sie als Gründerin und Leiterin der Zeitschrift SUR und des gleichnamigen Buchverlags: Ein halbes Jahrhundert prägte sie damit nicht allein lateinamerikanische, sondern auch hispanische Geistesgeschichte – welche Kulturzeitschrift vermag sich einer vergleichbaren Wirksamkeit zu rühmen? Kulturschaffende und Mäzenin, Patriotin und Kosmopolitin – ihre intellektuelle Neugier war unerschöpflich, ihre Themen und Interessen zeit- und raumumgreifend.

Die hier vorliegende Auswahl aus Victoria Ocampos Schriften soll einführen in die Fülle ihres seelisch-geistigen sowie intellektuellen Lebens und Wirkens, in den Reichtum ihrer Begegnungen mit der Welt, die sie uns im leichten Prosa-Parlando vermittelt. Über eine intensive Wahrnehmung, konzentriertes Zuhören und Zuschauen, über Sympathien und Hingabe entdeckt sich uns die sensible Intelligenz einer feinfühligen Beobachterin und scharf sezierenden Interpretin. Der nachfolgende Versuch einer autobiographisch orientierten Biographie versteht sich aber auch deshalb als Einführung und Hinführung zu Victoria Ocampo, weil die Stimme der Argentinierin über weite Strecken selbst zu hören ist, im Originalton, für die deutschen Leser und Leserinnen freilich in der Übersetzung.

Die Übersetzung der Texte, eine Auswahl aus der *Autobiografía*, Band I bis VI, und aus den *Testimonios*, Band I bis X (kürzere Zitate sind in den Fußnoten vermerkt), versteht sich als mehr und weniger freie Übertragung. Auslassungen sind lediglich als solche (...) markiert, wenn sie für das Verständnis des Textes nötig waren. Anhand der eingefügten Kommentare und Überleitungen wird sich eine Lebens-Werk-Beschreibung ergeben, die mehr Kohärenz aufweist, als es die einzelnen Selbstzeugnisse und Zeitzeugnisse leisten könnten – angesichts der Vielfalt der Interessen, Begabungen und Beschäftigungen der Autobiographin. Wenn Victoria Ocampo auch keine kohärente Autobiographie geschrieben hat, so sollte die vorliegende Auto-Biographie doch vermitteln, dass ihr Leben ganz in ihren Schriften eingefangen war.

Berlin, im Mai 2010
Renate Kroll

Die Ocampos, Aguirres und ihre Verbindung: Geschichte als Familiengeschichte

Am 7. April 1890, nachmittags um halb fünf, wurde Ramona Victoria Epifanía Rufina Ocampo als älteste Tochter von Manuel Ocampo und Ramona Aguirre in Buenos Aires geboren. Die Stadt zählte damals um die 600000 Einwohner und sollte sich bald zu einer Weltmetropole entwickeln. Drei Millionen Argentinier und eine Million Ausländer lebten auf einem schier unendlichen, in großen Teilen noch unerschlossenen Land. Erst achtzig Jahre zuvor, im Jahre 1810, war Argentinien unabhängig geworden.*

Die Zügel in der Hand hielten die Familien, deren Vorfahren zumeist vom spanischen Adel, Militär oder höheren Beamtentum abstammten und in der Neuen Welt zu Großgrundbesitz gekommen waren. Miteinander verbunden waren sie in ihrem leidenschaftlichen Kampf für die Eigenständigkeit Argentiniens, in ihrem Glauben an eine neu entstehende Nation. Victoria Ocampo gehörte zu einer dieser Familien, das heißt eigentlich zu mehreren, da sie alle, die San Martín, Pueyrredón, Belgrano, Rosas, Urquiza, Sarmiento, Mitre, Roca, López und Ocampo, miteinander verwandt oder befreundet, zuweilen auch verfeindet waren. So wurden historische und politische Ereignisse in der

* Argentinien, zunächst selbständiger Teil des spanischen Kolonialreichs, erlangte die Unabhängigkeit, als die Stadtväter am Río de la Plata im Jahre 1810 dem Vizekönig die Regierungsmacht entrissen und dem spanischen König die Treue erklärten, nachdem er von Napoleon gefangengesetzt worden war. (Die Anmerkungen stammen, wenn nicht anders gekennzeichnet, sämtlich von der Autorin, Übersetzerin und Herausgeberin Renate Kroll.)

Familie erzählt, als ob es sich um Privatangelegenheiten handelte. Die Geschichte hatte im eigenen Haus, im Nachbarhaus oder im Haus gegenüber stattgefunden.

Ihre Kindheit und Jugend verbrachte Victoria Ocampo im Wesentlichen im Umkreis der Calle Florida, Ecke Viamonte (gegenüber dem Catalinas-Kloster), Tucumán und Lavalle, in den Stadthäusern der Eltern, Großeltern und Großtanten. Wichtige Eindrücke hinterließen bei ihr aber auch die Ferienaufenthalte auf den Estancias ihrer Familie: auf dem Großgrundbesitz Pergamino des Großvaters väterlicherseits und auf den Estancias an der Salzküste San Miguel und La Rabona, Landstriche der Vorfahren mütterlicherseits. Bedeutsam für ihr ganzes Leben waren vor allem die Sommeraufenthalte in der Landhausvilla San Isidro, die ihr Vater, Manuel Ocampo, bald nach der Hochzeit 1889 mit Ramona Aguirre, genannt *La Morena*, erbauen ließ.

Die patriarchalisch organisierte Oligarchie, eine erzkonservative Oberschicht, die weitgehend dem Katholizismus anhing und von viktorianischer Gesinnung geprägt war, übte eine strenge Herrschaft und Erziehung auf die nachfolgende Generation aus. Sosehr Victoria Ocampo zeit ihres Lebens gegen die ihr angelegten Fesseln rebellierte, so sehr fühlte sie sich doch stets der Familientradition verpflichtet: »Diese Männer und Frauen haben für ihr Land, das viele Opfer forderte und trotz aller Schrecken fortbestand, alles gegeben, was sie konnten. Kann man mehr verlangen?«

So wie ihr Urgroßvater, Don Manuel Hermenegildo, 1817 die Vereinigten Staaten um die offizielle Anerkennung Argentiniens ersuchte, so wie ihr Vater, Ingenieur, eine Brücke in San Luis bauen ließ, so sollte sie sich ebenfalls einmal in der Eigenschaft als Brückenbauerin begreifen: als kulturelle Vermittlerin zwischen zahlreichen Ländern und Staaten. »Auf einer anderen Ebene und unter ganz anderen Bedingungen habe auch ich versucht, eine Anerkennung dieses Landes zu verhandeln. Vielleicht scheitere ich, so wie Don Manuel Hermenegildo in seiner diplomatischen Mission gescheitert war (…). Aber so wie er und mit ihm kann auch ich nur wiederholen: ›Ich bitte nicht um Almosen, sondern um Gerechtigkeit.‹ Und so wie Manuel Hermenegildo sich Horaz und Curiacio und Waffen, die ihm viele Kopfschmerzen bereiteten, aus Nordamerika mitgebracht hatte, so träumte ich davon, andere Schiffe und andere Waffen für andere Eroberungen hierherzubringen. Und indem ich meinen Traum lebte, versuchte ich mein Leben zu rechtfertigen. Fast würde ich sagen, um es mir vergeben zu lassen.«

Geschichte als Familiengeschichte, Familiengeschichte, die sich in die Weltgeschichte fügt – die unschätzbare Bedeutung, die für Victoria Ocampo ihre großen Vorfahren hatten, in deren Linie sie sich einreihte, zumal als Erstgeborene von fünf Schwestern, zeigt, wie Patriotismus und Kosmopolitismus zusammenspielen können. Insofern beginnt Victoria Ocampos Autobiographie auch nicht mit ihrer Geburt. Der Blick geht zurück auf die Geschichte ihres Landes und fokussiert die beiden Familienstränge, aus denen sie hervorgegangen ist: die Familien Ocampo und Aguirre. Dabei geht sie den eigenen Wurzeln bis zu den Ururgroßeltern väterlicher- und mütterlicherseits nach – so weit sich diese Ocampos und Aguirres eben verfolgen lassen. Konfrontiert sehen wir uns mit einer verwirrenden Anzahl von Vorfahren und Verwandten, großen historischen Figuren, die sie uns aus der Familienperspektive, aus den mündlichen Überlieferungen, Erzählungen im vertrauten Familienkreis vermittelt. Anhand von kleinen Geschichten und Details leben in dieser familiären Rückschau die Vorfahren wieder auf, umso mehr als sich die berichterstattende Nachfahrin zunehmend in ihren Kreis einschließt. Zum ersten Mal taucht ihr Ich in einer persönlichen Erinnerung an den Urgroßvater auf, setzt sich aber – bescheiden – noch in Klammern:

Es war jener Urgroßvater, den ich noch als Neunzigjährigen erlebt habe und der einmal zu Tode erschrocken war, als er sah, wie seine Urenkelin (also ich) beinahe in die Zisterne hinter seinem Haus gefallen wäre.

Der Ururgroßvater väterlicherseits, Manuel José de Ocampo, stammte aus dem peruanischen Huancarama (Apurimac/Cuzco) und zog Ende des 18. Jahrhunderts als Nachkomme eines der Gründer der Stadt Córdoba (16. Jahrhundert) und eines ehemaligen Gouverneurs des Río de la Plata (17. Jahrhundert) in diese Gegend. Er heiratete 1808 in Córdoba Doña Úrsula González de Hermida y Arias de Cabrera, die Tochter eines Hauptmanns der Miliz und ausgezeichneten Majors des *Santo Oficio de la Inquisición* (»wie schrecklich«, kommentiert Victoria Ocampo diese Berufsangabe). 1810 wurde er in den Stadtrat des *Cabildo* von Buenos Aires gewählt und sollte in diesem Amt noch eine herausragende Rolle in den Tagen der Mai-Revolution spielen. Aus der Ehe ihrer Ururgroßeltern ging ihr Urgroßvater, Manuel José de Ocampo y González, hervor, der spätere Senator und Senatspräsident der Provinz Buenos Aires und Gouverneur der Stadt Buenos Aires (1860/61), im Jahre 1866 Präsidentschaftskandidat der Republik. Victoria Ocampo lernte ihn noch kennen und nannte ihn liebevoll *Tata Ocampo*. In ihrer Erinnerung an den greisen Mann ist ihr folgendes Erlebnis haftengeblieben:

Tata Ocampo und Onkel López pflegten im Sommer, auf ihre Stöcke gestützt, um die Villa Ocampo in San Isidro (wo ich heute lebe) herumzuspazieren. Auf diesem Weg, von dem aus man auch den Fluss sehen kann, habe ich laufen gelernt. Dabei muss ich den beiden immer in die Quere gekommen sein, gingen sie doch gemächlichen Schrittes, versunken in ihre Gedanken an die Vergangenheit, und ich munter dazwischen im Zickzackkurs, glücklich, nicht mehr auf allen vieren krabbeln zu müssen, sondern aufrecht wie ein Erwachsener zu gehen und ohne an der Hand gehalten zu werden. Ich, ohne Vergangenheit und ohne Erinnerung, ahnte noch nicht, was ich auf der vor mir liegenden Reise durch die Zeit noch alles erleben würde.

Die Urgroßeltern hatten neun Kinder, darunter Manuel Anselmo, ein Großgrundbesitzer, jener Großvater, der später Angélica Ocampo Regueira, »eine der schönsten Frauen der Region«, heiratete:

Bis zu ihrem Tode war sie schön und gepflegt, immer gut gekleidet und sorgfältig frisiert, denn sie war der festen Überzeugung, dass nichts unansehnlicher wäre als eine zerzauste Alte. Ihre Schwester Adela war allerdings noch feiner, kultivierter und bewusst verführerisch. Deshalb war ihr auch sehr daran gelegen, von einem impressionistischen Maler porträtiert zu werden. Schließlich war es Renoir, der Tante Adèle mit einem Hut aus rosa Federn unsterblich werden ließ.

Der mütterliche Zweig der Familie, die Linie Aguirre, beginnt ebenfalls beim Ururgroßvater, dem Stammvater des argentinischen Zweigs der Familie: Don Manuel Casimiro de Aguirre, 1744 in Doñamaría (Spanien) getauft. Er gehörte einem alten spanischen Adelsgeschlecht an, einer Familie aus dem Königreich Navarra, war ein Nachfahre der ersten Konquistadoren und schon jung nach Argentinien ausgewandert.

Ich sehe in den Aguirres eher (oder sagen wir am liebsten) die fahrenden Ritter »mit dem mageren Klepper und dem leichtfüßigen Windspiel«. Das »Adlige« der Familie musste allerdings knapp bemessen gewesen sein, entschloss man sich doch, nach Amerika auszuwandern, um möglicherweise irgendetwas hinzuzugewinnen.

Als Ratsherr und königlicher Fahnenträger stand Don Manuel Casimiro de Aguirre in Diensten von König Carlos IV. Seine Frau, María Josefa de Lajarrota, stammte ebenfalls vom alten spanischen Hochadel ab, aber auch, mütterlicherseits, in der achten Generation von Agueda, einer Guarani-Indianerin. Ihr Sohn, Manuel Hermenegildo de Aguirre, Victoria Ocampos Urgroßvater, 1786 in Buenos Aires geboren, sollte später für das neue politische Regime Argentiniens arbeiten. Er war jener Gesandte von San Martín, O'Higgins und Pueyrredón, der in den USA mit Monroe – vergeblich – um die Unabhängigkeit Argentiniens verhandelte. Er heiratete, in Buenos Aires, die neunzehnjährige Victoria de Ituarte Pueyrredón, eine Nichte des Generals Pueyrredón und Cousine des Malers Prilidiano Pueyrredón, die durch ihr Abstammung (Pueyrredón y Dogan) irisches Blut in die Familie brachte, was Victoria Ocampo immer gefiel.

Ich verfolge diese irische Linie mit einer gewissen Aufmerksamkeit, da mir immer klarer wird, dass wir Irland nicht wenig von unseren Eigenheiten, unserer Phantasie und unserem Einfallsreichtum verdanken …

Mit anrührenden Anekdoten über die Geschwister und Kinder ihrer Urgroßeltern zeichnet Victoria Ocampo in ihrer Autobiographie eigenwillige Charaktere, die von viel innerer und äußerer Schönheit zeugen, so auch ihre Großeltern mütterlicherseits, Emiliano Casimiro und Ramona Herrera. Der Großvater verstarb früh, so dass die verwitwete Großmutter mit ihren sechs Töchtern, darunter Victorias Mutter, *La Morena*, und zwei Söhnen in ein Haus in der Calle Suipacha zog. Dieses Haus war, wie Victoria Ocampo aus Erzählungen ihrer Mutter weiß, immer mit Leben erfüllt, zumal Ramona Herrera einmal vierzig Enkelkinder haben sollte, die sich gern bei der kinderlieben Großmutter aufhielten. Auch Victoria Ocampo schwärmt von der Zeit im Haus der Großmutter:

Nirgendwo habe ich Kinder wieder so frei herumtollen sehen wie in Mama Ramonas Haus; und nie mehr habe ich eine Großmutter erlebt, die bei einem solchen Gezeter völlig die Ruhe bewahrte und die sich auch von den Streichen der älteren Buben nicht beeindrucken ließ (Streiche, die meine Bewunderung fanden). Dieses Haus in der Calle Suipacha war wie ein riesengroßer Käfig voller Vögel unterschiedlichster Größe und Federkleider. Ich nehme an, dass wenigstens abends Ruhe einkehrte. Dennoch frage ich mich heute, wie sie es inmitten dieser kleinen Rebellen, in diesem Gewimmel aushielt, ohne sich jemals aufzuregen – jene Großmutter, die es guthieß, dass sich Kinder die Hörner abstießen.

Als erster Ort taucht in ihrer Erinnerung das Kloster Catalinas an der Ecke der Calle San Martín und Viamonte auf, das ihrem Geburts- und Elternhaus gegenüberlag. Rückblickend stellt er sich als bedeutungsschwer und zukunftsweisend heraus, ein Ort, an dem Momente ihrer eigenen Geschichte und der Geschichte ihres Landes zusammenlaufen. Diese Straßenecke erhebt Victoria Ocampo zum Eckpunkt ihres Schicksals:

Ebenso wenig wusste ich, dass noch im Jahre 1810 die Calle Viamonte meinen Familiennamen trug und die Calle San Martín, mit der sich der Triumph der Stunde verband, meinen Vornamen Victoria. So entdeckte ich viel später in meinem Leben auf einer alten Straßenkarte von Buenos Aires, auch nur durch »Zufall«, dass mich der »Zufall« genau an der Ecke der beiden Straßen zur Welt kommen ließ, wo noch wichtige Lebensabschnitte ihren Lauf nehmen sollten (SUR an der gleichen Straßenecke) – es war der Ort, der in einem bedeutenden historischen Moment meinen Vor- und Nachnamen trug. Ich entdeckte ebenfalls, dass die mir von Kindheit an bekannte Wegstrecke zwischen San Isidro und dieser Straßenecke von einer sich noch als dramatisch herausstellenden Bedeutung für mich und jene beiden Personen war, die mit meinem Schicksal auf ganz verschiedene Weise verbunden waren: der eine, weil sein Blut in mir floss, und der andere, weil sein Blut in denen floss, die mich Leidenschaft und Hass in ihrer ganzen Bandbreite erleben lassen würden.

Neben den Orten, die ihrem Leben einen »Sinn« gaben, wie diese Straßenecke oder auch das Ufer von San Isidro, später dann die Städte Paris, London und New York, erkannte sie in ihrer großen und so sehr geliebten Familie den Dreh- und Angelpunkt für alles, was ihr noch begegnen sollte.

Wie der Río de la Plata, der vom Dach des Hauses in der Calle Viamonte oder auch von den Uferhängen San Isidros zu sehen ist, bildete dies alles den Horizont meines Lebens. Meine Familie war der *background*, aus dem ich hervorging und mich entwickelte. Weder das eine noch das andere können weggedacht werden, ohne dass lebenswichtige und bedeutsame Elemente aus meinem Dasein gestrichen würden.

Ihre enge Beziehung zur Familie und deren prägende Einflussnahme auf ihre Persönlichkeit spürte Victoria Ocampo ihr ganzes Leben:

Wie die meisten Menschen habe ich meine Familie geliebt und gehasst, habe davon geträumt, über den weiten Fluss zu fliehen, habe verzweifelt gegen die Tyrannei der Meinen gekämpft, die ich als umso grausamer empfand, als ich mich durch die Liebe, die mich an sie band, immer wieder zurückgehalten fühlte. Diese Tyrannei entsprang den Vorurteilen, die zu dieser Zeit überall auf der Welt herrschten (wenn auch in unterschiedlichem Maße). Weder gesellschaftliche noch wirtschaftliche Zwänge hätten mich davon abhalten können, mich dem Theater zu widmen, eine große Schauspielerin zu werden und für mich selbst zu sorgen – so meine Träume. Was mich daran hinderte, meine Familie zu verlassen, war allein mein Herz, bin ich doch in einem Haus geboren und aufgewachsen, in dem man seine Kinder anbetete.

Als Nachfahrin einer Großfamilie, der sie sich unbedingt zugehörig fühlte, brachte Victoria Ocampo ihr Gehorsam und Liebe entgegen. Ihr Blick auf die unterschiedliche Mentalität der beiden Familienzweige und die Vermischung konträrer Eigenschaften in den nachkommenden Generationen ist stets verständnisvoll. Beides erkennt sie auch in den unterschiedlichen und sich doch ergänzenden Wesenszügen ihrer Eltern:

La Morena, meine Mutter, hatte die Fröhlichkeit der Herreras geerbt; sie verband sich mit Zartgefühl und Temperament, Unnachgiebigkeit und einem heimlichen Hochmut – was eine reichliche Dosis »Aguirre« verriet. Ihr Optimismus und ihr ansteckendes Lachen (sie besaß ein zauberhaftes Lächeln) bildeten einen Kontrast zu meinem Vater, der zu Melancholie und zu Pessimismus neigte. Diese Züge standen einem ausgeprägten Sinn für Humor, für das Komische in allen seinen Schattierungen, allerdings nicht entgegen.

Victoria Ocampo löste sich zunehmend aus den Familienbanden, niemals aber stellte sie die Werte, die ihr über Generationen vermittelt worden waren, in Frage. Die Geschichte ihrer Vorfahren endet mit der eigenen Geburt – einem allseits erlebten und doch ganz besonderen Ereignis.

Was meinen Vater betrifft, so weiß ich, dass er es kaum erwarten konnte, mich auf die Welt kommen zu sehen. Er glaubte, vorher sterben zu müssen. Ich war die älteste seiner sechs Töchter. In jenen Tagen im April wird er wohl vom Fenster unseres Hauses aus die Tauben beobachtet haben, wie sie auf dem Gesims des Catalinas-Klosters herumspazierten – so wie ich sie später noch oft beobachten sollte. Die Glocken, die viele unserer inneren und äußeren Krisen gewissermaßen als Hintergrundmusik begleiteten, läuteten an jenem Nachmittag des 7. April – wie an allen Nachmittagen –, als ich gegen halb fünf meinen ersten Schrei ausstieß.

Inseln im Ozean des Vergessens. Der Archipel

Und so wie ich meinen Traum lebte,
versuchte ich mein Leben zu rechtfertigen,
fast würde ich sagen, um es mir vergeben zu lassen.
Victoria Ocampo, *Autobiografía I*

Über die Aufrichtigkeit

Was ich niederzuschreiben gedenke, wird einer Beichte gleichen, einer wahrheitsgetreuen Wiedergabe meines Lebens, in die ein bestimmter Glaube mit hineinspielt. Vielleicht werde ich mit meinem Vorhaben scheitern, wer weiß. Wie schon Aldous Huxley sagte, reichen Wahrheit, Aufrichtigkeit, Willen, Ausdauer und intellektuelle Ehrlichkeit in der Kunst nicht aus – wenn das Talent fehlt.

Die Liebesbriefe von Keats erwecken unser leidenschaftliches Interesse –, sagt Huxley. Vielleicht sind sie literarisch noch bedeutender als seine Gedichte. Doch wie viel wahre Liebesbriefe sind nicht schon geschrieben worden? Und wie viele Menschen haben über die Jahrhunderte nicht genauso stark wie Keats das angsterfüllte und leicht zerbrechliche Glück der Liebe kennengelernt? Trotzdem gibt es nur wenige, an der Hand abzählbare Liebesbriefe, die überleben und die einen Eindruck von Wahrhaftigkeit vermitteln. Um beim Schreiben aufrichtig zu sein, braucht man Talent.

Mallarmé hat behauptet, dass Gedichte sich nicht mit Ideen, sondern mit Worten schreiben. Ebenso könnte man behaupten, dass Aufrichtigkeit sich allein über das Talent vermittelt, dass Aufrichtigkeit vom Talent übersetzt werden muss.

Trotzki schreibt über seine Kindheitserinnerungen: »Als ich mich an diese Erinnerungen setzte, ist es mir häufig so vorgekommen, als ob ich nicht meine Kindheit beschrieb, sondern eine längst vergangene Reise in ein fernes Land. So war ich auch immer wieder versucht, von mir in der dritten Person zu sprechen (...).« Auch ich würde lieber von mir in der dritten Person sprechen. Zuweilen fühle ich mich so weit entfernt von meinem früheren Ich wie von dem abgeschnittenen Haar, das der Friseur wegfegt, oder von einem abgefeilten Fingernagel, der sich in Staub auflöst. Ich bin nicht mehr das Vergangene; es ist Teil von mir geworden und hat nichts mehr mit mir zu tun. Ich bin etwas anderes. Nur frage ich mich, was?

Ich habe stets eine tiefe Bewunderung für das geschriebene Wort empfunden. Und so wünsche ich mir, dass sich mein Schreiben einer guten Literatur annäherte; nur so kann sich Wahrheit vermitteln.

Meine ersten Erinnerungen steigen wie bizarre Inseln aus dem Ozean des Vergessens vor mir auf. Wie Träume, die uns beim Aufwachen nicht loslassen, Träume, von denen am Tag nur Bruchstücke übrigbleiben, von denen wir lediglich eine Stimmung der Angst oder Freude zurückbehalten.

Warum gerade diese Erinnerungen und keine anderen? Vielleicht weil unsere Eltern, Geschwister, Verwandten, Lehrer, Spielkameraden, alle, die wir in unserer Kindheit geliebt haben, Wegbereiter derer sind, die wir als Erwachsene lieben? Bei mir ist es so. Insofern könnten meine Erinnerungen auch unter der Devise Maria Stuarts stehen, die sagte: »In meinem Anfang liegt das Ende«.*

* Hier täuscht sich Victoria Ocampo wohl. Maria Stuart hat einige Jahre vor ihrem Tod gerade das Gegenteil gesagt. So findet sich in ihrer Handarbeit eingestickt die Aussage: »En ma fin est mon commencement«, im Englischen: »In my End is my Beginning«.

Aus der zeitlichen Distanz erklären sich Erinnerungen aus dem, was man in ihnen zu sehen glaubt. Dennoch werden sie nicht bewusst ausgewählt. Hier gibt es kein *wishful thinking*. Wenn ich ihre Echtheit genauer überprüfe, dann sehe ich, dass sie sich mit bestimmten Eindrücken verbinden; Eindrücken, die sich bei mir in chronologischer Reihenfolge so lesen: eine Empörung über jede Art von Ungerechtigkeit und Grausamkeit, eine leidenschaftliche Liebe zu den Menschen, die mir nahe sind, ein deutliches Interesse an allem Essbaren, eine große Angst, jemanden weinen zu sehen oder Schmerzen nach außen sichtbar werden zu lassen, ein Hang, sich bei innerem Leid zu verstellen sowie eine überschwängliche Begeisterung für die äußere Schönheit.

Allerdings war die Person, die ich in meiner Kindheit außer meinen Eltern am meisten geliebt habe, meine Tante Victoria (Vitola), überhaupt keine schöne Frau. Die Frage nach der Schönheit oder Hässlichkeit stellte sich in ihrem Falle nicht. Vitola war Vitola. Ein besonderes Wesen. Sie vermochte das große Maß an Liebe in mir auszulösen, zu dem ich fähig bin.

Als kleines Mädchen war ich leicht zu beeindrucken, ich war der Mittelpunkt einer Familie, die sich in großen Gefühlen erging. Ich wehrte mich dagegen, so gut ich konnte. Meine Mutter erzählte mir, dass mein Urgroßvater, Tata Ocampo, schon sagte, als ich gerade erst zu krabbeln anfing: »Erzählt dem Kind nicht so viel. Merkt ihr nicht, wie sie euch anschaut? Verwirrt die Kleine nicht.«

Auf den folgenden Seiten habe ich, so wahrheitsgetreu wie möglich, die mir haftengebliebenen Eindrücke meiner frühesten Jahre festgehalten, und zwar in der einfachen, begrenzten Sprache von Kindern, in die sich bisweilen völlig überraschende Wörter mischen – Wörter, die ganz aus dem Rahmen fallen.

Wer sich an die Kindheit erinnert, ist kein Kind mehr (und

dennoch, wie Graham Greene beobachtet hat: »For the self, we remain always the same age.«) – aber, ich sagte es ja schon, die erinnerten Erlebnisse gehorchen mitnichten unserem Willen. Und so habe auch ich meine Erinnerungen nicht bewusst ausgewählt. Gerade darin besteht ihre Bedeutung. Denn wie kommt eine solche Auswahl zustande?

Allerdings verwende ich Aufzeichnungen, die ich mir vor dreißig Jahren gemacht habe* – Notizen nur für mich. Ich habe sie als eine Art Aide-mémoire, als Gedächtnisstütze, benutzt.

Momente der Erinnerung: frühe Kindheit

Die Zisterne: Ich muss klettern, um an den Rand der Zisterne heranzukommen. Durch das Loch sehe ich in der Tiefe das Wasser. Ich brülle etwas hinein; es brüllt zurück. Ich brülle noch einmal. Was für ein Spaß! Niemand hält sich im Hof auf. Ich bin die Herrin. Als ich meinen Kopf wieder hebe, steht plötzlich Tata Ocampo auf der Schwelle seines Zimmers, das auf den Hof hinausging. Er hat seinen Spazierstock drohend erhoben und sagt etwas wie: »… Mädchen, Mädchen …« Es gefällt ihm offenbar nicht, dass ich an dem Tank hochgeklettert bin. Ich solle sofort wieder herunterkommen, ruft er, und ohne sich auf seinen Stock zu stützen kommt er auf mich zu. Zuerst bin ich erschrocken, dann aber steigt Empörung in mir auf. Und Angst. Es ist aber vor allem die Empörung, die mir den Atem nimmt. Der Stock! Warum erhebt er den Stock gegen mich? Ich kann nicht glauben, was ich sehe. In Windeseile klettere ich hinunter und laufe und laufe, bis ich das Zimmer meiner Großtante Vitola erreiche.

* Also Anfang der 1920er Jahre; mit den autobiographischen Aufzeichnungen beginnt Victoria Ocampo im Jahr 1952.

Sie liegt im Bett, mit einem Taschentuch auf der Stirn. Ich werfe mich schluchzend neben sie auf das Bett und schreie: »Tata Ocampo will mich schlagen.«

Das Pferd: Wir kommen von unserem täglichen Spaziergang nach Palermo zurück, als ich am Rande der Avenida Alvear ein Pferd sehe, das an einem Baum angebunden ist und von einem Mann ausgepeitscht wird. Halb wahnsinnig schon, zieht das Pferd an den Zügeln und galoppiert um den Baum herum, um auf irgendeine Weise der Peitsche zu entkommen. Aber das kann es ja nicht! Wie beim Anblick des Stockes von Tata Ocampo spüre ich Wut in mir aufsteigen. Ich hätte weinen können. Ich zittere am ganzen Leib. Ich habe das Gefühl, dass ich nicht weiterleben kann, wenn das nicht aufhört. Sobald ich wieder zu Hause sein werde, will ich dem Polizisten an der Straßenecke erzählen, was passiert ist – und das tue ich dann auch.

Die Torte: Ich sitze im Bett, nach dem Baden, eingewickelt in ein riesiges Handtuch. Mein Haar ist noch feucht. Ina (mein Kindermädchen) füttert mich mit kleinen Stückchen Torte. Ich wage kaum zu atmen, damit mir nur ja kein Krümel entwischt. Es ist das erste Mal, dass ich von dieser Torte etwas abbekomme.

Tata Ocampo ist jetzt im Himmel: Eines Morgens kommt Papa in mein Zimmer und sagt: »Tata Ocampo ist jetzt im Himmel.« Ich spüre sofort, dass diese Worte etwas Schlimmes bedeuten, antworte aber nichts. Papa soll denken, dass ich verstehe und es mir völlig normal erscheint, dass er zu mir kommt und es mir erzählt. Ich habe Angst, jetzt meinen Tanten zu begegnen. Sie werden viel weinen, und wenn Menschen weinen, beginne ich zu zittern.

Paloma: Im zweiten Innenhof, auf der Treppe, sitzt meine Cousine Paloma. Wir haben uns gestritten. Sie sitzt mit dem Rücken zu mir. Ich schleiche mich von hinten an sie heran. Und ohne einen Laut von mir zu geben, haue ich sie aus voller Lust auf den Kopf. Ich weiß, dass es böse ist, so etwas zu tun. Ich schäme mich, weil ich mich angeschlichen habe. Ich schäme mich, aber ich schlage sie trotzdem. Ich schäme mich. Davor und danach.

Unvollkommenheit: Wir spazieren durch die Avenida de las Casuarinas in Palermo – meine Schwester und ich mit Pepito und Eduardo M. de H. Ich bete Pepito an. Er ist zwei Jahre älter als ich. Eines Tages werden wir heiraten. In seinen Hosentaschen hat er immer ein paar Zuckerstückchen für mich. Ich gehe mit ihm voraus. In einigem Abstand folgen die Kindermädchen und die beiden anderen. »Sieh mal«, sagt Pepito und knöpft im Weitergehen seine Hose auf. Er zeigt mir ein Stückchen rosafarbenes Fleisch. Ich schaue hin, bin aber viel zu überrascht, um Fragen zu stellen. Pepito scheint stolz zu sein auf das, was er mir zeigt. Mir ist es zuwider, dieses kleine Ding. Ich finde es lächerlich. Aber weil es Pepito ist, sage ich nicht, dass es mir nicht gefällt. Pepito knöpft seine Hose wieder zu. Wir sprechen nicht mehr davon. Ich denke, wie ihn doch dieses Stückchen rosa Fleisch verunstaltet. Aber was will ich machen! Sein Gesicht ist so hübsch, dass ich ihm diese Unvollkommenheit bald verzeihe.

Innenhöfe: Das Haus von Tata Ocampo hat drei Innenhöfe. Immer wenn ich komme, flüchte ich mich dorthin, vor allem in den zweiten, der nach Blumen duftet, oder in den hinteren, weil ich dort Francisca finde. Francisca ist schwarz wie Juan Allende. Sie sitzt auf einem Stuhl und bearbeitet Packpapier mit ihren Händen, stundenlang, um es geschmeidig zu machen. Hinterher wird es in die Toilettenräume gelegt.

Diese Arbeit erscheint mir beneidenswert, und Francisca mag ich sehr gern.

Der erste Karneval: Karneval. Ich bin in San Isidro, im Landhaus meiner Großmutter, Mama Ramona. Unser Haus ist mit ihrem durch eine kleine Tür im Zaun verbunden. Hier sitzen wir auf einer Bank. Meine Tante Virginia, sie ist blond und sehr hübsch, hat einen Freund, der ist dunkelhaarig, und er gefällt mir. Ich sehe ihn gerne an. Plötzlich kommt er mit einem Krug Wasser und schüttet ihn über die anderen aus. Meine Schürze wird vorne ein bisschen nass. Das Wasser ist kalt, und ich werde ins Haus gebracht, weil sie draußen eine Wasserschlacht machen wollen. Dabei wäre ich so gern geblieben! Aber sie lassen mich nicht. Übermut liegt in der Luft. Ich beobachte durch das Fenster Virginia und ihren Freund, der ihr nachjagt – mein Gesicht zwischen den kalten Fensterstäben.

Die erste Reise: Wir brechen auf. Ich will mich nicht verabschieden. Abschiede machen mir Angst. Vor allem möchte ich mich nicht von Vitola verabschieden. Ich werde bis zu dem Tor von Viamonte gebracht, das in den hintersten Hof führt. Carmen kommt, um mich zum Abschied zu küssen. Sie ist allein. Ich trage eine Samtmütze, deren breite Bänder aus weißem Satin mir bis über die Ohren reichen und unter dem Kinn zusammengebunden sind. Diese Bänder werden zumindest verhindern, dass ich etwas höre … Ich habe Angst, jemanden weinen zu hören.

Kaulquappen: Im *Pré-Catelan* gehe ich auf ein blondes Mädchen zu, weil ihr Gesicht so nett aussieht. Ich frage sie: »*Voulez-vous jouer avec moi?*«* Seither spielen wir immer

* »Willst du mit mir spielen?« – Victoria Ocampo verwendet hier allerdings das in ihren Kreisen seinerzeit übliche Sie.

zusammen, wenn ich im Park bin. Sie spielt jedes Mal Kaulquappen-Fangen. Sie bewahrt sie in einem Pappkarton mit kleinen Löchern auf, damit sie atmen können. Ich versuche ebenfalls, Kaulquappen zu fangen – sie nennt sie *têtards*.

Ein Buch: Ich hole mir ein Buch, aus dem sie mir immer vorlesen, und tue so, als ob ich darin lese. Ich kenne die Geschichte in- und auswendig und weiß, dass sie sich hinter diesen Buchstaben versteckt, die ich noch nicht kenne.

Mademoiselle Guérin: Ich habe eine Französischlehrerin. Sie zeigt mir Bücher, die voller Figuren und riesengroßer Buchstaben sind. Sie sagt, das sei ein Alphabet. Ich lerne das Alphabet, ohne zu wissen, wie. Mademoiselle Guérin zeigt mir einen Apfel in dem Buch und erklärt mir: »*Pomme* : *Mela*« (Mademoiselle Guérin konnte Italienisch und dachte, da ich Spanisch spreche, würde ich sie verstehen.) *Mela?* Was heißt *mela*? Sie besteht auf *mela*; und ich fühle mich beleidigt. Wie ungerecht sie ist! Warum glaubt sie, dass ich weiß, was *mela* ist? Mir ist zum Heulen. Ich lerne Französisch, ohne zu wissen, wie.

Bois de Boulogne: Immer wenn wir im Bois am See spazieren gehen, kauft man uns Graubrot für die Enten und Schwäne. Ich esse es lieber als Weißbrot, und wenn gerade keiner hinschaut, esse ich es selber.

Lockenwickler: Heute Nacht drehen sie mir keine Lockenwickler in die Haare. Alle sind müde. Während Mama mir Zöpfe flicht, schaue ich zum Fenster hinaus. Der Berg da draußen soll angeblich Feuer speien. Er heißt Vesuv. Ach! Wenn doch nur die Lockenwickler verlorengingen; sie sind so lästig beim Schlafen. Ich mag sie nicht. Und auch nicht die Stäbe zum Einrollen.

L'auberge de l'ange gardien: Meine Cousine Clarita, die mit uns in Paris ist, liest mir aus *L'auberge de l'ange gardien* vor. Ich könnte weinen bei all dem Unglück, das dem armen Torchonnet zustößt. Heute hat sie sehr lange vorgelesen, aber ich könnte noch ewig weiter zuhören. Nach dem Vorlesen sagt man mir, ich solle leise in Mamas Zimmer kommen, um das neue Baby in der neuen Wiege zu bewundern. Es soll Rosa heißen. Rosinette.

London: Die Seifen sind hier rund und aus Glyzerin. Man kann mit ihnen in der Badewanne spielen. Im Hotel gibt es einen Offizier in roter Uniform, mit einem kleinen Stab unter dem Arm und einem runden Käppi, das ihm schief auf dem Kopf sitzt. Er ist groß, blond und sehr gutaussehend.

Meine Namensschwester: Heute ist der Namenstag einer Königin, die meine Namensvetterin ist. Wir stehen schon ziemlich lange auf dem Balkon und sehen den vorbeimarschierenden Soldaten zu. Die Straßen in London sind voller Menschen. Wir warten und hoffen, dass die Königin endlich kommt. Ich bin schon ein bisschen müde und langweile mich. Dann, endlich, kommt ein sehr elegantes Auto angefahren. Darin sitzt eine alte, dicke Frau. Sonst passiert nichts. Und so etwas nennt man Jubiläum.

Spiel: Meine Schwester und ich spielen das Blumenstrauß-Spiel. Jede Blume, die wir uns vorstellen, steht für eine Person. Diejenige, die den Strauß bekommt, weiß aber nicht, um welche Person es sich jeweils handelt. Wir sagen etwa: »Ich schenke dir einen Strauß mit einer Rose, einer Nelke, einer Margarite, einer Flieder- und einer Jasminblüte. Wo tust du die Rose hin?« Und so weiter. Die andere antwortet dann zum Beispiel: »In mein Herz« oder »In den Müll« oder »In mein Zimmer in eine Vase« oder »Ich werfe sie aus dem

Fenster«. Was einem gerade dazu einfällt. Und weil der Blumenstrauß aus Menschen besteht, die wir mögen oder eben nicht, lachen wir uns aus oder bedauern uns gegenseitig. Oft genug werfen wir die Guten aus dem Fenster und nehmen die Schlechten in unser Herz auf. Umso mehr freuen wir uns, wenn wir richtig treffen! So als ob es sich um die echten Menschen handelte. Als ich an der Reihe bin und den Strauß bekomme, sage ich zu meiner Schwester: »Vergiss aber nicht, auch den englischen Offizier hineinzutun.«

Place de la Concorde: Als wir uns wieder nach Buenos Aires einschiffen lassen wollen, fragt mich Madrina: »Was wünschst du dir von mir zum Andenken an Paris?« Mir fällt ein: In der Rue de la Paix, bei Cartier, habe ich einen Ring mit einem Rubin gesehen, der wie ein viereckiges Himbeerbonbon von Boissier aussieht. Also sage ich: »Den Rubin von Cartier.« Doch Madrina entgegnet: »Das ist kein Ring für ein kleines Mädchen. Was würde dir sonst noch gefallen?« Ich antworte: »Schenk mir eine große Fotografie von der Place de la Concorde.«

Eine Kindheit in Buenos Aires und San Isidro

Diese enge, hässliche Straße kann unmöglich die Florida sein. Als wir von hier fortgingen, war sie viel breiter. Alle versichern mir, sie sei ganz genauso wie vorher. Aber davon wird mich niemand überzeugen.

Ich habe eine Riesenangst, als ich das Haus meiner Tanten betrete. Sie erwarten mich schon. Ich will aber nicht, dass sie mir ins Herz schauen. Ich muss sie ablenken, damit sie glauben, ich hätte Hunger oder Durst oder ich wäre müde. Als sie mich küssen, glaube ich zu ersticken. Es ist, als ob eine Gefahr auf mich lauern würde. Sie fragen mich, ob ich froh bin, wieder da zu sein. Ich antworte: »Kann ich Wasser mit Brause haben?« Die weiße Brause, die nach Zitrone und Zucker schmeckt, habe ich nicht vergessen. Sie sagen: »Ach, das arme Kind hat Durst.« Dann laufen alle los, um mir das Glas, das Löffelchen, den Teller und die Brause zu holen.

Vitola erwartet mich mit einer Puppe, die eine Truhe voller Kleider besitzt, als wäre sie ein richtiges Mädchen. Vitola hat die Kleider, die Hüte und die Wäsche selbst genäht. Diese Puppe hat alles, was ich auch habe: Hemdchen, Schürzen, Strümpfe. Ich kleide sie immer sehr einfach und sage zu Vitola: »Wenn ich einmal auf einen Ball gehe, werde ich ein schlichtes weißes Kleid tragen, nur mit einem Gürtel aus echten Perlen. Das Schlichte gefällt mir.«

Zwei Mal in der Woche wechselt meine Großmutter die Blumen in den Vasen. Sie werden in großen Körben aus San Isidro gebracht. Es gibt sogar einen Extraraum, in dem sie arrangiert werden. Wie herrlich es dort immer duftet! Großmutter bindet Sträuße aus allen möglichen Düften. An manche Blumen muss man mit der Nase ganz nah herangehen; andere riecht man schon von weitem. Mir gefallen alle Blumen; ganz besonders die duftenden.

Auf die Dachterrasse des Hauses Florida/Viamonte dürfen wir Kinder nur mit ausdrücklicher Erlaubnis und nur wenn jemand mitkommt und uns an der Hand hält. Die kleine Treppe, die nach oben führt, ist eng und dunkel. Aber wenn sich dann die Tür öffnet, flimmert es vor den Augen. So viel Licht und so viel Himmel! So viel weiter Raum! Unter uns liegen unsere Innenhöfe und die der Nachbarn. Allerdings dürfen wir nie bis an den Rand vortreten, um noch besser sehen zu können.

Ich bin gern allein in den großen, geschlossenen und halbdunklen Räumen, wenn kein Besuch da ist. Vor allem im Sommer. Die Möbel haben weiße Überzüge; auf den Fußböden liegen strohfarbene Matten. Durch die vergitterten

Fenster und die grünen Persiennes dringt kaum ein Lichtstrahl herein. Ich gehe auf Zehenspitzen, um die Stille nicht zu zerstören und ihr zu lauschen. Tagsüber mag ich die Stille, die mir nachts Angst macht. Die Stille der Räume im Sommer duftet nach den Blumen von San Isidro und nach Strohmatten.

Im Sommer werden überall im Haus die Teppiche losgemacht und Strohmatten festgenagelt. Das gibt immer ein riesiges und lustiges Durcheinander. Don Santiago, der Teppichleger, steckt sich Nägel in den Mund (was man mir nie erlaubt hätte!), und dann hämmert und hämmert er die Strohmatten fest. Ich sehe ihm bei der Arbeit zu und beneide ihn. Jede Form der handwerklichen Tätigkeit oder Handarbeit gefällt mir, und ich hätte sie gerne erlernt: waschen, bügeln, kochen, nähen.

Zu Anfang des Sommers erscheinen mir die Strohmatten viel schöner als die Teppiche, und ich mag auch ihren Geruch lieber. Wenn der Winter kommt, riecht das ganze Haus nach Kampfer ... Der Winter bringt Kampfer in weißen Tütchen, wie Zucker. Und dann freunde ich mich wieder mit den frisch mit Kampfer behandelten Teppichen an. Jede Jahreszeit ist voller Dinge, die ich gerne rieche und berühre. Und jedes Mal entdecke ich sie neu.

Wenn wir im Dezember nach San Isidro fahren, schlafe ich im Zimmer neben Vitola und Carmen. Vitola setzt sich jeden Abend an mein Bett und liest mir aus den Feenmärchen vor; danach schaltet sie das Licht aus. Immer bleibt aber eine *veilleuse*, eine Nachtlampe, an, weil ich mich vor der Dunkelheit fürchte. Sobald Vitola zu Bett gegangen ist, fange ich an: »Bis morgen, Vitola.« Sie antwortet: »Bis morgen, mein Kätzchen.«* Und so geht es immer weiter, bis Vitola genug hat und nicht mehr antwortet. In diesem Moment spüre ich, wie der Wunsch, dass sie antwortet, unerträglich wird. Und wenn

* Im Original: »Hasta mañana, gatita.«

es nur noch ein einziges Mal wäre, dass sie sagte: »Bis morgen, *gatita*.« Sie muss es zuletzt sagen. Sonst finde ich keine Ruhe. Dieses Ritual pflegen wir Abend für Abend. Manchmal ist Vitola stur und antwortet nicht, weil sie findet, ich sei zu hartnäckig. Dann entsteht ein Problem! Einerseits kann ich nicht still sein, andererseits möchte ich ihr auch nicht missfallen. Nein, ich kann es nicht lassen – solange, bis ich sie sagen höre: »Bis morgen, *gatita*.«

Eines Abends nach dem Zubettgehen eröffnet mir Vitola, dass sie eigentlich gar nicht Victoria heiße, ihr richtiger Name, oder zumindest ihr erster Vorname, sei Antonia. Victoria sei nur ihr zweiter Vorname. Ich bin vollkommen niedergeschmettert. Ein unglaublicher Schmerz überfällt mich, ich will sie unbedingt dazu bringen, zu sagen, dass das alles nicht stimme. Dass es sich nur um einen dummen Scherz handelt. Aber Vitola versichert, sie mache keinen Spaß. Ich will weiter darauf bestehen, aber es ist nutzlos. Vitola beteuert, dass es ihr voller Ernst sei. Dann bricht das Gewitter los. Ich sage ihr, wie schrecklich es für mich ist. Dass ich es nicht aushalten kann, wenn sie Antonia heiße, nachdem ich geglaubt habe, sie trage denselben Vornamen wie ich. Ich flehe sie unter Tränen an, mir zu sagen, ihr wahrer Name sei doch Victoria. Sie versteht nicht, wie wichtig mir das ist; und sie sieht auch nicht, wie verzweifelt ich bin. Sie lächelt grausam – so scheint mir – und schüttelt den Kopf. Ihre Gefühlskälte erschüttert mich. Ich kann nicht verstehen, dass sie nicht versteht.

Auf der Estancia von Pergamino gibt es außer unserer kleinen Kutsche, die von zwei zottigen Hammeln gezogen wird, noch eine andere Abwechslung: unsere Vettern Martincito und Robertito, mit denen wir zusammen spielen. Ich streite mich ständig mit Martincito und habe unentwegt Lust, ihn zu hauen. Sein rundes und gutmütiges Gesicht macht mich rasend, denn aus diesem Gesicht kommen permanent Gemeinheiten. Wenn ich könnte, würde ich ihm manchmal am liebsten den Hals umdrehen.

Abraham, der unseren Gemüsegarten auf dem Land besorgt, hat einen Bart wie mein Großvater Papa Manuel und einen Sohn in meinem Alter, der sehr weinerlich ist. Er weint, wenn wir nur seine Mütze verstecken, die er immer aufhat. »Gib mir meine Müüütze, gib mir meine Müüütze«, ruft er dann schluchzend. Ich weiß auch nicht, warum es mir solchen Spaß macht, wehleidige Kinder zum Weinen zu bringen. Meinem Vetter Martincito will ich immer eine kleben, jeden Tag, weil er Frauen (mir) mit einer solchen Verachtung gegenübertritt. Wenn ein Junge weint, sagen die Kindermädchen zu ihm: »Wir ziehen dir gleich einen Rock an.« Daraus schließen die Jungens, dass sie etwas Besseres sind als wir Mädchen, bloß weil sie Hosen tragen.

Angeliquita und ich sollen eine Lehrerin bekommen, die als sehr klug und streng gilt. Mit ihr würde die Faulenzerei ein Ende haben. Man gibt mir zu verstehen, ich sei jetzt in einem Alter, in dem man nicht mehr tun und lassen kann, was man will. Und wenn ich noch gar nicht in diesem Alter bin?, frage ich zurück. Mademoiselle soll uns jeden Morgen von neun bis elf in Französisch unterrichten. Sie bleibe zum Mittagessen, und um eins werde man uns dann nach Palermo bringen, wo wir bis zum Nachmittag spielen und auf einer Bank die Lektionen für den nächsten Tag lernen können. Das ist Sklaverei! Sie heißt: Alexandrine Bonnemason. Natürlich ist sie Französin. Eine Verwandte hat sie Vitola mit den Worten empfohlen: »Sie ist eine Quelle des Wissens.« Diese Empfehlung hat mich nicht gerade begeistert. Ich habe nicht die Absicht, mich in eine Quelle des Wissens zu verwandeln. Und ich will auch nicht, dass andere dergleichen von mir verlangen.

Am ersten Unterrichtstag versuche ich mein bewährtes

Spiel: »Entschuldigen Sie mich einen Moment. Ich komme gleich wieder.« Doch diesmal lässt man mich nicht aus dem Zimmer. Vitola hat dieser Mademoiselle eingeschärft, keine Komödien zuzulassen, sie solle mich ernsthaft zum Lernen bringen, ohne Rücksicht. Vitola! Sie will, dass ich viel lerne. Sie überwacht mich. Als Mademoiselle einmal nicht mehr umhin kann und mir zwei Minuten gibt, um aufs Bad zu gehen (wo ich mich einschließe, um die Fliegen beim Fliegen zu beobachten oder an den Seifen zu riechen), tritt meine Großtante dazwischen: »Was soll diese Zeitverschwendung?«, fragt sie mich streng. Sie weiß natürlich genau, dass ich flüchte. Ich werfe mich in ihre Arme und küsse sie. »Vitola, Vitola!«, flehe ich sie an. Nichts. Sie kennt kein Erbarmen.

Die Lektionen von Mademoiselle nehmen bald einen wichtigen Platz in meinem Leben und dem meiner Schwester ein. Um mich zurechtzuweisen, will Mademoiselle zunächst einmal wissen, warum ich auf alles immer »antworte«. Aber wie soll man denn nicht antworten? Sie verlangt, dass nicht geantwortet wird, außer wenn sie Fragen zu den Lektionen stellt. Außerdem schlägt sie, bevor der Unterricht beginnt, das Kreuz und lässt es uns nachtun; dann müssen wir das Vaterunser sprechen, gefolgt vom Ave Maria. Und alles, was sie sagt, ist begleitet von der Drohung: *»C'est la dernière fois que je vous le répète«*, es ist das letzte Mal, dass ich das wiederhole.

Mademoiselle rezitiert Verse aus dem Gedächtnis. Racine und Corneille. Bevor sie beginnt, nimmt sie ihre Brille ab und reibt sich die Augen. Ich könnte ihr stundenlang zuhören. *Le songe d'Athalie* und *Le récit de Théramène* gefallen mir besonders. In *Le songe d'Athalie* hat es mir vor allem der Vers *Son ombre vermonlie* angetan … *Vermonlie** muss eine

* *Son ombre vers mon lit a paru se baisser …* Ich hatte Racine zu dieser Zeit noch nicht gelesen, sondern nur gehört. Anm. Victoria Ocampo (A.V.O.)

seltsame Farbe gewesen sein. Die Farbe der Geister, der leidenden Seelen. Außerdem flößte einem schon der Anfang dieser Tirade, wie Mademoiselle eine längere Passage aus den Stücken nannte, eine schreckliche, aber köstliche Angst ein: *C'était pendant l'horreur d'une profonde nuit* … Ich, die ich so große Angst vor der Nacht habe, verstehe sehr genau, was *l'horreur d'une profonde nuit* bedeutet.

Nur kurze Zeit nachdem man uns Alexandrine Bonnemason ausgeliefert hat, teilt man uns mit, dass wir nun auch Englisch lernen sollen. Unsere Lehrerin heißt Miss Kate Ellis. Zusätzlich bekommen wir Gesangsunterricht bei Frigola, einem früheren Geigenlehrer von Mama. Dieser Mann erscheint uns steinalt, und ich beginne mich vor ihm zu ekeln, als ich sehe, dass er das, was ich am meisten hasste, zu genießen scheint: Milchrahm. Dieses Häutchen, das sich auf der kochenden Milch bildet, ist mein Alptraum. Frigola lässt sich immer eine Tasse Milch bringen, auf der diese Häutchen herumschwimmen. Auf einem Stuhl kniend, fast auf dem Tisch liegend, beobachte ich, wie er sich an seinem Rahm ergötzt. Wenn er ausgetrunken hat, hängt der Rahm ihm von seinem Schnurrbart herab. Ich bin fasziniert von dem Ekel, der mich dabei befällt. Dagegen ist, was er über ganze Noten, halbe Noten, Achtel, Sechzehntel, Zweiunddreißigstel, Vierundsechzigstel redet, ziemlich langweilig.

Im Singen habe ich immer schlechte Zensuren. Frigola notiert sie sich in sein Heft aus schwarzem Wachstuch. Eines Tages sagt er, dass er sie meinem Vater zeigen werde. Im nächsten Augenblick werfe ich das Heft hinter ihn auf einen Schrank. Frigola beklagt sich über mein Verhalten bei Miss Ellis. Diese lässt ihn aber wissen, dass von meinen Tanten nicht viel Unterstützung zu erwarten sei; dass die Tanten Mitteilungen, die gegen ihre Lieblingsnichte zielen, vor den Autoritäten der Calle Viamonte 482 abfangen werden.

Anderseits mache ich mich bei Frigola beliebt und ziehe

daraus meinen Nutzen. Wegen des Rahms kann ich es allerdings nicht einmal ertragen, wenn er mir die Hand reicht. Einmal esse ich hinter seinem Rücken ein Schweinsöhrchen aus der Konditorei Blas Mango, worauf er mir einen Klaps auf die Wange gibt. Mit den Spitzen seiner eckigen Finger. Ich renne so schnell wie der Blitz ins Bad, um mir das Gesicht abzuseifen.

Miss Ellis – sie duftet herrlich; ihre Kleidung ist reinlich, ihre Blusen sind geschniegelt. Ohne richtig zu wissen wie, lerne ich Englisch unglaublich schnell. Wohl vom Hören und vielen Lesen. Miss Ellis ist immer voll bepackt mit illustrierten Zeitschriften und Schokoladenbonbons für uns. Im Gegensatz zu Mademoiselle haben wir keine Angst vor ihr. Die *Nursery Rhymes* sind unterhaltsam, wie überhaupt alles, was uns Miss Ellis erzählt. Unaufhörlich spricht sie von der *Queen* Victoria und der königlichen Familie und zeigt uns Fotografien von dieser Familie in den Zeitschriften. Der Transvaal und die Buren bereiten ihr Sorge. Die Engländer mögen die Buren nicht und die Buren nicht die Engländer. Mich beginnen die Buren zu interessieren. Miss Ellis spricht von »Mafeking«. Sie erzählt uns, wie es in England zu Weihnachten im Schnee zugeht und von dem Konvent St. Leonards, wo sie zur Schule gegangen ist. Manchmal begleiten wir sie in die englischen Läden in der Calle Cangallo. Dort unterhält sie sich auf Englisch über den Burenkrieg, und ich höre sie sagen: *»It's a shame.«*

Ich habe auch in Englisch keine guten Noten, und obwohl Miss Ellis sehr nett ist, beschwert sie sich bei meinen Eltern über mich. Sie behauptet, dass ich nicht nur selbst nichts lernen wolle, sondern erst zufrieden sei, wenn ich auch meine Schwester vom Arbeiten abhielte, indem ich während des ganzen Unterrichts Unsinn treibe. Dass meine jüngere, aber doch vernünftigere Schwester mein Opfer sei. Dass ich den Ton angebe und infolgedessen auch an allem schuld sei.

Daraufhin wurde ich von meinem Vater gründlich zurechtgewiesen. Voller Wut und Empörung (ich bin der Ansicht, dass meine Schwester nicht mein Opfer ist, sondern dass ich einfach nur alles mit ihr teilen möchte) und ohne zu wissen, wie ich mich beruhigen soll, fange ich an zu schreiben. Es wird ein Protestbrief, in dem ich Miss Ellis beschuldige, feige zu sein, weil sie bei meinen Eltern »gepetzt« habe. Petzen ist etwas, das ich nicht leiden kann, weder bei Erwachsenen noch bei Kindern. Ich schreibe, dass die Engländer feige seien, weil sie die armen Buren niederschlagen wollen. Ich schreibe, dass ich den uneingeschränkten Sieg der Buren in Afrika wünsche. Ich schreibe, dass ich die Vernichtung des Britischen Imperiums herbeisehne. Zuletzt weise ich darauf hin, was die Engländer mit Johanna von Orléans gemacht haben, wahrscheinlich nur wegen irgendwelcher Nichtigkeiten, die ihnen nicht passten. Und ich entdecke mit einem Mal, dass Schreiben für mich eine Erleichterung bedeutet.*

Mademoiselle ist keine »Petze«. Sie verteilt die Strafen selbst und lässt sie erbarmungslos abbüßen. Die meisten treffen mich. Doch das empörte mich weniger als alles andere. Obwohl mich das Absitzen der Strafen oftmals die Zeit kostet, die mir zum Spielen bleibt. »*Vous allez me conjuguer le verbe* désobéir«, konjugieren Sie das Verb *sich widersetzen*. »*Vous allez me conjuguer le verbe* répondre«, konjugieren Sie das Verb *antworten*. »*Vous allez me conjuguer le verbe* grogner«, konjugieren Sie das Verb *murren*. – »*Impossible*«, unmöglich – »*Impossible n'est pas français*«, impossible ist kein Französisch. Wenn das kein Französisch ist – Argentinisch ist es jedenfalls auch nicht … Man sieht, welche Vermessenheit!

Manchmal verlangt Mademoiselle, ich solle mich mit einem Buch in jeder Hand hinstellen und die Arme über-

* Aus der Rückschau meinte Victoria Ocampo, dass dieser Moment der Beginn ihrer literarischen Laufbahn gewesen wäre.

kreuz halten. Oder sie droht uns mit dem, was sie *»le bonnet d'âne«* nennt, die Eselsmütze, die sie aus einer alten Zeitung faltet. Ich sehe diese Mütze auf den Köpfen meiner beiden Schwestern sitzen, bleibe selbst jedoch davon verschont, weil die Arme überkreuz zu halten anstrengender ist; die beiden sind noch zu klein für diese Strafe. Die *Eselsmütze* ist nicht weiter schlimm, abgesehen davon, dass sie eine Demütigung bedeutet. Aber die Arme überkreuz zu halten, ist nach zwei Minuten eine Qual.

Mama beschließt, dass wir jetzt ernsthaft ein Musikinstrument erlernen sollen, das Klavierspielen. Nicht bei Frigola, das hätte keinen Zweck, denn das einzige Ergebnis unserer Gesangstunden bei ihm war, dass wir ihn die *Hahnenpolka* auf Mamas Violine spielen ließen. Ich bettele darum, Geigenstunden nehmen zu dürfen, so wie sie damals. Der eigentliche Grund für mein Ansinnen ist, dass es für die Violine nur ein Notensystem gibt, für das Klavier hingegen zwei. Deshalb muss es viel einfacher sein, Geige zu spielen als Klavier. Doch Mama sagt nein. Ich soll Klavierspielen lernen. Die Violine sei ein sehr schwieriges Instrument, sie wisse das aus eigener Erfahrung. Ich beharre aber so sehr auf meinem Wunsch, dass sie schließlich nachgibt und mich drei oder vier Stunden auf der Geige nehmen lässt. Bis mir klar wird, dass ich falsch gelegen habe.

Kurz darauf bringt Mama uns ins Haus einer Dame, die, wie Frigola, ihre Lehrerin gewesen ist. Bei der Begrüßung umarmt sie uns. Sie trägt eine Pelerine aus Leder, die mir wegen ihrer graubeigen Farbe aus schmuddeligem Schaf zu sein scheint. Außerdem eine Brosche, an der kleine Anhänger und darunter ein Korallenhändchen herunterhängen. Wenn sie sich bückt, hört man das Geklingel dieser eigenartigen Glockenschelle. Sie heißt Berta Krauss und ist so massiv wie die Stiere in La Rabona. Mama nennt sie Berta. So viel

Vertrautheit mit einem derartigen Monument der Musikwissenschaft verwundert mich. Mama sagt mir, dass Miss Krauss Dänin sei. Will sie mir mit dieser Nationalität imponieren? Immerhin habe ich zum ersten Mal Kontakt zu einer Lehrerin, die aus einem so fernen Land kommt. Berta Krauss betrachtet unsere Hände und unsere Fingernägel. Die Hände, na ja, sie seien nicht groß, aber sie würden sich schon noch ausbilden, man könne sie allerdings nicht zwingen, mit einem Schlag zu wachsen. Dagegen seien die Fingernägel deutlich zu lang; sie müssen so kurz wie möglich sein. Das missfällt mir. Ich möchte mir die Fingernägel nicht schneiden lassen, die gehören mir, und ich sehe nicht ein, mit welchem Recht man mir die Länge dänischer Fingernägel auferlegen will.

Fortan beginnen wir jeden Montag und jeden Donnerstag um sieben Uhr morgens mit den Tonleitern. Jede von uns erhält eine Unterrichtsstunde. Mit der Sieben-Uhr-Klasse wechseln wir uns ab, denn in den Wintermonaten ist uns diese Zeit ziemlich verhasst. Früh wird diejenige geweckt, die die erste Stunde hat (in meiner Familie ist es nicht erlaubt, dass ein Mädchen seine Lehrerin auch nur eine Minute warten lässt), dann ziehen sie sie aus dem warmen Bett und stecken sie noch halb verschlafen in die Badewanne (zum Glück mit warmem Wasser). Und dann beginnt die Marter. Berta Krauss ist noch strenger und herrischer als Mademoiselle.

Wenn wir in der Villa Ocampo wohnen, kommt Miss Krauss in einem Break oder in einer Victoria, einem offenen Wagen, vom Bahnhof San Isidro. Antonio, einer der Fahrer, holt sie dort ab, und ich helfe ihr mit verzweifelter Liebenswürdigkeit, die schon in diesem Moment um Gnade bittet, aus dem Wagen. Das Erste, was Miss Krauss tut, wenn sie über die Schwelle tritt, ist, sich im Badezimmer einzuschließen, links von der Marmortreppe. Auf einer Treppenstufe legt sie ihre Handtasche, ihren Sonnenschirm und irgendein Buch ab, Dinge, die ich allesamt respektvoll aufhebe, um ihr diese Arbeit zu ersparen. Dann erwarte ich sie unten an der Treppe – wie ein Chorknabe, der hilfreich zum Messelesen bereitsteht. Wenn sie an der Kette zieht, weiß ich, dass sie im nächsten Augenblick mit einem Rascheln erscheinen wird, triumphierend und begierig, nun das Frühstück zu verschlingen (sie bringt immer einen guten Appetit mit). Anschließend schreiten wir wie in einer Prozession die Treppe hinauf in Richtung Altar: zum Klavier.

Während eines Sommers, den wir in San Isidro verbringen, zeigt uns Mademoiselle ein neues Buch, aus dem wir laut vorlesen sollen. Dieses neue Buch ist uralt, die Seiten sind voller Stockflecken. Zwei Bände, die man ihr, wie wir annehmen, einst als Belohnung für ihre gute Führung geschenkt hat: *Die Abenteuer des Telemach*. Das Buch hält zunächst nicht, was es verspricht. Es hat keine Abbildungen und gleicht anderen langweiligen Büchern. Doch schon bald werde ich mit der unbekannten Welt von Göttern und Nymphen, die darin herumschwirren, vertrauter, und sie beginnt mich mehr und mehr zu faszinieren. Alle Frauen sind schön, und Telemach, so wie ich ihn mir vorstelle, ist wunderbar. Schon wegen seines Alters wirkt er verführerischer auf mich als dieser Odysseus, über dessen Weggang sich Kalypso nicht hinwegtrösten kann, und auch Eucharis finde ich viel einnehmender als Kalypso.

Nach dem Vorlesen nimmt Mademoiselle jedesmal die beiden Bände wieder an sich und, anstatt sie in den Schrank zu stellen, in dem die anderen Bücher aufbewahrt werden, macht sie sich an dem Eisenvorhang vor dem Kamin zu schaffen (der ja im Sommer nicht angemacht wurde) und versteckt dort die ganze Welt des Olymp, in der ich so gerne leben würde. Zunächst erscheint mir das Versteck unangebracht. Aber mit der Zeit gewöhne ich mich an diesen seltsamen Einfall und finde ihn gut. Inzwischen würde ich es sogar als schockierend empfinden, wenn Mademoiselle diese Bücher an einem anderen Ort hütete. Dieser Ort ist Teil des besonderen Zaubers, der von Telemach ausgeht. Mademoiselle hat uns verboten, das Buch in ihrer Abwesenheit aus dem Kamin hervorzuholen. Nichts ist leichter als den Eisenvorhang anzuheben und sich dieser beiden Bände zu bemächtigen (die Lektüre geht nur langsam voran). Doch das kommt mir niemals in den Sinn, obwohl es kein konkretes Hindernis gibt. Das Hindernis besteht auf eine andere Art. Es geht von dem Buch selbst aus, von seinen wunderbaren und wehrlosen Seiten voller Stockflecken. Wie sollte sich jemand einem solch edlen Buch gegenüber so wenig edel verhalten? Wenn Kalypso, die Nymphe Eucharis, Telemach und Neoptolemus im Kamin verschwinden, dann muss man sie dort auch lassen, bis zum nächsten Tag. Auch wenn mich der Wunsch verzehrt, die Lektüre fortzusetzen und weiter in einer solch illustren Gesellschaft zu leben.

Tag für Tag trifft Mademoiselle mit dem Ein-Uhr-Zug in San Isidro ein. Niemals hat sie bisher, nach menschlicher Erinnerung, einen Tag ausgelassen, selbst wenn wir an den stürmischsten Regentagen inständig darauf hofften. Nie wurde sie krank – obwohl ihre Schülerinnen sich insgeheim immer gewünscht haben, dass sie einmal von einer harmlosen, aber doch langwierigen Krankheit heimgesucht würde. Wir erwarten Mademoiselle am Portal; ich renne, steige aufs Trittbrett des Break und rufe dem Kutscher zu, dass er die Pferde losmachen möge: »Los, los.«

An den grauverhangenen Tagen, wenn die Landarbeiter das Gras zu mähen beginnen, liegen Trägheit und Blumenduft in der Luft. Das Geräusch des Sensendengelns schläfert mich ein (wahrscheinlich dengeln sie die Sensen so lange, um das Rasenmähen hinauszuschieben – was ich gut verstehen kann!). Ich habe die leise und hintersinnige Hoffnung, dass man uns an diesen Tagen erlaubt, hinauszulaufen, anstatt uns im Arbeitszimmer festzuhalten. Alles im Garten und am Himmel scheint sich dem »Nichtstun« zu überlassen. Die Sonne schläft hinter schweren und unbeweglichen Wolken; Berge von feuchtem Gras riechen nach Klee. Die Blätter an den Bäumen bewegen sich nicht. Arbeiter, die am Wegesrand sitzen, strahlen eine große Mattigkeit und Trägheit aus, während sie den Wetzstein aus dem Lederfutteral nehmen. Die Eintönigkeit des grauen Himmels schluckt alles, schluckt auch alle Geräusche und die immer wiederkehrenden Halbkreise, die die Sensen beim Mähen des Rasens zeichnen; durch die geöffneten Fenster dringt sie auch in unser Arbeitszimmer ein mit einer unbezwingbaren Schläfrigkeit. Sie dringt auch in mich ein, über Augen und Nase. Ich lehne den Kopf auf meine ausgebreiteten Arme auf dem Tisch; er ist bedeckt mit einem Wachstuch, das an der Haut klebt (ach, der Wachstuchgeruch während des Unterrichts im Sommer!). Mademoiselle, die gegen die Schläfrigkeit im Raum unempfindlich ist, schimpft: *»Voulez-vous vous tenir comme il faut? Ne vous vautrez pas sur la table. Ce n'est pas là une façon d'écrire«* – bitte nehmen Sie Haltung an, so wie es sich gehört, lümmeln Sie sich nicht so auf den Tisch, so schreibt man nicht. Und sie fügt hinzu, als ob sie mit sich selber spricht: *»Elle est paresseuse comme une chenille. Elle baille comme une carpe à l'agonie.«* – Sie ist faul wie eine Raupe. Sie gähnt wie ein sterbender Karpfen. (Aber auch die Tatsache, über mich wie von einem Gegenstand zu sprechen, vermag mir meine Ruhe nicht zu nehmen. Unnütze Zeitverschwendung von mir, würde Vitola dazu sagen, die sicher in der Eingangshalle sitzt und sich frische Luft zufächelt.)

In der Tat, ich bin ein sterbender Karpfen. Nichts wünsche ich mir so sehr, als hinaus in den Garten zu stürzen, so wie sich ein Karpfen nichts dringender wünscht, als wieder ins Wasser zu springen, nachdem man ihn herausgefischt hat. Ich ströme Faulheit aus wie ein ganzes Bataillon von Raupen.

Diese bleiernen Tage im Sommer sind für mich besondere Tage; die Erwachsenen verwehren sie mir nur aus Boshaftigkeit. In diesen Tagen kann man den Gang der untergehenden Sonne nicht verfolgen. Ebenso wenig wie man vom Fenster aus beobachten kann, wie der Schatten vom Haus in den Garten wandert und auf diese Weise anzeigt, wenn es auf vier Uhr zugeht. Um vier Uhr erreicht der Schatten normalerweise die Palme und verkündet dort zu meinem Trost die Stunde der Freiheit: »Der Wagen für die *Señorita mademoasel* ist da«, ruft irgendein barmherziges Hausmädchen. Wenn es Miss Ellis betrifft, heißt es: *»La Señorita mademoasel Miselis.«*

Hinter dem Gewächshaus der Villa Ocampo gehört uns ein kleines Stück Garten. Dort dürfen wir in der Erde buddeln und in der Hängematte schaukeln, die an einem Trapez und einer Strickleiter befestigt ist, auf der ich hinaufklettere. Unten wartet ein Sandbett auf mögliche Abstürze. Ich gebe Vorstellungen am Trapez, Übungen, die eine gewisse Kraft und Geschicklichkeit erfordern. Eines Tages will ich eine davon, die leichteste, meiner Schwester Angélica beibringen. Sie soll sich wie ein Zirkusakrobat am Trapez festhalten, der darauf wartet, dass ein anderer Akrobat von einem anderen Trapez aus seine Hände ergreift. Ich mache es ihr vor, ohne Schwierigkeiten. Sie soll pendeln, so wie ich. Dabei verliert meine Schwester plötzlich das Gleichgewicht und fällt kopfüber auf den Boden. Ihre Nase fängt an zu bluten. Der Anblick dieses blutbedeckten Gesichts jagt mir Angst und Schrecken ein – und Gewissensbisse. Ich fühle mich wie ein Verbrecher.

Spiele, Unterricht, Spaziergänge, Essen, Schlafen, Lachen – all das kann ich mir nicht ohne meine Schwester vorstellen. Und es ist mir unvorstellbar, dass sie nicht genau das will, was ich will – folglich muss sie mir alles gleichtun. Wenn ich beschließe, Parfüm aus Rosenblättern herzustellen, muss sie mir helfen, einen Wassertopf mit Blütenblättern zu füllen, den ich dann in den Backofen stelle, in dem festen Glauben, eine einwandfreie Methode gefunden zu haben. Denke ich anderntags, dass wir Stoff färben könnten, wenn wir nur die farbenfrohesten Blumen zerdrückten, muss sie mir helfen, dafür Lappen zu sammeln. Sie isst die Süßigkeiten, die ich mag, da es mir nicht in den Sinn kommt, sie könnte andere bevorzugen. Ich mache keinen Unterschied zwischen ihr und mir – außer wenn ich mir das Recht nehme, die doppelte Ration zu naschen oder beim Singen die Stimme etwas anzuheben. Meine Großtanten – und da wird mir zuweilen der Unterschied bewusst – verwöhnen mich mehr als sie. Es ist mir unangenehm, sobald ich es merke. Und wenn sie mich rufen, um mir irgendetwas zu schenken, frage ich sofort: »Und Angélica?«

Zwischen uns gibt es keine Geheimnisse (wie sollte es auch, wenn sie doch ich ist?). Wir verstehen uns ohne viele Worte. Wir ziehen die gleichen Sachen an, die gleichen Hüte, die gleichen Schuhe. Meine sind größer, aber das ist auch alles. Wir lesen die gleichen Bücher, zur gleichen Zeit. Wir lernen aus demselben Geographie-Buch, aus derselben Grammatik, zur selben Stunde. Überall gehen wir zusammen hin, ich vorneweg, sie hinterher. In dieselben Geschäfte, ich vorneweg, sie hinterher. Wir steigen in dieselben Wagen (Break oder Coupé), ich vorneweg, sie hinterher. Steigen dieselben Treppen hinauf, ich vorneweg, sie hinterher.

Mein Recht als Erstgeborene, dieses Recht in der Heiligen Geschichte, aus der wir lernen, erscheint mir unumstößlich. Es käme mir absurd vor, anders zu leben als: ich vorneweg und sie hinterher. Diese Ordnung ergibt sich durch die Geburt. Ich fordere Gehorsam und biete dafür meinen Schutz. Nachts allerdings, wenn mich in meinem Bett dieses unheimliche Angstgefühl überwältigt, wenn ich mich so unendlich verloren fühle, bin ich es, die den Arm zum Nachbarbett hin ausstreckt und meine Schwester aufweckt: »Schläfst du schon?« Ich suche ihre Hand, und sobald ich diese viel kleinere, viel schwächere Hand in der meinen halte (diese Hand, die ich tagsüber aus Zerstreuung oder Heftigkeit womöglich zu sehr gedrückt habe), erscheint mir die feindliche Dunkelheit schon viel weniger bedrohlich.

Mercedes P., die Frau eines Bruders meines Vaters, spielt öfters bei uns Klavier. Und dies sehr gut. Sie hat in Paris studiert. Ihre kleinen weißen Hände mit den rechteckigen Fingerspitzen sind kräftig und lebhaft, ihre Arme weich. Ihre etwas aufspringende Nase fällt nicht mehr auf, wenn sie traurige Stücke spielt, was sie fast immer tut. Ihre liebste Musik ist hoffnungslos leidenschaftlich, melancholisch und kraftvoll zugleich. Es ist auch meine liebste Musik. Mercedes bringt zwei Neuerungen mit nach San Isidro: Tennis und Chopin. Ich lerne Tennis spielen (ein wunderbarer Tennisplatz ist angelegt worden), und ich knie nieder vor Chopin. Während dieses ersten Sommers mit Mercedes bitte ich meine musikalische Tante immer wieder, auf dem Klavier zu spielen. Sie lässt sich nie zwei Mal bitten. Sie spielt lange, wenn auch nie lange genug für mich. Vor allem wiederholt sie nicht oft genug die Etüden und Balladen von Chopin. Alles an dieser Musik geht mir ans Herz. Ich tauche auf wunderbare Weise in ein Meer ein, ohne irgendwo Fuß fassen zu können, und weiß nicht, wo in dieser Klangesflut die Küste liegt. Ich weiß nicht, wohin sie mich trägt. Ich möchte einige Passagen immer und immer wieder hören. Stets entdecke ich neue Stellen in diesen Stücken, die nur für mich komponiert zu sein scheinen. Es kostet mich einiges, diese kleinen und so sicheren weißen Hände, wie sie so über die Klaviatur laufen, nicht festzuhalten. »Bitte, Mercedes, spiel noch einmal die eine Passage dieser Ballade, wenn es so hinkt, weißt du?« Mercedes lächelt, und seither sprechen wir nur noch von der hinkenden Ballade. Ich sitze auf einem Sessel, so nahe wie möglich am Klavier, folge dem Hin- und Hergleiten der Finger und bin wie hypnotisiert von den Klängen. Manche der

Impromptus, Balladen, Etüden, Mazurkas oder Preludes überwältigen meine Gefühle. Die Musik bedrängt mein Herz so sehr, als ob sie seine Form verändern will. Oder umgekehrt: dass sie es so sehr bedrängt, bis es in dieser schmerzhaften Freude seine wahre Form offenbart. Schon vor einiger Zeit musste ich am eigenen Leib erfahren, dass ich ein Herz habe. Aber ich wusste bis dahin noch nicht, dass es eine Form, dass es scharfe Konturen besitzt und wie Tonerde ist, die beim Modellieren nachgibt. Die Musik aber gibt ihm seine wahre Form; sie ist seine Herrscherin.

Erstes Verliebtsein. Die Pubertät

Franky ist der Sohn von Gathny, dem englischen (oder irischen?) Diener Madrinas. Er ist blond, seine helle Haut voller Sommersprossen, und er hat himmelblaue, bildschöne Augen. Das Trio – Franky, Juancito und Alfredo – spielt mit uns Blasebalg, das Pfänderspiel, Räuber und Gendarm und Krocket. Juancito und Alfredo mag ich, sie sind meine gehorsamen Untergebenen, Franky aber bewundere ich und würde viel darum geben, ihm zu gefallen. Ich spiele die Spiele, die er vorgibt, habe ihm sogar ein Stück von meinem Kuchen aufgehoben (ein klarer Liebesbeweis). Aber Franky lässt sich nicht so leicht beeindrucken und zeigt keinerlei Dankbarkeit angesichts dieser skandalösen Privilegien. Nur ein einziges Mal fühle ich mich von ihm auf gleicher Stufe akzeptiert: Wir spielen Verstecken, und ich habe mich mit ihm in ein dichtes Gebüsch aus großblättrigen Pflanzen hinter dem Wintergarten geschlagen (ein Ort, den ich gefunden habe und der sich bestens zum Verstecken eignete). Zusammengekauert, Seite an Seite, fast ohne zu atmen, hören wir Juancito und Alfredo hin und her laufen, uns suchen. Nie hat sich Franky mir gegenüber so wohlwollend gezeigt.

Nie hat er sich mit mir zusammen verstecken wollen. Doch dieser Augenblick des Triumphs und Glücks hält nicht lange an. Schon tauchen die kleinen Krausköpfe unserer Spielkameraden zwischen den grünen Blättern auf. Das Versteck sei also gar nicht so sicher, wie ich behauptet hätte, meint Franky. Er hat ohnehin keine hohe Meinung von Mädchen, was mich sehr verletzt und ärgert. Dabei kann ich genauso schnell rennen wie er und spiele besser Krocket. Jawohl. Aber ich trage eben Röcke … Die beiden kleinen Schwarzen, die ich wirklich in mein Herz geschlossen habe, erkennen meine Überlegenheit an, sie nennen mich »die Königin des Konkret« (sie können Krocket nicht richtig aussprechen). Nicht so Franky, obwohl es offensichtlich ist. Seine Gleichgültigkeit, seine unmenschliche Kälte, seine aggressive Unabhängigkeit brechen mir das Herz und nagen an meiner Eigenliebe. Er gefällt mir trotz seiner Hundsgemeinheiten, und ich wäre stolz, wenn ich solche Sommersprossen wie er hätte. Alles an ihm erscheint mir beneidenswert.

Eine Schwester meiner Mutter ist gestorben und hinterlässt meiner Großmutter vier große Jungen und drei Mädchen. Sie verbringen den Sommer ebenfalls in San Isidro, in einem benachbarten Landhaus. Mit dieser neuen Besatzung gewinnt das Krocketspiel an Bedeutung, und sofort keimt meine Bewunderung für meinen Vetter C. auf, der sieben Jahre älter ist als ich. Er behandelt mich mit äußerster Geringschätzung, viel konsequenter noch als Franky. Ich bin Luft für ihn. Ich laufe genauso schnell wie die Jungen und übertreffe sie im Krocket. Das scheint aber nicht zu zählen. C. ignoriert es einfach und überlässt mich meinem traurigen Schicksal. Es ist offensichtlich, dass ich Jungen nicht zu imponieren vermag. Wie kann ich auch erwarten, dass mir ein Junge im Alter von C. seine Aufmerksamkeit schenkt. Er lebt bereits in einer Welt, zu der ich noch keinen Zugang habe. Wenn es einmal dazu kommt, dass er mich anlächelt, mich ansieht oder mir aus irgendeinem Grund die Hand gibt, schmelze ich vor Dankbarkeit und Hoffnung dahin. Hoffnung auf was? Seine Aufmerksamkeit auf mich zu ziehen, früher oder später. Doch dann stürzt mein Luftschloss wieder in sich zusammen. Sollte mich die Erde einmal verschlucken, C. würde es nicht einmal bemerken.

Im Winter begegne ich C. im Stadthaus meiner Großmutter, wo er mit seinen Geschwistern lebt. Die *Suipacha**, wie wir sie nannten, war viel größer und prächtiger, um Verstecken zu spielen. Aber C. spielte kein Verstecken und war auch für uns kein Spielkamerad mehr. Der feste Blick aus seinen himmelblauen Augen, der schneidende und ironische Ton, den er mittlerweile angenommen hat, seine langen Hosen, alles macht aus ihm ein absolut unnahbares und unerreichbares Wesen. Ich betrachte ihn wie den Gipfel eines Berges. Oder wie eine Scholle, die, vom Wind mitgerissen, anderen Gefilden zusteuert. Er hat ein spöttisches Lachen an sich, das mir eine Gänsehaut bereitet. Wenn er meine kindliche Verliebtheit bemerkte – wie würde er sich darüber lustig machen! Aber das will ich mir nicht einmal vorstellen. In einer kleinen Kammer, in der allerlei Gerümpel aufbewahrt wird, widmet sich C. seinen »chemikalischen Experimenten«, wie er es nennt. Er arbeitet mit seltenen Instrumenten, Batterien. Manchmal ruft er uns, die Kleinsten, zu sich, stellt uns der Reihe nach auf, und wir müssen uns an den Händen halten. Dann lässt er durch diese bebende und gehorsame Körperkette einen elektrischen Strom fließen, den er als Erster mit seiner Hand entgegennimmt. Ich füge mich diesem unangenehmen Experiment, um ihm zu beweisen, dass ich keine Angst habe, aber auch, weil eine Ladung Strom zu empfangen, die über die Hand von C. gegangen ist, ein unerwartetes Privileg bedeutet, ein Entgegenkommen dieses

* Das Stadthaus der Großmutter befand sich in der Calle Suipacha.

höheren Wesens. Sobald das Experiment beendet ist und er uns mit seinem Wissen behelligt hat, entlässt er uns ohne weitere Worte und sperrt uns die Tür vor der Nase zu. Ich verlasse diese Rumpelkammer, als ob mich auf geheimnisvolle Weise ein elastisches Band mit ihm verbindet, das mich zurückzieht, so sehr ich mich auch entferne.

Vor der Geburt meiner fünften Schwester (die vierte kam in Paris zur Welt, als meine Cousine Clarita mir *L'auberge de l'ange gardien* vorlas) wundere ich mich eines Abends, als ich nach Hause zurückkomme (gewöhnlich verbringe ich den Tag im Haus meiner Tanten), über den Zustand meiner Mutter. Sie wirkt mit einem Mal völlig deformiert. Sie so zu sehen, so anders, erfüllt mich mit Sorge, Unruhe und Protest. Als ob man sie mir rauben will. Ich betrachte sie voller Wut und Angst. Angst, weil ich glaube, dass sie in Gefahr schwebt. Wut, weil sie mir solch eine Angst einflößt. Ich bin mir jetzt sicher, dass es auf diese Weise mit den Babys losgeht, mit dieser Verformung.

Als in Paris meine vierte Schwester geboren wurde, sagte man mir, dass die Kinder direkt aus Paris kämen. An jenem Tag, und auch an den vorhergehenden, war ich noch ganz und gar mit der Geschichte vom Torchonnet beschäftigt. Ich konnte nur an ihn denken. An sein Unglück. *L'auberge de l'ange gardien* verschlang meine vollständige Aufmerksamkeit.

Mit der Zeit allerdings hat das Geheimnis der Geburt meine Neugier geweckt, hat mir Angst eingejagt und eine beständige Beklemmung in mir ausgelöst. Kann ich, wenn ich meine Mutter anschaue, noch zweifeln, dass sie das Gleiche noch einmal erleben wird? Dass ein Baby geboren wird – wobei ich allerdings nicht weiß, auf welche Weise; ich stelle mir vor, es kommt aus dem Bauchnabel – ob man mir stattdessen wieder erzählt, es käme aus Paris? Diese kleine runde und verschlossene Öffnung, mitten im Bauch, kann zu nichts anderem gut sein; ich ängstige mich bei dem Gedanken, dass der Körper aufbricht, damit ein Baby, so klein es auch sein mag, sich auf die Welt zwängen kann. Wie schrecklich! Warum kommen die Kinder nicht auf eine weniger abscheuliche Weise zur Welt? Wie die kleinen Küken zum Beispiel? Einige Orangen tragen ebenfalls so etwas wie den Anfang einer kleinen Orange in ihrem Nabel.

Eines Tages, als ich mir im Badezimmer meine Unterhosen zuknöpfe, entdecke ich einen roten Fleck, auch am Hemd. Es ist Blut. Ich frage mich, woher es stammt, denn ich habe nirgends eine Verletzung, und keine Schürfwunden an den Beinen (was häufiger der Fall ist). Auch klettere ich im Winter nicht auf Hecken und Bäume wie im Sommer. Ich rufe Micaela und sage zu ihr: »Guck mal, mein Hemd. Ich blute. An den Beinen ist nichts, auch nicht an den Schenkeln. Was kann das sein?« Sie bittet mich, einen Moment zu warten, und holt Mama. Mama sagt mir lediglich, dass dieses Blut nichts Besonderes sei. Diese Erklärung gefällt mir nicht, damit nimmt meine Mutter einer so beunruhigenden Sache ihre Bedeutung. Sie fügt hinzu, dass meine Cousine M. so etwas auch habe, wie alle Mädchen, die das Alter erreichen, in dem sie sich zu *señoritas*, jungen Damen, entwickeln. Und das jeden Monat. In dieser Zeit dürfe man sich nicht mit kaltem, sondern mit lauwarmen Wasser waschen, auch nicht mit kaltem Wasser spielen oder sich die Füße nass machen. Und ich solle nicht vor Männern über diese Dinge sprechen. Vor Frauen, ja. Allerdings im Moment lieber auch nicht vor meinen kleineren Schwestern.

Alles dies erscheint merkwürdig, in höchstem Maße unangenehm und obendrein noch entwürdigend. Warum darf man nicht davon sprechen? Muss man sich dafür schämen? Warum schämen? Für wen? Und dazu, was für eine Bestrafung! Jeden Monat! Ich fühle mich wie eine vom Schicksal Geschlagene und stemme mich mit allen Kräften dagegen. Fliehen? Aber wie vor dem eigenen Körper fliehen? Ich habe keine Scham empfunden, als ich das Blut sah, so wie ich auch keine empfinde, wenn mein Knie oder meine Nase blutet. Die Scham verwandelt dieses Blut in eine Demütigung. Demütigung über etwas, worüber ich mich nie werde beklagen dürfen. Monatliche Demütigung. Und was interessiert es mich schon, ob meine Cousine und alle größeren Mädchen das Gleiche ertragen müssen? Das Gefühl einer unverdienten Erniedrigung, Erniedrigung wegen etwas, das mit meinem Körper zu tun hat, nicht mit mir, und wofür man mich immer verantwortlich machen wird. Niemals zuvor habe ich mich für meinen Körper geschämt.

Mir kommen plötzlich und voller Schrecken die großen, blutigen Baumwollbinden in den Sinn, die ich zufällig nach der Geburt meiner kleinen Schwester in einer Wanne entdeckt hatte. Ich frage mich, ob dieses Blut eine Beziehung zu dem hat, was mich jetzt jeden Monat erwartet. Der Gedanke an diese Strafe, die ich ab jetzt Monat für Monat ertragen soll, um daran erinnert zu werden, dass mein Schicksal ein Schicksal des Blutes ist und dass selbst die schönsten Schenkel, da sie aus Fleisch sind, mit Blut befleckt werden, bedrückt mich. Es ist eine Sklaverei. Eine Schmach. Sich daran zu gewöhnen, ist unmöglich. Undenkbar. Was für eine harte, ungerechte Verurteilung! Und sie schmerzt besonders in Gedanken, in der Vorstellung vom Körper, in diesem inneren Echo der Dinge, das stärker ist als die Dinge selbst.

Und warum darf man darüber zwar vor Frauen, nicht aber vor Männern sprechen? Und warum soll ich jeden Monat einmal wie aus Glas behandelt werden? Die Worte meiner Mutter lösen eine physische Pein aus, die größer kaum sein kann, ich zitterte vor innerer Auflehnung.

Aber ich unterwerfe mich nicht. Ob mit Blut oder ohne, ich wasche mich weiterhin mit kaltem Wasser. Ich klettere weiterhin auf das Trapez, ob mit Blut oder ohne. Und keine Macht der Welt wird mich dazu bringen, Kinder zu haben.

Kinder, die aus dem Bauchnabel kommen. Wie schade, dass ich kein Hühnchen bin.

Victoria Ocampo ist fünfzehn Jahre alt, als sie beim Karneval in San Isidro, während einer Konfetti- und Wasserschlacht unter Kindern, einen unbekannten, etwas älteren Jungen zu Pferde entdeckt. Sie ist fasziniert – von seinen himmelblauen Augen, seiner Ausstrahlung, seiner Schönheit, seinem eleganten Reitstil. Sie nimmt ihren Mut zusammen, bewirft ihn mit Konfetti und erhält dafür himmlische Töne zurück: »Nicht getroffen!« Beide sind wie vom Donner gerührt. Wie sich herausstellt, ist es ein Cousin zweiten oder dritten Grades, ein Cousin von Pepito (Martínez de Hoz), der als Gleichaltriger für sie nicht mehr zählt. Jener schöne Unbekannte, Victoria nennt ihn kurz L.G.F., aus der benachbarten Villa Elortondo reitet fortan jeden Tag einmal am Portal der Ocampos vorbei, wo sehnsüchtige Augen ihn bereits erwarten. Sprechen dürfen sie nicht miteinander, denn jeglicher Kontakt zu fremden Jungen ist den Ocampo-Mädchen strengstens verboten.

Zurück in Buenos Aires, spürt L.G.F. Victoria – welch ein Segen – auch dort auf, und so flaniert der junge Mann täglich auch hier am Haus seiner Angebeteten vorbei. Victorita stiehlt sich nach dem Unterricht auf den Balkon, so dass sie sich wenigstens aus weiter Ferne sehen können. Argwöhnisch wird sie dabei von den Großtanten beobachtet. Um ihm nahe zu sein, lässt Victoria sich aus Paris die Fotografie einer Skulptur der Johanna von Orléans mitbringen, weil L.G.F. diesem Porträt ähnlich sieht.

Der Sonntag wird für Victoria zu einem besonderen Tag, wenn sie mit der Großmutter in die Kirche geht und L.G.F. – wie immer ahnungsvoll – ebenfalls dort erscheint. Victoritas Gebet gilt jetzt nur ihm, und vom Segen der Kirche erfüllt, bittet sie flehentlich darum, dass L.G.F. sie genauso lieben möge wie sie ihn: *»El pan nuestro de cada día no contaba. Lo que contaba era el amor de cada día.«* – Unser täglich Brot zählte nicht. Was zählte, war unsere tägliche Liebe. Der sonntägliche Höhepunkt wird erreicht, wenn sie sich im Schlepptau der Großmutter dem Ausgang nähert und ganz nahe an dem am Portal platzierten Geliebten vorübergeht. Sie können sich in die Augen schauen. Vereint unter einem Dach! Vereint in der Kirche! Dem einzigen Haus, in dem sich die Liebenden nahekommen dürfen.

Indes finden beide noch eine weitere Möglichkeit der Begegnung heraus. Auf dem Balkon ihrer Tante in der Calle Florida (zwischen Viamonte und Córdoba) entdeckt sie die Balkone seines Elternhauses. Und, es kann nicht anders sein, er bemerkt sie auch hier und winkt ihr mit einem Taschentuch hinüber, sie winkt zurück. Doch auch dieses Glück ist den beiden nur sonntags beschieden, wenn die Ocampos zum Mittagessen bei der Tante eingeladen sind. Bald allerdings fliegt das sonntägliche Stelldichein von Romeo und Julia auf. Ein Nachbar sieht L.G.F. winken (»mit einem Tuch so groß wie ein Segel«) – die Geschichte sickert bis zu den Eltern durch, und schon am nächsten Sonntag ist die Balkontür verriegelt. Voller Sehnsucht versucht Victoria, L.G.F. zu ersetzen, indem sie ihn imitiert, seinen Schmollmund und seinen etwas gebeugten Gang nachahmt – was ihre Mutter mit höchster Verwunderung zur Kenntnis nimmt.

Der Verzweiflung entgegenwirkend – mittlerweile völlig abgeschnitten von L.G.F. auf der Estancia des Großvaters –, betäubt Victoria sich mit der Lektüre unzähliger Bücher. Ihre große Liebe findet sie in einem Band der Comtesse de Ségur beschrieben: »Après la pluie le beau temps«. Dann bewundert sie grenzenlos einen neuen Helden in ihrer Galerie, den mutigen Kapitän Hatteras (Jules Verne). Vor allem aber entdeckt sie Trost im Schreiben (von Briefen, auch solcher Briefe, die sie niemals abschicken wird), einfach schreiben. »Das geschriebene Wort half, der Ungerechtigkeit, der Einsamkeit, dem Schmerz und dem Verdruss zu entfliehen.«

Eine Kindheit geht zu Ende.

Jahre der Adoleszenz (1906–1912): von der Kindheit zur inneren Revolte

Erwachsenwerden

Zwischen 1906 und Victoria Ocampos Hochzeit mit zweiundzwanzig Jahren im Jahre 1912 liegen Jahre der Suche und der inneren Auflehnung gegen das Elternhaus, gegen die Religion, die gesellschaftlichen Regeln und Konventionen. Von Jugend an empfindet sie Ungerechtigkeiten im gesellschaftlichen Umfeld, die mangelnden Entwicklungsmöglichkeiten und vielfältigen Benachteiligungen von Frauen.

Als »Tochter aus gutem Hause« wurde Victoria streng behütet und bewacht. Eltern, Großeltern und Großtanten, sie alle waren besorgt und bemüht um das Wohl und die Anständigkeit des weiblichen Nachwuchses, dieser sechs schönen und intelligenten Ocampo-Schwestern. Stets hatte man Angst vor Unfällen, Fahrradfahren und Reiten galten als zu gefährlich, Hunde – außer Beauty, dem Wachhund in San Isidro – wurden nicht gehalten, man trank nur gefiltertes Wasser, abgekochte Milch, aß kein rohes Gemüse und kein dunkles Brot. Auf der zweiten Reise nach Europa nahm die Familie zwei Kühe, ein paar Hühner und eigene Laken mit; in den erstklassigen Hotels wurden als Erstes alle Waschbecken, Toiletten, Bidets und Badewannen desinfiziert. Einem jungen Mann Briefe zu schreiben, mit ihm zu telefonieren oder ihn gar, sofern er nicht zur Verwandtschaft gehörte, nach Hause einzuladen, war nicht erlaubt.

Mit siebzehn Jahren wurde mir in Mar del Plata als Konzession an die modernen Ideen das Golfspielen mit den Söhnen von Bekannten gestattet. Wir spielten zu viert. Von einem kleinen Häuschen aus verfolgten die Mütter mit Feldstechern die Pärchen, die sich auf dem Golfplatz allmählich entfernten. Es gab keine Bäume auf dem Platz, nur eine kleine Senkung zum Meer hin, so dass für kurze Momente die Spieler aus dem Sichtfeld verschwanden. Sie verschwanden aber nie zu zweit, sondern immer nur zu viert und in Vierer-Caddies. Undenkbar wäre es gewesen, zwei Mal mit derselben Person zu spielen. Auch beim Tanzen musste der Partner immer wieder gewechselt werden. Einmal habe ich mir sogar eine schwere Rüge eingehandelt, als ich mit einem Jungen sprach, der auf einem Sessel mir gegenüber saß, während etwa fünfzig Personen anwesend waren und zuschauten. Einladungen zu Dîners durfte ich schon gar nicht annehmen.

Die sechs Schwestern gruppierten sich in drei chronologisch zusammenhängende Paare. Die beiden Ältesten, also Victoria und Angélica, waren von Anfang an untrennbar miteinander verbunden. So fand die erste Kommunion im Jahre 1902 auch gemeinsam statt. Pancha, die dritte, schwankte zunächst zwischen den beiden Ältesten und den beiden nachfolgenden, Rosa und Clara. Bis Silvina hinzukam, nach deren Geburt man wohl die Hoffnung auf einen Sohn aufgegeben hatte; sie wurde bereits in dem neuen Haus in der Calle Viamonte 550 geboren. Sie war dreizehn Jahre jünger als ihre älteste Schwester – in ihren Aufzeichnungen erinnert sich Victoria an das Glücksgefühl, ein Baby im Arm zu halten, wenn es frisch gebadet nach Puder und Milch duftet, es zu schaukeln, ihm die Füßchen zu küssen. Die Zweiergruppen ergaben sich schließlich auch durch die Einteilung des Unterrichts und der Mahlzeiten, durch die unterschiedlichen Spiele und Freunde. In diesem Schwarm von kleinen Schwestern fand Victoria Ocampo, die gerne Schauspielerin geworden wäre, bereits das Publikum, das ihren häuslichen Vorstellungen begeistert folgte. Für die Kleinen verwandelte sie sich mit wenigen Handgriffen in einen Zwerg: Eine Jacke aus Vaters Kleiderschrank, ein Schlapphut und ein Paar Stiefel, und schon ging sie in ihrer neuen Rolle auf.

Nachdem ich den Aufführungen einer Theatergruppe beigewohnt hatte, mit der die englische Operette ins Land gekommen war, begann ich häusliche Operetten-Schauspiele zu organisieren. Meine Mutter begleitete mich auf dem Klavier, meine Schwestern bildeten den Chor. Ich – die Schauspielerin – tanzte und sang zugleich (in jenen Jahren träumte ich davon, Tänzerin zu werden). Heute noch erinnere ich mich an die Texte und Melodien dieser Lieder, die ich in jener Zeit so aufregend fand. So sang ich: *I am a wonderful eastern king / So that I never do anything / Wrong …* Und der Chor antwortete: *The Rajah of Bong, The Rajah of Bong … I am his beautiful future bride / Watching with looks that are shy and side / Long … The Rajah of Bong, The Rajah of Bong.*

Das Spielzimmer der Kleinen wurde von den Großen gern besucht; umgekehrt durften die Kleinen jedoch nicht das Arbeitszimmer der Großen betreten. Während der Mittagsruhe, wenn die jüngeren Schwestern schliefen, arbeiteten die Älteren. Auch zu den Mahlzeiten kamen die Geschwister nicht zusammen; die Kleinen aßen früher und meist bei den Eltern; so ergab sich die Gelegenheit, ihnen beim Essen zu ›helfen‹, etwa beim Kartoffelpüree, Milchreis, panierten Hirn, Königsfisch und anderen Köstlichkeiten.

Hauslehrerinnen wie die Französin Mademoiselle Bonnemason, die Engländerin Miss Ellis und die Dänin Miss Krauss sorgten für die nötige Bildung der höheren Töchter. Zum Bildungsprogramm gehörten Sprachen, Gesang, Klavierspielen, Landeskunde, die Geschichte Frankreichs und Englands sowie etwas Algebra. Die Lektüre wurde von den Erwachsenen ausgewählt. Schon früh begeisterte Victoria sich für Sprachen und

Literatur. Zu den Autoren, die sie in ihrer Jugend besonders beeindruckt hatten, gehörten nach Conan Doyle, Jules Verne und Harriet Beecher-Stowe vor allem Dante, Shakespeare, Charles Dickens, Edgar Allen Poe, Oscar Wilde, Racine, Molière, Madame de Sévigné, Madame de Lafayette, Victor Hugo, Baudelaire, Verlaine, Maupassant, Alphonse Daudet, Alfred de Musset, George Sand, Rider Hagard, Tolstoi, Dostojewski, Barrès, Pierre Loti, Lamartine und Anna de Noailles.

Mit neun Jahren verfasste sie im Stil der Madame de Sévigné einen Brief, der bereits von einem außergewöhnlichen rhetorischen Gespür zeugt. Sie berichtete ihrer Mutter darin von ihrem Besuch bei Clarita Cobo, einer Verwandten, die in einem der vornehmsten Häuser von Buenos Aires wohnte. Die Eltern befanden sich gerade auf ihrer Estancia, in der Nähe von Chivilcoy.

Meine liebe Maman,

Du fehlst mir sehr. Ich bin so froh, dass Du am Donnerstag wiederkommst. Gestern waren wir bei Clarita Cobo. Sie war entzückend, reizend, hübsch, schön, zufrieden, fröhlich, liebenswürdig, zauberhaft. Auf dem Kopf trug sie eine kleine Farnkrone. Ihr Kleid war sehr schön. Ebenso der Tisch. Und auch der Saal. Aber Clarita selbst war noch tausend Mal schöner. Tomasito schwebte, unnötig zu erwähnen, im Glück, und Clara, die Ärmste, meinte, Clarita würde es übertreiben. Mademoiselle sagte dazu nur, dass sich Clarita gerade in einem hitzigen Alter befinde. Manuelito Cobo war nicht gekommen, er war erkältet. Hier sind die Großen und auch die kleinen Knirpse wohlauf. Julia bleibt zum Dîner bei Clarita. Du wirst sagen, was für ein Durcheinander von verdrehten Sätzen. Nun ja, ich bin in einem Alter, wo man noch ungehobelt ist; ich bin wie X (eine Dame aus der besten Gesellschaft, die als außergewöhnlich stur gilt). Tausend Küsse für Papa und tausend für Dich. Meine Reverenz an Recreo.

Diesem Brief war ein anderer vorausgegangen:

Meine liebe Maman,

es gibt nicht viel zu erzählen. Uns geht es gut. Und Euch? Heute um 6 Uhr besuchen wir Clarita Cobo, um uns das Esszimmer anzuschauen. Es soll ein großes Dîner geben. Lebe wohl, liebe Maman. Ein Kuss für Papa. Deine Tochter Victorita.

P.S. Miss Ellis, Miss Krauss und Miss Bonnemason sind wahre Tiger im Käfig, *who have to do with little untamed poneys.*

Mehr und mehr interessierten die Jugendliche auch die »verbotenen« Bücher. Während ihres Aufenthaltes in Paris im Jahre 1909 will sie sich die Zensur nicht mehr bieten lassen:

Ich verschlang alle Arten von Büchern, dabei war ich nicht sehr wählerisch. Viele waren mir verboten. Als meine Mutter *De Profundis* (von Oscar Wilde) unter meinem Kopfkissen im Hotel Majestic entdeckte – ich war 19 Jahre alt –, kam es zu einer heftigen Szene. Ich erklärte, so würde ich nicht weiterleben wollen, und drohte, aus dem Fenster zu springen. Meine Mutter ließ sich von dieser Drohung nicht beeindrucken, gab mir das Buch nicht zurück und verließ das Zimmer. Sie sagte lediglich, ich hätte kein Benehmen. Dazu gab ich ihr dann unmittelbar einen Grund und schmiss Strümpfe aus dem Fenster. Es war ein symbolischer Akt, der von den Chauffeuren unten in der Avenue Kléber freudig aufgenommen wurde; sie amüsierten sich köstlich.

Victoria musste einsehen, dass ihr nur wenig Möglichkeiten im Leben offenstanden. Ihren Berufswunsch, Theater zu spielen, fanden die Eltern völlig abwegig. Sie hätte ihn nur, wie sie sagt, gegen den Wind und die Flut, *contra viento y marea*, durchsetzen können. Doch fiel ihr das Lernen leicht, vor allem das Auswendiglernen von Gedichten und Theaterstücken, ohne dass dazu eine Pflicht bestanden hätte. Und so wusste sie bis ins hohe Alter Werke von großen Klassikern und bedeutenden Lyrikern zu rezitieren. Ihre Begeisterung für Latein und Griechisch hielt sich in Grenzen, ebenso für landeskundliche Details, und auch die Geschichte der Eroberung Amerikas ging für sie über Schauergeschichten nicht hinaus. Umso mehr glühte sie für die französische Historie und Figuren wie Johanna von Orléans, Ludwig X., Marie Antoinette und Charlotte Corday; oder für die englische mit Richard Löwenherz, Heinrich VIII. und seinen sechs Frauen, nicht zuletzt Maria Stuart.

Abgesehen von dem intellektuellen Bildungsprogramm wurden die heranwachsenden Mädchen, wie es sich für ihren gesellschaftlichen Status gehörte, auch im Tanzen und guten Benehmen unterwiesen.

Wir erhielten Tanzunterricht bei de Forster. Dieser parfümierte Mann, der bereits um drei Uhr nachmittags im Frack und stets weiß behandschuht erschien, brachte uns Walzer, Polka und Tarantella bei, die Washington Post, den Pas de quatre, Pas des patineurs, die Mazurka – alles Mögliche, nur keinen Tango. Er lehrte uns, wie man graziöse Ehrbezeugungen macht und sich nicht einfach auf seinen Stuhl fallen lässt. Ich war eine seiner besten Schülerinnen.

In den herrschaftlichen Häusern der Oberschicht, die Ocampos verkehrten nur in den allerbesten Kreisen, pflegte man Freundinnen nachmittags zu Tee und Gebäck und zum Tanzen einzuladen. Nie wurden Tanztees oder Tanzabende in Hotels oder Clubs veranstaltet, und niemals war die Anwesenheit von Vertretern des anderen Geschlechts erwünscht. Lediglich die Brüder der Mädchen waren geduldet, und auch das nur in Ausnahmefällen. Allerdings interessierte sich Victoria ohnehin nicht für

Gleichaltrige. Sie schaute gern auf zu jungen Männern, die einige Jahre älter waren als sie, erhielt von ihnen umgekehrt jedoch kein Zeichen, dass ihre Gegenwart wahrgenommen worden oder gar auf Interesse gestoßen war. Bis zu ihrem ersten offiziellen Tanzabend mit etwa siebzehn Jahren* hatte sie nie die Gelegenheit gehabt, mit anderen Kandidaten in Kontakt zu treten als mit ihren zahlreichen Vettern, die für sie nicht zählten – außer C., für den sie schwärmte, der sie aber sträflich missachtete, und einen jungen Onkel, den sie seines guten Aussehens wegen anhimmelte.

Es ist wahr, dass ich schöne Gesichter angebetet habe. Erst mit den Jahren erkannte ich, dass sich ein vollendet schönes Gesicht auch in etwas Hässliches oder Abstoßendes verwandeln kann, wenn es sich entlarvt. Aber ich liebte meine Phantasien. Das schöne Gesicht einer Frau bedeutete keine Gefahr für mich. Mich hat die weibliche Schönheit immer bezaubert, doch der Lesbianismus ist nie eine Versuchung für mich gewesen. *El hombre fue mi patria* – der Mann war mein Land, meine Bestimmung.

Je älter sie wird, desto deutlicher distanziert sich Victoria Ocampo von der Kirche. Sie erinnert sich, dass sie schon am Tag der Kommunion nur ihr schönes Kleid im Sinn gehabt, dass sich auch Mademoiselle zu diesem Festakt ungeheuer in Schale geworfen hatte und dass das »Frou-Frou« aus Seide bei der spröden Hauslehrerin überraschte. Gleichzeitig wusste sie, dass es eine Sünde war, in diesem Augenblick an solche Dinge zu denken. Sie behalf sich, indem sie sich Gott als jemanden vorstellte, der sie verstand und ihr all das geben konnte, was ihr andere nicht gaben.

* Nur geschätzt, da Victoria Ocampo selber nur einen Zeitraum zwischen 1906 und 1912 angibt, nie chronologisch vorgeht und bei Daten stets vage bleibt.

Gott war der Allwissende, der Alleskönner und Allesversteher. Er verstand, was die anderen nicht verstanden. Er wusste, dass unsere tägliche Liebe (die zwischen L.G.F. und mir in jener Zeit) wichtiger war als unser täglich Brot und mich schützen würde vor der Dunkelheit, die ich seit jeher als bedrohlich empfand. Ich wusste aus Erfahrung, dass man denen, die man liebt (meine Eltern, meine Schwester, Vitola, Madrina, L.G.F.), etwas geben konnte. Ich wusste hingegen nicht, dass sich das noch viel mehr auf Gott beziehen ließ. Dass man ihn um nichts bitten konnte. Dass man sich ihm hingeben musste. Und dass diese Hingabe ein unendlich größeres Geschenk war als das, was wir von ihm erhielten.

Einen weiteren Meilenstein in ihrer Entwicklung zur erwachsenen Frau setzte ein Artikel von Leopoldo Lugones zur »Frauenfrage« aus dem Jahre 1897, der Victoria in die Hände fiel, als sie etwa sechzehn, siebzehn Jahre alt war. Bei Lugones fand sie ihre eigenen, noch diffusen Gedanken klar ausgedrückt: Frauen sind nicht minderwertig, der Zugang zur Bildung wird ihnen weitgehend verstellt, ihre Interessen und Tätigkeiten werden ausschließlich auf Haus und Herd gelenkt, ihre Situation hat sich seit Jahrhunderten nicht verändert – beschnitten in ihrer Freiheit, werden Frauen wie Sklaven gehalten. Für diesen Text hätte die junge Victoria Lugones am liebsten die Hände geküsst. Mit der anschließenden Lektüre von *The Subjection of Women* des englischen Philosophen und Ökonomen John Stuart Mill, der als einer der ersten männlichen Autoren die Unterdrückung der Frau untersuchte, war einem feministischen Denken der Weg gewiesen.

Eine erste große Freundschaft: Delfina Bunge

Die Ablehnung eines ihr auferlegten Verhaltenskodex sowie der Kirche und ihrer Rituale – die Beichte etwa empfand Victoria in zunehmendem Maße als unzulässiges Eindringen in ihre Privatsphäre – manifestierte sich immer deutlicher. Verzweifelt suchte die jugendliche Victoria nach einem Halt außerhalb des strengen Elternhauses, außerhalb der religiösen Konventionen, außerhalb der gesellschaftlichen Regeln und Einschränkungen. Sie fand ihn schließlich bei der angehenden Lyrikerin und Schriftstellerin Delfina Bunge.* Mit knapp sechzehn Jahren schrieb Victoria der neun Jahre älteren Freundin ihren ersten Brief; es folgten Hunderte weitere, über das Jahr 1908 hinweg, als die Familie nach Europa reiste, bis zu Victorias Hochzeit im Jahre 1912.

Die Briefe zeugen von seelischen Nöten, dem emotionalen Zwiespalt, in dem sich eine Jugendliche befindet, die ihre Familie liebt, sich aber aus deren Fesseln befreien möchte. Victoria schwankte damals stark zwischen Gehorsamkeit und Rebellion, Freiheitsdrang und Hilflosigkeit. Ihre Briefe sprechen noch die Sprache einer Jugendlichen, die Sprache des Hochmuts, der Naivität und der Selbstbezogenheit: eine Mischung aus Klarsicht und Unwissenheit, Verstandeskraft und altklugen Kommentaren.

* Delfina Bunge de Gálvez, 1881 in Buenos Aires geboren und 1952 in Alta Gracia gestorben, war die Tochter von Carlos Octavio Bunge und die Frau von Manuel Gálvez. Ihr erster Gedichtband, *Simplement*, erschien 1918; es folgte *La nouvelle moisson* – beide Bände sind in französischer Sprache verfasst. Weitere Werke: *Nuestra Señora de Lourdes*; *Las mujeres y la vocación*; *Las imágenes del infinito*. *El tesoro del mundo* wurde 1923 mit dem Nationalpreis ausgezeichnet. Dann erschienen *Los malos tiempos de hoy* (1927), ein Buch über ihre Reisen, *Tierras del mar azul* (1928) und *La belleza en la vida cotidiana*. Interessant sind auch die autobiographischen Aufzeichnungen: *Iniciación literaria y Viaje alrededor de mi infancia*. Darüber hinaus schrieb Delfina Bunge zahlreiche Kinder- und Jugendbücher. Geprägt von einem mystischen, sozialen Geist baute sie, zusammen mit Guillermina Achával Rodríguez de Goyena, in Alta Gracia die Heilanstalt Lourdes auf. Alfonsina Storni übersetzte einige Gedichte von ihr aus dem Französischen ins Spanische.

Es sind fast die einzigen Dokumente, die Victoria Ocampo aus dieser Zeit aufbewahrt hat; Delfina Bunges Briefe liegen nicht vor.

Die deutlich ältere Freundin scheint mit Victoria gütig und verständnisvoll umgegangen zu sein. Dabei war Delfina Bunge eine sehr gläubige Katholikin, und Victoria Ocampo löste sich gerade von der Kirche. Das führte aber nicht zu Konflikten, wie im Verhältnis Victorias zu ihrer Mutter. Delfina Bunge konnte zuhören und war offenbar sehr bemüht, die Jüngere leise und behutsam zu führen. Außerdem teilte sie ihre große Liebe zur Literatur. Die Bewunderung, die Victoria der Älteren entgegenbrachte, war grenzenlos – so wie sie auch später, als Erwachsene, Menschen verehrte, die ihr geistig überlegen schienen. Delfina war klug und einfühlsam, und, was der Heranwachsenden am meisten imponierte: Sie betätigte sich schriftstellerisch, ebenso wie ihr Bruder, Carlos Octavio, und ihr Verlobter, Manuel Gálvez. Obwohl Delfina Bunge keine große Schönheit war, empfand Victoria sie als sehr anziehend. Bei Delfina bezauberte alles, was sonst bei einer Frau nicht gerade vorteilhaft wirkte. Sie war eine starke Persönlichkeit, ein besonderer Charakter und verkörperte das Leben, nach dem Victoria strebte.

In die Zeit dieses beginnenden Briefwechsels fielen die ersten Jungenbekanntschaften von Victoria Ocampo, nicht zuletzt die Begegnung mit Bernardo de Estrada, genannt *Mónaco*, ihrem späteren Ehemann, den sie in ihren Briefen durchweg »Jérôme« nannte. Ebenfalls in diese Zeit fiel die Reise der Ocampos nach Europa, zunächst nach Paris, wo die Familie im Hotel Majestic, Avenue Kléber 19, residierte. Ihren Äußerungen gegenüber Delfina Bunge zufolge war Victoria oft nahe am Verzweifeln, fühlte sich unverstanden, ungeliebt, einsam, gefangen, hilflos und verlassen – »ich bin allein, allein«. Ihre Verwirrung und ihre Unausgeglichenheit waren sicher zu einem Gutteil auch auf ein noch instabiles, postpubertäres Stadium zurückzuführen; ihre schwankenden Empfindungen festigten sich in Paris nur vorübergehend, als sie Vorlesungen an der Sorbonne und am Collège de France besuchte. Die unerfüllte Sehnsucht nach der großen Liebe, die scheinbar utopischen Erwartungen an die Gesellschaft, an die Menschheit, die Liebe zu den Eltern und den Schwestern, die sie als Gefangenschaft erkannte, die innere Loslösung, die ihr nicht gelingen wollte, ließen sie das Leben nur schwer ertragen. Bei der starken Delfina Bunge konnte sie sich ausweinen, sie bot ihr Schutz und Halt.

1906 schreibt Victoria in ihrem ersten Brief an Delfina Bunge:

Verzeih mir, falls ich Dich störe. Bestimmt hast Du Wichtigeres zu tun … Aber ich möchte Dich um etwas bitten, ich möchte Dich bitten, mir ein wenig Freundschaft zu schenken – als Ausgleich für die Zuneigung und Bewunderung, die ich Dir entgegenbringe. Ich bitte Dich inständig … Du bist glücklich, man liebt Dich, man versteht Dich. Du hast einen wahren und aufrichtigen Freund. Schmerzlich ist dagegen die seelische Vereinsamung. Du kennst es nicht, dieses furchtbare Gefühl von Einsamkeit (bei aller Zuneigung, die ich erfahre, ich weiß). Sobald man aber das Bedürfnis verspürt, verstanden zu werden, fängt das Leiden an. Du sollst wissen, dass ich Dich sehr gern habe. Vom ersten Augenblick an war es so. Und ich bin dieses Mal ganz sicher, dass ich mich nicht in Dir täusche.

Ich weiß, dass *Ma Grande* sicher im Moment vieles andere im Kopf hat. Da ist ein Bräutigam, und sie ist glücklich. Ich, die Kleine, habe keinen Bräutigam, ich werde nicht geliebt, und ich bin auch nicht glücklich.

Ein wenig Freundschaft, Delfina. Ich bin sechzehn Jahre alt, und in diesem Alter braucht man jemanden, dem man sich anvertrauen kann, wenn das Herz nicht zerbrechen soll. *Querés ser amiga mía*? Willst Du meine Freundin sein? Willst Du mir zuhören? Gib mir eine ehrliche Antwort, und Du sollst auch nicht herumreden. Findest Du mich wenigstens erträglich? Findest Du mich sympathisch? Wenn Du mich schrecklich findest, sage es mir. Dass es mich schmerzen würde, will ich Dir nicht verschweigen. Andererseits könnte ich es aber auch nicht aushalten, Dir irgendwie zur Last zu fallen. Dir als Deiner würdig zu erscheinen, von Dir wieder zu hören … wie emporgehoben würde ich mich fühlen! So hoffe ich auf Deinen Brief. Wenn ich nur denken könnte: »Delfina ist meine Freundin«. Ich würde imstande sein, für zwei zu lieben. V.

Dieses »Querés ser amiga mía?« entspricht kurioserweise dem »Voulez-vous jouer avec moi?«, dem Angebot, das Victoria als Kind seinerzeit einem Mädchen auf dem Pré-Catelan in Paris machte. Tatsächlich ging Delfina Bunge auf das stürmische Bitten um Freundschaft ein; bereitwillig schreibt sie zurück, Victoria ist überglücklich.

Meine Liebe:

Du kannst Dir meine Freude über Deinen Brief, Deinen langen Brief, nicht vorstellen. Ich habe ihn drei Mal gelesen. Wie immer hast Du völlig recht. Du bist so klug und ich so dumm. Du bist, wie soll ich es sagen … schon abgeklärt und ich noch widerspenstig. Ein Engel und ein Teufel. Eigenartig nur, dass ein Engel einen Teufel gern haben kann und ein Teufel einen Engel.

Meinst Du wirklich, dass ich aus Egoismus unglücklich bin? Aber sind nicht alle, auch die Allerbesten unter uns, irgendwie egoistisch? Sobald du ein bisschen an der Oberfläche kratzt und hinter die Tünche der Selbstlosigkeit schaust, die anscheinend die Gedanken und Handlungen bestimmt, wirst Du immer auch weniger Schönes finden. Selbst die Liebe, wenn man sie analysierte, ist egoistisch. Was Du sagst, stimmt. Ich bin nicht damit zufrieden, mit nur vier oder fünf Menschen in Gedanken oder Gefühlen übereinzustimmen. Eine Verständigung auf allgemeingültigerer Ebene ist das, wonach ich suche.

Anatole France sagt, dass die Freude der denkenden Menschen in ihrer Geisteskraft und ihrem Geistesmut liegt. Was soll ich damit anfangen? Ich besitze weder diese Kraft noch diesen Mut. Dagegen stürze ich ständig aus der Verzweiflung in die Lebensfreude, von einem Anfall in den anderen. Du sagst mir, dass ich so leide, weil ich nach Liebe hungere. Stimmt. Andererseits hatte ich mir geschworen, immer nur eine große Liebe zu haben: nämlich die Kunst. Du kannst ruhig darüber lachen. Die Kunst wird mir natürlich nicht immer reichen. Und das Bedürfnis, jemanden zu lieben, quält mich schon. Solange ich aber nicht eine Begeisterung spüre, die mich mitreißt und die mir zeigt, wer ich selber bin, wird es dunkel um mich bleiben.

Ich erwarte zu viel von den Menschen. Die Welt, in der ich zu leben glaube, gibt es nicht. Nun bin ich an diesem Punkt angekommen, weiß aber nicht, warum. Nichts scheint mich zufriedenstellen zu können …

Du fragst mich, ob ich mir manchmal gewünscht habe, tausend andere Leben zu besitzen. Ach, ich besitze sie schon, meine Liebe. Ich bin nicht eine Person, sondern tausend, und fühle, dass das Blut in meinen Adern viel wärmer und schneller fließt als in einem ganzen Volk. Mir kommt es vor, als pulsierte mein Herz viel stärker und könnte sich viel mehr begeistern als eine ganze Generation von Zwanzigjährigen. Am liebsten würde ich die Energie eines ganzen (intelligenten) Volkes entwickeln, um zufriedengestellt zu werden. Nirgends wird es je für mich Ruhe geben. – Und doch, die Ruhe, die Du mir beschreibst, muss wunderbar sein.

Ich bin allein, allein. Du, die Du mich am besten verstehst, meine einzige wahrhafte Freundin, bist nicht hier und hast einen Bräutigam. Doch beklage ich mich nicht. Ich habe es Dir schon zu Beginn unserer Freundschaft gesagt. Mir genügt Deine Sympathie: Ich werde für zwei lieben.

»Hast Du keine Angst, dass eine einzige große Begeisterung Verheerendes in Dir anrichten und alle Deine kleinen Freuden in sich aufsaugen könnte?«, fragst Du mich. Ja. Das fürchte ich. Ich fürchte es sogar sehr. Es wäre eine Katastrophe.

30. Dezember 1907

Liebe Delfina,

ich hatte Dir einen langen Brief geschrieben, und heute kamen Deine beiden an …

Du fragst mich, ob ich an Sterne, Augen, Träume glaube … Ach, Delfina, es ist ja das Einzige, woran ich glaube.

Nur bewundert zu werden, würde mich langweilen, da hast Du recht. Die Bewunderung von Verehrern, die ihre Bewunderung nicht ausdrücken können, ist wenig schmeichelhaft. Aber sich lieben und sich in allem verstehen, das ist ein und dasselbe für mich. Die Liebe, die nicht von einer völligen Harmonie, einer gefühlsmäßigen Übereinstimmung getragen ist, ist nicht die Liebe, die ich mir vorstelle. An dem Tag, an dem ich nicht mehr an diese Liebe glaube, werde ich aus Verzweiflung sterben. Diese Liebe muss es geben, denn ich glaube an sie.

5. Juli 1908

Francesca, i tuoi martiri
A lacrimar mi fanno triste e pio.
Ma dimmi: al tempo de' dolci sospiri,
A che e come concedette Amore
Che conosceste i dubbiosi disiri?

Diese Verse* gehen mir im Kopf herum wie ein Gassenhauer.

An diesem Sonntagmorgen kam ich etwas später zur Messe in Las Catalinas. Ich gehe immer in die Elf-Uhr-

* Aus: Dante Alighieri, *La Divina Commedia* (Inferno), Fünfter Gesang.

Messe. Gegen das Portal gelehnt stand ein Mann, und als ich eintrat und den Kopf leicht drehte, erkannte ich Jérôme. Blasser und mit mehr Augenringen als sonst.

Ich verbrachte die ganze Messe damit, mir bestimmte Unterhaltungen mit ihm wieder ins Gedächtnis zu rufen. Beim Hinausgehen fühlte ich mich dermaßen deprimiert, dass ich am liebsten geweint hätte. *Nessun maggior dolore …* Es ist, als stünde ich an einem Abgrund, und der kleinste Windhauch könnte mein Gleichgewicht stören und mich zu Fall bringen. Seine unfruchtbaren Bemühungen ärgern ihn. Ich weiß nicht, was er will; es fehlt ihm an Mut, seine Pläne umzusetzen, weil er Angst davor hat, sich lächerlich zu machen. In seiner Eigenliebe kommt er nicht von sich selbst los und täuscht sich über viele Dinge hinweg. Jemand müsste ihm seine Irrtümer aufzeigen, ohne dass er es bemerkte.

So viele Verse gefallen mir in Deinem Gedicht über die Rosen. Ich schicke Dir ein Sonett (das Sonett aus der Kirche).

12. Juli 1908

Obwohl ich C. B.* häufig auf der Straße begegne, haben wir noch nie miteinander gesprochen. Er behauptet aber, in mich verliebt zu sein. Jérôme besuchte noch ein weiteres Mal die Messe. Es regnete. Er wohnt gegenüber der Kirche Socorro; wenn er also nach Las Catalinas kommt, dann nur, um mich zu sehen. Ich ging hinter ihm, ohne ihn zu sehen. Wenn er etwas über C.B. wüsste, würde er aggressiv gegen ihn werden. Das »Etwas« besteht darin, sich auf der Straße zu sehen. Welche Unverschämtheit! Nicht wahr? Auf der einen Seite C. B. (lies die Verse, die er mir gewidmet hat); auf der anderen Jérôme. Die Jüngeren zählen nicht. Und ich zwischen den

* Ein jugendlicher Bekannter; Victoria Ocampo verwendet häufig nur Abkürzungen für Namen.

beiden. Natürlich werde ich weder den einen noch den anderen heiraten.

23. Juli 1908

Ich möchte Schopenhauer, Nietzsche, Renan, Voltaire usw. lesen. Möchte alle lesen. Aber wie? (Man lässt mich nur bestimmte Bücher lesen.)

Heute sah ich Jérôme auf der Straße, sah auch H. und C.B. Stets auf der Straße. Ich empfange auf der Straße. Mein Salon ist die Straße. Natürlich spreche ich mit keinem.

19. August 1908

Ich bin von Enrico Ferri* begeistert. Verliebt in sein Italienisch. Seit meinem letzten Brief hat sich Folgendes ereignet:

Erstens: Jérôme. Er ließ mir bestellen, dass er es genossen habe, Ferris Vortrag über die Frauen zu hören. Dass Ferri genau das wiederholte, was er mir zuvor gesagt habe. Dass er hoffte, Ferri möchte mich überzeugen. Meine Antwort an Jérôme: dass wir miteinander sprechen sollten und dass im Übrigen ich es war, die ihn zu einer Meinungsänderung veranlasst habe. Dass er nicht vergessen soll, dass es begabte Frauen gibt und eine große Anzahl von vorsintflutlichen Männern.

Zweitens: C.B. Es heißt, dass er zufrieden ist, obwohl er beim Rennen verloren hat. Ich glaube, das ist ein gutes Zeichen. Drittens: Ferri. Ich habe vier seiner Vorträge besucht.

Viertens: Verwirklichte Träume. Man hat mich gebeten, *La Nuit de Mai* zusammen mit Marguerite Moreno auf einem

* Italienischer Rechtsphilosoph und Politiker, lebte von 1856 bis 1929. Seit 1886 sozialistischer Abgeordneter, hatte am italienischen Strafgesetzbuch maßgeblichen Anteil.

Wohltätigkeitsfest zu rezitieren, im Hause von S. Sie: die Dichterin, ich: die Muse. Fünftens: Chopin. Ich bete ihn an.

Sechstens: Tunika. Ich muss mir eine weiße machen lassen. Es gibt kein bezauberndere Kleidungsstück. Welches Glück!

24. September 1908

Vielleicht reisen wir im November nach Europa. Paris. Soll ich nun zufrieden sein? Ich weiß es nicht. Immerhin muss ich geliebte Menschen zurücklassen (selbst wenn die ganze Familie und auch die Tanten mitkommen), muss alle die zurücklassen, die ich schon immer gern gehabt habe, aber auch die wenigen, die ich neu hinzugewonnen habe.

Reisen! Es wird traurig sein. Ich bin viel glücklicher mit dem, was mich ständig umgibt. Reisen heißt für mich, die Seele in alle vier Himmelsrichtungen verstreuen, heißt, ein Zimmer zurücklassen, ein Haus, einen Garten, eine Stadt, eine Landschaft, Tiere, Menschen. Der Wechsel tut mir weh, so wie den Alten ihre Knochen, wenn sich das Wetter ändert. »Es ist der Zeitenwechsel«, sagt man dann. Für mich heißt dies *sconforto*, Kummer. *A sense of loneliness I can't explain.*

Ich glaube, man kann nicht reisen, ohne dafür mit Heimweh zu bezahlen, ohne zu spüren, dass man von diesem oder jenem Ort abgeschnitten ist. Ich kenne das schon. Nur wenn man ein Glück mit sich führte, wäre die Melancholie ausgelöscht. Unter Glück verstehe ich Liebe. Dieses Glück werde ich aber nicht mit mir führen, und so werde ich mich mit einer gewissen Genugtuung dem Heimweh hingeben. Und dann wird wieder der Tag kommen, an dem der Weggang von Paris einen Bruch bedeutet.

Olga Prozor kam, um *Le Passant* zu proben. Sie spricht ihren Part als Silvia sehr gut. Sie ist viel fleißiger als ich.

27. September 1908

… Heute Abend sah ich Jérôme und sprach mit ihm. Warum sich belügen, es macht mir Spaß. Liebt er mich? Jedenfalls behauptet er es. Wieso ist er dann aber so wahnsinnig misstrauisch und eifersüchtig? Das geht so weit, dass er mich verdächtigt, an der Tür und am Fenster zu stehen, weil ich wohl jemand anderen erwartete. Was für ein Blödsinn. Er behauptet, ich kokettiere mit X, Y und Z. Letztlich mit dem ganzen Alphabet. Er sagt, wenn er mich von Verehrern umringt sieht, fühlt er eine tiefe Bitternis.

28. September 1908

Am 17. November werden wir wohl abreisen. Jetzt steht sie also vor der Tür, die lang ersehnte Reise. Aber ich mag sie nicht mehr. Ob alles noch schlimmer wird als in Buenos Aires? Und soll man so tun, als ob man glücklich über diese Reise wäre? Ich will eigentlich nicht weg. Was soll ich tun?

Ihn immer nur flüchtig auf einem Tanzabend zu sehen …, nicht imstande zu sein, ihm die zu Hause zurechtgelegten Worte zu sagen. Sich immer wieder die Fehler vorwerfen lassen, die man nicht begangen hat. Sich behandeln lassen wie jemand, der nur eitel und kokett ist. Ich habe das alles satt. Ist Lieben ein Verbrechen? Ich würde gern wissen, wie es ist, wenn man wirklich verliebt ist.

21. Oktober 1908

Unterhaltung mit Lía. Wir sind der Meinung, dass sich die Gesellschaft ändern muss. Die heutige kann man so nicht mehr hinnehmen. Was die Ehe und ganz allgemein die Lage der Frauen betrifft (wo wir uns auskennen), ist unglaublich.

Die ganze Welt nimmt es hin, dass ein Mann sein Leben

nach der Eheschließung wie ein Junggeselle weiterführt. Die Frau muss es klaglos ertragen. Die Heirat sollte ein Pakt sein, der für beide die gleichen Pflichten und die gleichen Freiheiten enthält. Wenn der Mann seine Frau aufgegeben hat, ist es doch töricht, dass sie zu Hause auf ihrem Stuhl sitzt und auf ihn wartet. Ob Du jetzt empört bist? Was meinst Du dazu? Ich jedenfalls denke so. Denn nicht, was ich denke, ist empörend, sondern das, was zurzeit geschieht. Der Mann ist ein Tier, das seine Freiheit und seine Rechte missbraucht, die ihm die Vorurteile in der Gesellschaft einräumen. Vorurteile, deren Opfer einzig und allein die Frau ist. Ach! Delfina, dies alles drückt mich nieder. Wenn ich bedenke, dass ich mich in der Liebe vergessen und dabei in Ketten legen lassen könnte.

(Meine Großmutter oder Urgroßmutter hatte, so erzählte mir meine Mutter, ein goldenes Armband, in dem eingraviert war: »Gefesselt und glücklich«. Ich fragte meine Mutter: »War sie denn so einfältig?«)

In mir wirken zwei unversöhnliche, gegensätzliche Kräfte: die Intelligenz und das Herz. Das Herz liebt, ist gutgläubig und vertrauensvoll, wird weich. Die Intelligenz ist voller Zweifel, bäumt sich auf, verachtet und verneint.

Was die Religion betrifft, so kamen mir schon in der Kindheit die ersten Zweifel. Als ich Angst bekam, den Glauben zu verlieren, versuchte ich, nicht nachzudenken und mir *la foi du charbonnier*, einen guten Glauben, zu bewahren. Später wurde mir bewusst, dass die Feigheit eine schlechte Ratgeberin ist. Ich sah genau vor mir, was mich beunruhigte. Ich litt und dachte, dass man das Gute um des Guten willen tun sollte, ohne auf eine Belohnung zu hoffen. Dass man das Böse aus Widerwillen und nicht aus Angst vor einer Strafe vermeiden sollte. Und dennoch ahne ich einen verborgenen Gott. Ist das ein kindliches Bedürfnis nach Schutz? Ich glaube, dass ich unbewusst eine tausendjährige Erbschaft in mir trage, derer man sich nicht so leicht entledigen kann.

Tatsache ist, dass mich meine Skepsis gegenüber der Religion mehr und mehr vom Katholizismus abbringt. Diese Skepsis gegenüber der wunderbaren Lehre Jesu erscheint mir verbrecherisch. Alles wird im Tempel verkauft. Das Wasser von Lourdes und der ganze Rest. Eine Dame, die gerade verstorben ist, hat eine große Summe hinterlassen, damit man ein paar Messen für ihre Seelenruhe lesen lasse. Nichts liegt mir ferner, als meinen Frieden auf eine ebensolche Weise zu bezahlen. Die armen Teufel, die ohne Zeremonien und ohne Messen sterben, müssen die dann in der Hölle auf dem Rost braten?

Die katholische Religion, so wie sie praktiziert wird, erscheint mir rigide, begrenzt, verwirrend, leer, scheinheilig. Ich kann sie nicht respektieren.

Rein äußerlich tue ich dies alles (mehr oder weniger) für meine Mutter. Wenn ich es nicht täte, wäre das eine Katastrophe für sie. Aber dieses Sich-Verstellen kann nicht ewig so weitergehen. Es belastet mich zu sehr.

Befriedigung und Erfüllung erlebt Victoria Ocampo allein während der Unterrichtsstunden bei Marguerite Moreno, einer großen Rezitatorin der französischen Klassiker, die sie schon bei ihren Theateraufführungen begeistert hatte. Die nähere Bekanntschaft mit ihrem Hauptverehrer Jérôme hingegen hinterlässt nagende Zweifel. Sie ist sich fast sicher, dass es nicht die Liebe ist, nach der sie sucht. Es irritiert sie, wie eingenommen Jérôme von sich ist, gleichzeitig fühlt sie sich von seinem Äußeren angezogen: »Seine schönen Augen gefallen mir mehr als das, was er sagt.« Sie vermisst das geistige Band. Allerdings erhält sie noch kurz vor der Abreise nach Europa im November des Jahres 1908 ihren ersten Liebesbrief:

So kam der erste Liebesbrief ins Haus, am Vorabend der Abreise nach Europa. Eine sehr hübsche Freundin übergab ihn mir, so dass ich mich fragte, warum der Brief nicht an sie gerichtet war. Mit dem Brief schloss ich mich im Badezimmer ein (das war immer der ungestörteste Ort, um sich zurückzuziehen). Um ganz sicherzugehen, lehnte ich mich zusätzlich gegen die Tür. Und ich las: »Amor mío ...«

Warum sagt er das, wenn er sich nicht wirklich sicher ist? Und wie kann er sich auch sicher sein. Dios mío! Meine Augen füllten sich mit Tränen und wurden ganz verschwollen. Ich musste mir das Gesicht mit einem Schwamm abwaschen. Dann ging ich wieder hinaus und dachte, jetzt lesen alle in meinem Gesicht: »Amor mío! Amor mío! Amor mío!«

Ich hatte zwar einige Verehrer, aber dieser war der Verehrer. Er gefiel mir gut, denn er war intelligenter als die anderen, nicht zärtlich, eher etwas schroff. Ich musste einen Weg finden, wie man noch mehr solcher Briefe erhalten und selbst welche schreiben könnte. Schließlich kopierte ich die imitierte Handschrift der Cousine auf Dutzenden und Dutzenden von Briefumschlägen. Und tatsächlich zweifelte niemand daran, dass die Briefe, die es aus Buenos Aires regnete, von ihr waren. Warum dieser Aufwand? Um sich zwei Jahre lang quer über den Atlantik zu fragen: Bist Du sicher? Bist Du es auch? Ist es wahr, dass Du mich liebst?

Die Großfamilie in Paris

Im November 1908 brach die Familie Ocampo – Eltern, Töchter und Großtanten sowie das Hauspersonal – nach Europa auf. Das erste Ziel war Paris. Victoria Ocampo besuchte Museen, folgte Vorlesungen und Seminaren am Collège de France und an der Sorbonne. Bereits während dieses Aufenthaltes traf sie mit Autoren zusammen, hörte den Philosophen Henri Bergson, besuchte ein Seminar bei Hauvette über *La Divina Commedia* und sah 1909 mit Begeisterung eine Aufführung von *Hamlet* in der *Comédie Française* – ein volles Bildungsprogramm.

Ebenfalls im Jahr 1909 porträtierte sie in Paris der schon ältere Maler Dagnan Bouveret, ein sehr gebildeter, belesener, kultivierter Mensch, mit dem Victoria während ihrer Sitzungen Hauvettes Thesen über *Die göttliche Komödie* diskutiert. In kürzester Zeit entstand zwischen dem gereiften, verständnisvollen und sensiblen Menschen und der suchenden, empfänglichen Neunzehnjährigen ein geistiges Band, eine feinfühlige Freundschaft. Nach ihrer Rückkehr nach Buenos Aires bleiben beide noch eine Weile in brieflichem Kontakt.

Auch mit der vermissten Freundin Delfina Bunge tauscht sich Victoria regelmäßig darüber aus, was sie beschäftigt, was sie umtreibt – es sind dies beeindruckende Zeugnisse auf ihrem Weg zur erwachsenen Frau.

Paris, 19. Januar 1909

Jetzt bin ich schon eineinhalb Monate in Paris, habe mich hier aber noch nicht eingewöhnt, obwohl das Leben ganz nach meinem Geschmack ist. Ich nehme an Seminaren teil, mache wunderbare Spaziergänge, verbringe viel Zeit bei den Bouquinisten an der Seine, trinke Tee in einer der Pâtisserien, die den Spaziergängen in nichts nachstehen, besuche Museen. Am meisten beeindruckt mich die griechische Kunst. Ich bewundere *Nike von Samothrake* und *Diana mit der Hirschkuh*.

Gestern waren wir zu Besuch bei unseren Landsleuten. Jeden Sonntag empfangen sie berühmte Leute, die sich vor anderen, nicht so berühmten Leuten aufführen wie ägyptische Mumien. Die nicht so Berühmten sammeln Unterschriften der Berühmten: »*Une pensée, cher Maître*«, und haben dafür spezielle Alben dabei. Gestern waren Charles

Wagner und Schuré da. Sie traten auf wie Elefanten im Porzellanladen und ließen sich mit wohlgefälliger Miene betrachten.

Danach hatte ich das Pech, im Ritz zu essen. Hier herrscht zwar kein intellektueller Snobismus, dafür aber ein Kult mit Titeln: Fürst von soundso, Herzog von soundso, Sohn des Grafen Perico de los Palotes. Ich habe mich entschlossen, nicht mehr dort hinzugehen, wo man auf Argentinier trifft.

Weißt Du, dass Paul Helleu und ich gute Freunde geworden sind? Ich war in seinem Atelier, um ihm für eine Federzeichnung Modell zu sitzen. Papa schien sie so gut gefallen zu haben, dass er weitere anfertigen lassen wollte. Helleu schenkte mir eine Zeichnung, das Porträt seiner Tochter. Er schaute mich an und sagte: *»Sapristi, mon enfant, quelle tête*! *Sapristi, quel diable d'yeux!«* Meine Güte, was für ein Kopf! Zum Teufel noch mal, was für Augen! Ich konnte mein Glück kaum verhehlen. Dann musste ich von vorn, von drei Seiten und im Profil sitzen. Mit gesenktem Kopf, mit erhobenem Kopf, alles Mögliche! Schließlich legte er mir meine Hand auf die Brust und sagte: »Bleiben Sie in dieser Pose sitzen. Die Hand auf dem Gewissen. Das ist sehr gut!« Er wollte noch eine Pastellzeichnung anfertigen, weil Federzeichnungen so farblos seien, und bat darum, dass ich weiterhin täglich kam. Die Comtesse de Noailles war eine Woche zuvor bei ihm gewesen. Wie er mir versicherte, war sie unerträglich. Und irgendwann sagte er zu mir: »Vielleicht werden Sie eines Tages berühmter sein als ich, mein Kind.« Wie kann er so etwas ernsthaft glauben.

Hast Du Neuigkeiten von Jérôme?

Paris, 19. November 1909

In diesem Winter habe ich ein volles Programm: Montag, 15 Uhr, Audler: »Nietzsche, sein Leben und Denken«. Dienstag, 14 Uhr, Hauvette: »*La Divina Commedia*«. Mittwoch, 13 Uhr 30, Faguet: »Ursprünge der Romantik«. Donnerstag, 15 Uhr, Maurice Croiset: »Griechische Literatur«. Freitag, 15 Uhr, Jeanroy: »Italienische Literatur«.

Ich musste schmunzeln über Deinen Brief und Deinen Rat, mich in die Arbeit zu stürzen. Viel strenger und unnachgiebiger hat mir das gerade Carlos Reyles gepredigt. Er schrieb mir, wenn ich nicht ernsthaft arbeitete, ich, Kleopatra einer neuen Generation, würde ich am Ende eine große Dummheit begehen, die mich teuer zu stehen käme: mich zu verheiraten. Dass ich vor Vollendung des 25. Lebensjahrs nicht daran denken sollte. Nun, wie wünscht Ihr, dass ich arbeite? Ich arbeite, wie es mir gefällt. Nur wird mir nicht gestattet, mich dem zu widmen, was mich am meisten begeistern würde: dem Theater.

Ich weiß nicht, ob ich Dir schon erzählt habe, dass Rostand ebenfalls im Majestic wohnt. Maurice, sein ältester Sohn, ließ mir durch die Kassenführerin auf unserer Etage sagen (jede Etage hat eine), dass er gern mit mir sprechen würde, er sich aber nicht traute, mich in der Eingangshalle, wenn wir uns begegnen, anzusprechen. Ob ich es erlaubte, dass er sich mit mir unterhalte. Ich habe noch nicht geantwortet (ich muss erst den Familienrat einholen). Neulich, eines Nachmittags, als ich dabei war, die Zeitungen zu lesen, die in einem Raum für uns ausliegen, kam Maurice hinzu, und ich beobachtete, wie er alles heillos durcheinanderbrachte, Zeitungen und Zeitschriften, alles. Ich konnte fast nicht mehr an mich halten. Er wollte krampfhaft auf sich aufmerksam machen, wollte ein Gespräch anfangen, wusste aber nicht, wie. Armer Junge!

Paris, 2. März 1910

Ich habe eine unheilbare Krankheit, ohne jeden äußeren Grund: die völlige Verzweiflung. Ich bin jung, man bewundert mich, man verliebt sich in mich, ich bin intelligent, gesund, habe Kraft, bin von Luxus umgeben, fast alles, was ich mir wünsche, ordnet sich meinem Willen unter (außer was die Freiheit betrifft ... dem Wunsch, mich dem Theater zu widmen), und dennoch bin ich völlig verzweifelt. Ich bete Dinge an, an die ich kaum mehr glauben mag: die Liebe, den Ruhm, das Glück, das Göttliche eines unbekannten Gottes.

Ich gehöre zu den Wesen, die Lebensfülle in sich tragen, aber auch von Nachdenken und Ernüchterung nicht frei sind, Kräfte, die daran arbeiten, die Triebfedern des Glücks zu zerstören. Ich erwarte nichts von den Menschen, auch nichts von den Göttern. Alles schweigt, wenn ich um eine Antwort bitte. Alles scheint blind und taub gegenüber meiner Angst zu sein. Schweigen auch vonseiten der Gottheit. Doch sprechen wir über etwas anderes, oder sprechen wir über gar nichts ...

Um Europa noch weiter kennenzulernen, verließen die Ocampos Paris und begaben sich nach London, Edinburgh und schließlich nach Biarritz. Im Jahr 1911 kehrten sie nach Buenos Aires zurück. Dort ereilte die Familie ein trauriges Schicksal: Victorias dreizehnjährige Schwester Clara starb an Kinder-Diabetes. Clara war schon immer ein hochsensibles Kind gewesen. Victoria Ocampo erinnert sich an einen gemeinsamen Besuch mit ihr in *der Opéra Comique*, als zum ersten Mal in Buenos Aires *Pelléas*, mit Marguerite Carré in der Hauptrolle, aufgeführt wurde und Clara von der Sängerin ebenso fasziniert war wie Victoria selbst. Noch ahnte niemand, dass das Kind so sterbenskrank war. Erst kurz bevor sie in Agonie verfiel, entdeckte man, wie es um die Kleine stand. Eine schlimme Erfahrung für die ganze Familie, auch für Victoria: »Zum ersten Mal sah ich, wie jemand starb. Ich hatte das Gefühl, zum ersten Mal auf den Grund der Dinge zu stoßen, auf eine furchtbare Realität.« Und so blieb die große Schwester, die ihre Mutter nicht allein lassen wollte, am Bett der Sterbenden sitzen:

Clara weinte nicht, sie blieb ruhig bis zum Schluss. Ab und zu fragte ich sie: Clarita, hörst du mich. Und dann dachte ich, warum sie aufwecken. Wofür? Sie schläft schon. Fast hätte ich darum gebeten: Weckt sie nicht auf. Clarita war schon so verständig, dass sie wusste, dass sie sterben würde. Sie sagte es einem Kindermädchen, nicht aber uns. Es war ein sehr ruhiger Tod.

Vitola, die Lieblingsgroßtante, war bereits im Jahre 1909 in Paris gestorben. Auch damals hatte Victoria Ocampo tiefes Leid empfunden. Jedoch hatte man ihr erspart, sie sterben zu sehen.

Die Hochzeit der »Prinzessin«

Zurück in Buenos Aires, wurde Victoria Ocampo – sie war einundzwanzig Jahre alt – von jungen Männern weitgehend abgeschirmt. Den Besuch von Pferderennen oder im *Palais de Glace*, beides war in Mode, gestatteten ihr die Eltern nicht. Nur gelegentliche Tanzabende boten die Möglichkeit, »Jérôme« oder andere Freunde zu treffen.

Wie kam es aber zur Hochzeit? Bald bat ein junger Verwandter um Erlaubnis, Jérôme mit ins Haus Ocampo zu bringen. Eines Nachmittags wurden die beiden jungen Männer vorstellig und wiederholten ihre Besuche drei oder vier Mal. Schließlich bestellte der Vater seine Tochter ins Arbeitszimmer – was nie auf Erfreuliches hindeutete – und fragte sie, was sie zu tun gedenke: Sich zu verheiraten oder was? Einfach so weiterzumachen und die Besuche dieses »Jüngelchen« zu empfangen, das ginge ja wohl nicht an.

Ohne ihn näher zu kennen und ohne je an Heirat gedacht oder in dieser Hinsicht eine Eile verspürt zu haben, trieb die strenge Haltung des Vaters Victoria einer Lösung zu. Wenn sie Jérôme überhaupt noch einmal wiedersehen wollte, musste sie einwilligen – was sie dann auch tat. Möglich war es ja, dass sie verliebt war, wenn sie sich auch eingestehen musste, dass sie und ihr Zukünftiger ganz und gar unterschiedlich dachten und empfanden. Vor allem fühlte sie sich oft von Jérôme verletzt und gedemütigt, etwa, wenn er ihr unterstellte, dass sie in Paris eine reiche Partie habe machen wollen. Sie konnte sich darüber nicht beruhigen – sie war doch keine Prostituierte! Jérôme zeigte sich ihr gegenüber weder besonders einfühlsam noch besonders zärtlich. Einmal, als er sie danach fragte, ob sie schon einmal jemanden geküsst habe, war sie empört über diese Dreistigkeit. Sie fühlte sich in ihrer Freiheit beschnitten. Außerdem: Würde er von seinen Liebeleien erzählen? Wie konnte er das Recht, über sich selber zu verfügen, umgekehrt nicht respektieren? In diesem Moment wurde ihr bewusst, dass sie aus den Händen des Vaters in die eines Mannes überging.

Gegenüber ihrem Vater ging die junge Frau in die Defensive: »Ich war feige, weil ich ihn gern hatte.« Der schon lange in ihr schwelende Konflikt zwischen ihrer Liebe zum Elternhaus und dem Willen nach Selbstbestimmung konnte nicht ausgetragen werden. Die Tochter wagte nicht, die Eltern zu enttäuschen oder ihnen zu widersprechen. Andererseits war der Wille, sich aus der elterlichen Bevormundung, der empfundenen Verpflichtung zu befreien, ungebrochen. Alles bäumte sich in Victoria auf, aber sie musste mit dieser Spaltung leben.

An diesem Punkt erwachte ihr emanzipatorisches Bewusstsein. Unterstützt fühlte sich Victoria in ihren Gedanken durch aufklärerische Lektüren. Zunehmend wurde ihr deutlich, dass sich das Wohl bzw. die Zivilisation eines Landes nach der sozialen Stellung der Frauen bemisst: ein Verbrechen an der Menschheit, wenn Frauen nicht gleich behandelt, sondern wie Sklavinnen gehalten werden – wie ein Gegenstand, über den der Vater oder der Ehemann frei verfügen kann. Zur Zeit ihrer Eheschließung befand sich Argentinien, wie sie sagt, noch auf dem Stand von »Kaffern«.

Die Hochzeit fand im Dezember 1912 statt: Am 15. des Monats gehen Victoria Ocampo und Bernardo – Mónaco – de Estrada auf Hochzeitsreise.

Meine Hochzeit (die kirchliche Trauung) fand im Haus Florida/Viamonte statt. Selbstverständlich wurde ich von Martín Soulés frisiert; er legte mir auch den Schleier an und versicherte mir, dass alles wunderbar aussähe (für ihn eine Routinesache); er war der Friseur, der jahrelang in Buenos Aires regierte und die Frisuren für das junge oder alte Haar der High Society baute. Über das Alter eines Haares (ich meine nicht das weiße Haar, das leuchten und gut aussehen kann) hatte ich mir nie den Kopf zerbrochen, bis ich ihn eines Tages zu Chanel* über eine ihnen beiden bekannte Kundin sagen hörte: *»Elle a les cheveux vieux.«* Sie hat alte Haare. Nichts traf es besser. Es gibt Haare, die ohne natürlichen Glanz sind und wie tot wirken.

An meinem Hochzeitstag war sicher nichts alt an mir, allein mein Kleid aus weißer Atlasseide bezeugte es. Wie bei derartigen Festlichkeiten üblich, zum Beispiel der Erstkommunion, werden bei einer solchen Feier vor allem die konkreten Dinge wichtig genommen. Die Aufmerksamkeit wird vom Eigentlichen abgelenkt und auf Oberflächlichkeiten konzentriert, und so wird das Fest verfremdet. Fällt der Tüll richtig? Nimm eine andere Haarnadel, Martín. Ja, kostbarste Prinzessin. Stecke mir nicht diese Orangenblüten an, ich will nicht aussehen wie so eine billige Schaufensterbraut, ver-

* Gemeint ist Coco Chanel (1883–1971), französische Modeschöpferin.

stehst du, Martín? Wie sollte ich das nicht verstehen! Aber lass mir Zeit! Was für ein Kind, diese Victoria! Martín sprach mit mir in aller Vertraulichkeit, als jemand, der mich seit den Zöpfen her kannte ... als er »die Señora« frisierte, meine Mamá.

Eine weitere Probe erwartete mich. Und sie war noch schlimmer, als Martín davon zu überzeugen, mir für diese heilige Gelegenheit nicht gerade einen Friseurkopf zu fabrizieren. Ich ging die große Treppe am Arm meines Großvaters hinunter, der – ohne einen Friseur aufgesucht zu haben – sehr eindrucksvoll war mit seinem schlohweißen Bart, seiner Adlernase, mit seiner ganzen Ausstrahlung eines Raubvogels und arabischen Patriarchen. Alles war von erster Güte, was das Schauspiel dieser Zeremonie betraf. Nun passierte es aber meinem Großvater, weiß einer warum, dass er in einen Militärschritt verfiel. Er ging zwar langsam und gemessenen Schrittes, doch hatte sein Schritt eine gewisse Ähnlichkeit mit dem Stechschritt beim deutschen Exerzieren. Mit rhythmischem Schwung setzte mein Großvater einen Fuß vor den anderen, immer ein wenig höher als nötig. Für die Stilisierung eines Hochzeitsmarsches in einem Ballett, wunderbar. Mich aber schockierte diese unvorhergesehene Gymnastik, und so versuchte ich verzweifelt, diese Darbietung zu erschweren, indem ich ihn am Arm nach hinten zog, um den Takt zu unterbrechen. Ich wagte allerdings nicht, ihm irgendetwas zuzuflüstern, und so änderte sich sein Schritt auch nicht. Sobald ich versuchte, ihn zu mäßigen, zog er stracks nach vorne weiter. Auch fürchtete ich, wenn ich ihn plötzlich aufweckte aus seinem umnächtigten Schritt, er könnte ins Wanken geraten und sich mit mir auf der Treppe in meinem Tüll und in meiner Schleppe verfangen. Ich sah das Bild schon vor mir: Wie unangenehm, dass dieser schöne Alte einen solchen Unfug treibt!, dachte ich. Warum glaubte er bloß, dass es sich hier um einen Militärmarsch oder gar um ein Ritual unter Wilden handeln könnte? Das Bedenkliche war, dass mein Großvater mit diesem Hochzeitsmarsch eine Vorahnung zu haben schien. Was alles kommen würde, ich wusste es nicht. Nur ist meine Erinnerung an diesen Nachmittag mehr mit Papa Manuel verbunden als mit der Person, die von größerer Bedeutung gewesen wäre.

Noch ein anderes Detail verbindet sich unauslöschlich mit dem Tag meiner Hochzeit: der im Schnitt ausgezeichnete Anzug des Bräutigams roch nach Naphthalin. Fast hätte ich ihn gebeten, den Anzug auf dem Balkon auszulüften, bevor uns der Segen erteilt würde. Mein Geruchssinn war so empfindlich und so vorherrschend, dass er alle meine Gedanken beeinflusste.

Am 15. Dezember des Jahres 1912 schifften Jérôme und ich uns auf einem deutschen Passagierschiff nach Europa ein. Während der Überfahrt wurde das an Bord übliche Fest organisiert. Mit uns reisten Chilenen, Brasilianer, Uruguayer, Peruaner. Die Argentinier waren sich alle einig (*une fois n'est pas coûtume* – einmal ist nicht immer), dass ich sie repräsentieren sollte. Unsere Rolle als Frauen war nicht schwierig: Wir legten uns die Nationalflagge um und betraten in dieser Aufmachung den Speisesaal. Mir bastelten sie eine Jakobinermütze, steckten sie mir auf den Kopf und kündigten mich als »Republik Argentinien« an. Von daher rührt auch ein Artikel in *La Nación*, in welchem Tobal, ein Reisegefährte, die Zeremonie in überschwänglichen Worten festhielt. In jenem Moment war ich Miss Argentinien. Ich betrat den Speisesaal unter tosendem Applaus, der nichts von dem, was mich noch viel Kraft, Verschleiß und Zermürbung kosten würde, auszugleichen vermochte.

Die große Liebe ihres Lebens: Julián Martínez

Liebe ist alles. Alles, alles, alles.
Alles hängt von ihr ab in dieser Welt,
alles kommt von ihr, lebt durch sie.
Wir brauchen nichts weiter zu suchen.
Victoria Ocampo, *Autobiografía IV*

Nach der Hochzeit begann ein Leben für Victoria Ocampo, das neue Freiheiten versprach. Zunächst reiste das junge Ehepaar nach Paris und Rom. Man besuchte das Theater, die Oper, Konzerte, Museen, Tanzaufführungen. In Paris wurde das *Russische Ballett* von Djaghilew aufgeführt, *Le Sacre du Printemps* und *Der Feuervogel* von Igor Strawinsky; Victoria Ocampo lernte den von ihr so geschätzten und ihr später sehr nahestehenden Ricardo Güiraldes, den Verfasser von *Don Segundo Sombra*, und seine Frau Adelina del Carril kennen. In Rom folgten Victoria und Mónaco glanzvollen Einladungen von Freunden und Verwandten der italienischen Oberschicht. Die junge Frau hüllte sich in Samt und Seide, in Pelze und Diamanten – auffallend war ihr Halbmond aus Brillanten, den sie auf dem Kopf trug. Mit ihrer großen Schönheit und sinnlichen Ausstrahlung erregte sie Aufsehen bei Grafen, Großgrundbesitzern, Fürsten und Künstlern. Der Fürst Trubetzkoy fertigte nach einem Porträt von ihr eine Skulptur an.

Doch wurde dieses *dolce far niente* nach ein paar Wochen überschattet von der quälenden Eifersucht des Ehemannes, der sich in verzehrender Eigenliebe als unerträglich und tyrannisch entlarvte. Seine Frau begriff sich zunehmend als ein erobertes Land, über das er ungehemmt verfügen konnte. Bald wurde ihr klar, dass sie ihn, wenn sie ihn besser gekannt, nie geheiratet hätte. Im April 1913, viereinhalb Monate nach der Hochzeit, traf sie in einer Gesellschaft in Rom mit einem Mann zusammen, der ihr weiteres Leben bestimmen sollte: Julián Martínez, ein Cousin ihres Ehemannes. Der allererste Eindruck ist Faszination.

Noch bevor ich wusste, wer J. überhaupt war, fühlte ich mich zu ihm hingezogen wie noch nie zu einem Mann. Ich errötete, als M. ihn mir vorstellte. Voller Unbehagen beobachtete ich, dass M. ihm gegenüber nur sehr kurz angebunden war. Und so zog er mich nicht an, *weil* es J. war, sondern *obwohl* es J. war. Schon von weitem versetzte er mich in Unruhe. Er warf mir einen spöttischen und sanften Blick zu (später entdeckte ich, dass ein solcher Ausdruck immer in seinen Augen lag). Ich sah diesen Blick, und dieser Blick schaute auf meinen Mund, als ob mein Mund meine Augen wären. In diesem Blick eingefangen, begann mein Mund zu zittern. Er konnte den Blick nicht abweisen, wie es mein Blick gekonnt hätte. Der Moment dauerte eine Ewigkeit: eine Sekunde. Wir gaben uns die Hand. Er war viel größer als ich, schlank, aber nicht mager. Das Gesicht hatte bemerkenswert schöne Konturen, wie sie mir erst wieder bei Virginia Woolf begegneten: Adlernase, hohe Stirn, Augen von einem grünlichen Braun. Er hatte schwarzes Haar und hellbraune Haut. Der Mund in diesem asketischen Gesicht strahlte eine unvermutete sinnliche Zärtlichkeit aus: ein großer, feiner Mund, sensibel, aber nicht weichlich. Die sehr hellen Zähne ließen bei einem Raucher (ich sah, dass er rauchte) eine besondere Sorgfalt erkennen. Alter? Er sah nicht aus wie sechsunddreißig, wie ich von dem, was ich wusste, ausgerechnet hatte. Wir waren von vielen Leuten umgeben, und so kam es an diesem Abend nur zu dieser Begrüßung. Aber ich betrachtete ihn, als ob ich fürchtete, ihn nie mehr wieder zu sehen. Er hatte mich vom ersten Augenblick an gefesselt.

Zurück in Buenos Aires, wurde Victoria Ocampo abgelenkt von der Einrichtung ihres neuen Hausstands in der Calle Tucumán.

Sie suchte schöne und kostbare Dinge aus, Möbel, Gardinen, Porzellan aus Paris. Zufällig kreuzten sich Victorias und Juliáns Wege einmal im Teatro Colón, bei einer Aufführung des *Parzival*. Man sah sich nur aus der Entfernung. Bei einer späteren Gelegenheit war das Ehepaar bei Don A., dem Onkel der Vettern, zum Essen eingeladen.

Bald lud uns Don A. zum Essen ein. Zufällig setzte man mich am Tisch J. gegenüber. Ich schlug die Augen auf und begegnete seinem Blick. Ich traf in die Tiefe dieses Blicks. Eine Ohnmacht befiel mich. Ein Blitz: eine Landschaft der Ewigkeit. Als ich allmählich wieder zu mir kam, erschrak ich – wie in den Alpträumen, wo man plötzlich nackt auf der Straße steht – und fragte mich, ob uns jemand beobachtet haben könnte. Oder ob jemandem dieser, unserer, so deutlich spürbare Blick aufgefallen wäre. Das absolute Bekenntnis einer Liebe, ein Besitzergreifen. Ist einem solchen Moment noch etwas hinzuzufügen? Was das Kennenlernen betrifft, ja. Was die Seele betrifft, nein. »Die Augen haben den größten Anteil«, sagt Pascal. Dennoch: man muss ›sehen‹, richtig ›sehen‹. Hätten wir anders gekonnt als zu ›sehen‹?

Es war der Blick, in dem zwei Menschen sich erkennen und den Funken der Liebe spüren, der Blick, der ihnen erlaubte, in dem anderen zu lesen, mit dem anderen eins zu werden. Es war der Blick, der Tristan und Isolde auf verhängnisvolle Weise verband, nachdem sie vom Zaubertrank gekostet hatten. Ein plötzliches Erwachen, ein Begreifen, ein Blitzschlag, ein Moment der Ewigkeit. Aber das alles durfte nicht sein. Am nächsten Tag musste die junge Ehefrau einsehen, dass sie diesen Mann überhaupt nicht kannte, dass die wunderbare Begegnung nur Torheit war. Es verbot sich, allein daran zu denken, Julián noch einmal wiederzusehen oder gar zu sprechen. Der Ehemann, der sich in seiner Eifersucht bis hin zur Gewalttätigkeit steigerte, untersagte ihr, andere Männer zu grüßen oder ein Wort mit ihnen zu wechseln. Mónaco warf ihr vor, sich fremden Männern gegenüber wie eine Prostituierte zu verhalten, was sie empfindlich kränkte. Mit ihm über Julián zu sprechen oder ihn auch nur zu erwähnen, wäre undenkbar gewesen.

Anonyme Verleumdungen gegenüber dem Ehemann bewegten Victoria dennoch, telefonischen Kontakt zu Julián aufzunehmen. Er möge diese falschen Beschuldigungen klären, denn die unbekannte Person könne nur eine Freundin von ihm sein, die bestimmte Interessen verfolgte. Sie wusste, dass es in seinem Leben zahlreiche Frauen gab, es war bekannt, wie umschwärmt er war. Diese Telefongespräche – immer von Läden oder Geschäften aus geführt – wurden allmählich zur Gewohnheit. Bald empfahl man sich, die gleichen Bücher zu lesen, die gleichen Passagen, zur gleichen Zeit. Man begann sich zu duzen. Einmal verabredeten sie sich in einer Buchhandlung, nur um sich von weitem zu sehen. »Über einen Blick gingen wir nicht hinaus.«

Inzwischen waren ein Jahr und ein paar Monate nach der ersten Begegnung in Rom vergangen. Schließlich vereinbarte man ein Treffen in der Nähe der Casa Rosada: Schüchternheit auf beiden Seiten, Vorsicht und Rückkehr zum »Sie« nach dem vertrauten telefonischen »Du«. Gewissensbisse plagten Victoria Ocampo, sie kam sich vor wie ein Verbrecher, der seinem Werk nur heimlich nachgehen kann.

Als wir nebeneinander saßen, waren wir nicht mehr dieselben wie am Telefon. Wir mussten erst wieder die gegenseitige Schüchternheit überwinden, uns erst wieder neu an uns gewöhnen. Wir duzten uns auch nicht mehr. Unsere Stimmen konnten sich duzen, nicht aber wir. J. nahm meine Hand; ich zog sie brüsk zurück. Nach einem längeren Schweigen sagte ich: »Wie schrecklich diese heimlichen Verabredungen! Warum bin ich zum Schweigen verurteilt? Wenn dies der Preis unserer Treffen ist, dann verzichte ich lieber.

Verzichte auf mich selbst. Verstehen Sie? Sie sind ja an solche Sachen gewöhnt«. – »Wenn es sich um Sie handelt und wenn ich fühle, was ich fühle, nein. Warum sagen Sie so etwas?«

Da sie spürte, dass sie dieser Liebe ausgeliefert war, verfolgten Victoria Ocampo vielfältige Gedanken über Liebe, Treue, Ehe und Ehebruch. Nahe lagen ihr Stendhals Einsichten in *Über die Liebe*, in denen der Autor das Entstehen und Wachsen einer Liebesbeziehung im Bilde der »Kristallisation« eines Astes in einem Bergwerk festhält. Auch Marcel Proust und Teilhard de Chardin halfen ihr, das Phänomen Liebe zu verstehen und das Unerklärliche zu begreifen. Sie erfuhr, dass erst die Liebe ihrem Leben einen Sinn verlieh und dass leidenschaftliche Liebe sich nicht nur im Körperlichen äußerte. Schon früh neigte sie dazu, in literarischen Modellen zu denken, in ihrem Fall drängten sich ihr Assoziationen zu Dantes Paolo und Francesca in der *Göttlichen Komödie* auf, zu Anna Karenina und Wronski, zu Tristan und Isolde. Vor allem sah sie sich in der Lage der Ehebrecherinnen in der Weltliteratur, und ohne noch an Emma Bovary zu denken, geriet sie doch in ihre Situation, besonders als das Liebespaar immer häufiger Verabredungen arrangierte, immer heimlich und mit immer neuen Tricks, um den Chauffeur, um das Dienstmädchen Fani und andere Beobachter abzuhängen. Es kam, wenn auch nicht zu einer Kutschfahrt, wie sie Emma Bovary in die ehebrecherische Sünde trieb, so doch zu einer gemeinsamen Taxifahrt in Buenos Aires. Wohin? Nirgendwohin. »Fahren Sie … fahren Sie.«

Wir verharrten einige Minuten (Jahrhunderte?) stumm. Plötzlich, wie um Entschuldigung bittend, gab ich ihm einen Kuss, ohne ein Wort. Wir brauchten nichts zu sagen. Er umarmte mich, und aneinandergeschmiegt fühlten wir wortlos die Wohltat der körperlichen Nähe. Wir waren überwältigt, der Rest der Welt war vergessen. Wohlsein und Glückseligkeit. Die Fragen, die wir einander stellen wollten, die Erklärungen, die er mir hatte geben wollen, die Worte, die einer vom anderen hören wollte, waren vergessen. Heute steht die Zeit still, dachten wir. Heute steht die Zeit still, und es gibt nur den Balsam der körperlichen Gegenwart. Wir verharrten in der Umarmung ohne eine weitere Geste der Zärtlichkeit, ohne ein Wort. Das Einzige, was wir fühlten, war ein innerer Schrei: Bist du das? Bin ich es?

Julián schrieb ihr den ersten Brief – nur wenige, doch aussagekräftige Zeilen: »Mein Leben liegt in Ihren Händen. Von Ihnen hängt es ab, ob es das glücklichste oder unglücklichste unter den Menschen sein wird. Mehr kann ich Ihnen nicht anbieten.« Schließlich mietete er eine kleine Wohnung in der Calle Garay an, in der Nähe des Parque Lezama. In dieser Wohnung waren sie zum ersten Mal allein unter einem Dach.

Diesen Nachmittag blieben wir eine Stunde lang zusammen im Bett. Unsere Körper verstanden sich, ohne dass wir sie anweisen mussten. Ich frage mich, ob andere Körper sich jemals besser verständigt haben, ein schöneres Vergnügen darin fanden, sich nahezukommen, auch wenn das Verlangen gesättigt war. Zwischen uns existierte mehr als nur das Verlangen und nicht nur in diesen Momenten; es war ein Sich-Anschauen, Sich-die-Hand-Geben, Sich-zusammen-am Kamin-Wärmen. Alles war Glückseligkeit.

Das tiefe Glück, das Victoria Ocampo empfand, ließ sie gleichzeitig unendlich darunter leiden: eine »Ehebrecherin« zu sein, zumal das Liebespaar offenbar systematisch verfolgt und immer wieder beim Ehemann verleumdet wurde. Eine Konstellation wie in der troubadouresken Liebe, in der stets eine Reihe von Neidern und Verrätern zur Stelle war, die den Liebenden ihr Glück missgönnten. Immer war der Ehemann im Recht und besaß die

Macht. Und der Ehemann Mónaco übte ganz bewusst Druck aus. Er drohte, dem kranken Vater der Ehefrau – im Jahre 1909 war ihm ein Bein amputiert worden – die Geschichte zu berichten, was ihm den Todesstoß hätte versetzen können. Die Erkenntnis »eines glücklichsten *oder* unglücklichsten« Lebens in der Liebe möchte Victoria ändern in »das glücklichste *und* unglücklichste«. »Kann man mehr über die Liebe sagen: glücklich und unglücklich?«, so fragt sie sich.

Mit der Zeit stellte sich beiderseitige Eifersucht ein. Einmal nahm Victoria Julián ins Kreuzverhör, war er doch ein Mann, »der den Frauen gefiel und sie anzog, ohne etwas dafür zu tun«. Der Geliebte wiederum beneidete den Ehemann, der die Frau, die er sehnsuchtsvoll liebte, an seinem Arm führte. Nur wenn die Gespräche eine ernste Wendung nahmen, sprach er von Mónaco als *»marido«*, als Ehemann, gewöhnlich nur von diesem *»individuo«*. Inzwischen war die Lage im Hause Ocampo so angespannt, dass das Ehepaar nicht mehr miteinander sprach, getrennte Schlafzimmer hatte, gemeinsam nur noch in Gesellschaft auftrat. Dennoch konnte Victoria ihren Eltern nicht die Wahrheit sagen. Die Enthüllung ihrer Geschichte hätte eine Schande für die ganze Familie bedeutet. Umso mehr als sich ihre Schwester Angélica in den Bruder Juliáns verliebt hatte. Eine Hochzeit kam nicht in Frage, da die Eltern die Martínez' als Bastarde bezeichneten. Der Vater wollte Angélica lieber tot sehen als mit dem Bruder von Julián verheiratet. Musste sie, so fragte sich Victoria Ocampo, die Konsequenzen dieser unglückseligen Ehe, dieser fatalen Entscheidung der Eltern, ihr ganzes Leben erdulden?

Dieser Frage schließen sich weitschweifende Überlegungen der Autobiographin zu Liebe, Ehe, gesellschaftlicher Konvention, Gerechtigkeit und Ungerechtigkeit an: Sie erkennt zwei Kategorien von Frauen, die angesehenen und die verachteten, die Mütter, Ehefrauen und Schwestern auf der einen Seite, die Ehebrecherinnen, Jungfrauen und Prostituierten auf der anderen. Die Männer, für die diese Kategorien nicht galten, könnten von den Frauen alles einfordern: Jungfräulichkeit, Gehorsam, Schönheit und sexuelle Dienste. Zu welcher der genannten Gruppen sich eine Frau auch zählen musste – versklavt war sie so oder so: die eine zu Hause im Käfig, die andere im Bordell.

Victoria Ocampo quälte diese *condition féminine* im Allgemeinen, und sie litt an ihrer eigenen im Besonderen. Hinzu kam ihre Eifersucht, die sich einmal in einer unkontrollierten Eifersuchtsattacke entlud:

Eines Nachmittags, im Hause Paquin, ließ sich meine Schneiderin – sie lag vor mir auf den Knien, steckte den Saum ab und hatte den Mund voller Stecknadeln – in allen Einzelheiten über die Schönheit einer Kundin aus. Ich wusste, dass diese Frau vor einigen Jahren mit J. eng liiert gewesen war. Meine Schneiderin beschrieb mir ihren Körper, ihre Brust, ihre Hüften, ihre Schultern, ihre Beine – meine begannen zu zittern, mein Herz klopfte, als ob mir jemand gesagt hätte, dass ich nicht mehr lange leben würde. Ich musste um ein Glas Wasser bitten. Noch nie war ich einer Ohnmacht so nahe gewesen, außer in der Nacht meines Autounfalls auf der Rückfahrt von Darmstadt nach Paris. Fast weinend kam ich an diesem Tag in der von uns so genannten »Calle Garay« an. Ich warf mich in J.s Arme, fühlte sein weiches seidenes Hemd und lehnte meinen Kopf an seine Schultern.

Dann aber überwältigen Victoria Ocampo wieder die großen Momente der Liebe:

Ein Tag bleibt mir deutlich in Erinnerung, so als ob ich ihn immer noch erlebte. Ich glaube, es war der Höhepunkt der Liebesleidenschaft. Ich erinnere mich genau an diesen Tag, so genau wie an den Morgen, als mein Vater in San Isidro starb. J. und ich saßen im Bett, in der Wohnung der Calle Garay. Ich blickte ihn an. Ich nahm sein Gesicht in meine Hände und legte den Mund auf seine geschlossenen Augenlider, erst auf eines, dann auf das andere … (Gibt es eine größere Zärtlichkeit als die reine Zärtlichkeit? Wann ist die Seele wirklich betroffen? Bei einem Kuss, den wir einem Kind geben, das geweint hat, einem Kuss, den wir einem Toten geben.) Dann küsste ich ihn auf die Stirn, auf den Mund, auf diese bebenden Lippen. Aber meine Küsse waren keine Küsse mehr. Sie wollten erfahren, was mir diese Augen, diese Stirn und dieser Mund sagten. Diese Augen, diese Stirn und dieser Mund übertrugen die reine Schönheit, ein Versprechen, von dem ich nicht wusste, welches Versprechen es war. Sie waren Zeichen für etwas, das sich niemals entziffern lassen würde. In diesem Moment jedoch wollte ich den ganzen Text lesen. Ich benötigte dazu nicht den Mund, sondern nur *il disiato riso*, das ersehnte Lächeln, das über die Lippen hinausweist. Gegen dieses lebendige Gestein, das sich Körper nennt (auch wenn er empfindsam ist), war ich, eine Welle der Leidenschaft, auf der Suche nach einer unmöglichen Vereinigung, war verzweifelt aus Einsamkeit in einer gemeinsamen und erfüllten Leidenschaft. Verzweifelt aus Liebe. Ich lehnte meinen Kopf wie immer gegen seine Schultern, ganz nah an sein klopfendes Herz und ganz fern von ihm. Welche Worte, welche Zärtlichkeiten hätten diese Wand einreißen können, mit der ich mich vereinigte und die mich gleichzeitig von ihm trennte? Welche Wörter fehlten mir für das, was mich bewegte?

Die Liebende begriff, dass das höchste Glück des Menschen in der Vereinigung mit einem anderen Menschen bestand. Zu diesem beiderseitigen Glück gehörte auch, herumzualbern, sich Bücher vorzulesen, dasselbe zu empfinden, sich ohne Worte zu verstehen, zusammen traurig oder zusammen übermütig zu sein. In Retiro trafen sie sich des Öfteren zum Mittagessen, bei solcher Gelegenheit spielten sie gern »bürgerliches Ehepaar«. Wenn der Kellner kam, unterhielten sie sich wie Mann und Frau. Sie sprach von »den Kindern«, von einer Krankheit, von der Köchin, dem Kindermädchen. Julián musste manchmal laut loslachen. Doch verbarg sich hinter der Farce eine Wahrheit: »Weißt du, im Grunde beneide ich die Paare, die so miteinander reden. Ich mache mich über sie lustig, weil ich sie beneide.«

Als Julián ein Grundstück in Belgrano, Avenida de los Incas, kaufte, planten sie gemeinsam das Haus; sie kümmerte sich um die Inneneinrichtung, um die Möbel, Gardinen, Kacheln, das Geschirr. Julián brachte ihr das Autofahren bei, damit sie sich von ihrem Chauffeur unabhängig machen konnte. Allerdings fiel sie als Frau am Steuer sofort auf, die Leute schimpften und schrien Skandal. Sie liebte es auch, tanzen zu gehen. Und da sie in Gesellschaft nicht zusammen auftreten konnten, tanzte sie mit anderen, zum Beispiel mit Ricardo Güiraldes. Julián zeigte sich großzügig, wenn sie ihm davon erzählte. So gestand er ihr dieses Vergnügen nicht nur zu, sondern war bemerkenswerterweise sogar der Meinung, dass die Begegnung mit Intellektuellen ihr guttäte.

Dennoch hatte alles seine Grenzen. Und so kam es zu einer großen Krise, fast zu einem Bruch, als der Krieg 1914 Capitán Z.A. nach Buenos Aires brachte, einen Fliegeroffizier in schmucker französischer Uniform. Er war Junggeselle, ein auffallend attraktiver Mann und für die junge Victoria Ocampo – sie war zu diesem Zeitpunkt vierundzwanzig – sofort der Held, den sie schon als Kind in Jules Vernes Kapitän Hatteras gesehen hatte. Er schien ein Gott zu sein, der vom Olymp herabgestiegen war. Obschon das Gespräch mit ihm nicht besonders anregend war – er schien »kein Redner« zu sein. Aber sie tanzten zusammen, und er, nicht uninteressiert an ihr, bot ihr an, einmal mit ihm zu fliegen. Sie nahm an und fand sich am nächsten Morgen im Flughafen Palomar ein. In jener Zeit zu fliegen war ein außergewöhnliches Erlebnis, das sonst nur Männern, nur Pionieren vorbehalten war – ein aufregender Moment, in der Luft zu sein: der Krach, der Wind, die Angst. Doch Capitán Z. war mutig und heldenhaft, ein Bezwinger von Naturgewalten, so jedenfalls empfand Victoria Ocampo. Wieder heil gelandet und, noch zitternd vor Aufregung und Ehrfurcht, verabschiedete sie sich mit einem Kuss und stieg in das wartende Taxi. Das war alles. Aber es war zu viel gewesen.

Erst der zweite Teil dieser Geschichte brachte Victoria Ocampo völlig auf den Erdboden zurück. Julián war verletzt wegen dieser Episode, er fühlte sich so betrogen und hintergangen, dass er die Geliebte nie mehr sehen wollte, und sie hatte auch keine Gelegenheit mehr, sich ihm noch zu erklären: »Jetzt ist Schluss. Ich brauche keine Erklärungen mehr. Klar, dass du Lust gehabt hattest, mit dieser Person zu schlafen. So tu es doch! Und lass mich in Ruhe mit deinen Komödien. Wie dumm ich doch war.« Zwischen ihnen bildete sich eine Mauer, Worte waren überflüssig geworden. Der Flirt in den Lüften endete für Victoria in Selbstvorwürfen und Gewissensbissen, der Mut und die Schönheit des Kapitäns wandelten sich in Hass und Aversion.

Tagelang quälte Victoria Ocampo die Frage, was der Geliebte machte, zu welcher Frau er vielleicht womöglich wieder gehen würde. Diese Ungewissheit hielt sie nicht aus, und so fuhr sie zu seinem Haus in Flores. Er versprach, am nächsten Morgen in die Calle Garay zu kommen. Doch verzeihen konnte er ihr immer noch nicht. Auch als sie mit Selbstmord drohte, rührte es ihn nicht. Ihr blieb nichts als »warten, warten, warten«. Doch es kam die Stunde:

Ich erinnere mich: Wir fuhren in seinem Auto, und er wollte mich irgendwo absetzen, in irgendeiner einsamen Straße. Er saß am Steuer. Ich schwieg, müde von den Vorwürfen und Diskussionen. Dann aber ließ eine Hand das Steuer los, und sein Arm legte sich um meinen Rücken und zog mich zu ihm hin. Er fuhr weiter mit nur einer Hand, stumm. Ich küsste die Hand, die auf meiner Schulter ruhte, ohne zu wagen, etwas zu sagen oder zu weinen oder mich auch nur im Geringsten zu bewegen. Leise spürte ich das Glück zurückkehren, das ich für verloren gehalten und in Gefahr gebracht hatte. Diese Geste seines Arms ist mir immer gegenwärtig geblieben, auch nach der Trennung und nach dem Tod.

Verwickelt in die eigene Ausweglosigkeit, den Ehebruch, die Verleugnung des eigenen Lebens, fühlte sich Victoria Ocampo im Leben verdammt. Wenngleich sie andererseits ein nahezu überirdisches Glück empfand – »J. und ich – es ist ein Wunder« – und in dieser Liebe nichts Unrechtes sehen konnte. Unentwegt befragte sie sich in dieser Phase ihres Lebens nach dem Sinn des Daseins und der Liebe. Es war Dante, der ihr den Weg wies, der große Kenner menschlicher Sünde und menschlicher Qual; ihre Gedanken schrieb sie schließlich in *De Francesca a Beatrice* nieder, wozu sie übrigens Julián ermutigte. »Ich lebte Dante, ich las ihn nicht.« Sie hatte den Eindruck, wie schon früher bei Chopin, den ihre Tante auf dem Klavier spielte, dass bestimmte Passagen nur für sie geschrieben waren. Ein anderer, auf Dante zurückgehender Kommentar – zum 15. Gesang der *Göttlichen Komödie* – sollte später, am 4. April 1920, unter dem Titel *Babel* in *La Nación* veröffentlicht werden*, was in jener Zeit, sogar für männliche Beiträger, eine hohe Auszeichnung bedeutete**. *Babel* war ein Kommentar ohne Anspruch auf Professionalität. Wie die ersten Schreibversuche, etwa ihr Brief, der aus

* Enthalten in: *Testimonios*, Band I. *Babel* handelt von der Gleichheit und Ungleichheit der Menschen – allerdings mit der Maßgabe, dass den Menschen trotz unterschiedlicher Anlagen und Begabungen dieselben Rechte zustehen. Auch Dante hat (im 15. Gesang) »unterschiedliche Stufen der Perfektion« anerkannt.

** Autorinnen drangen in den 1920er Jahren kaum einmal in die intellektuellen Männerbünde ein. Ausnahmen waren Alfonsina Storni und Delfina Bunge, die ebenfalls in *La Nación* publiziert haben – Alfonsina Storni unter dem Pseudonym Tao Lao.

Wut über ihre Englischlehrerin entstanden war, entsprang das Schreiben auch hier einem inneren, vielleicht therapeutischen Bedürfnis nach Erleichterung, letztlich aber auch ihrem unbändigen Enthusiasmus gegenüber dem florentinischen Dichter, den sie als ihren »Bruder« verehrte.

Ihre Suche nach Ideen und Philosophien zu Liebe, Lebenssinn und Lebensenergie führte sie auch an Henri Bergson, Marcel Proust, Ortega y Gasset und Rabindranath Tagore heran.* Ihre Bewunderung für Dante blieb indes ungebrochen, da er allein den Weg von der »Liebesleidenschaft« zur »Liebe« beschreite; auch bei Pascal fühlt sie sich verstanden, als sie auf die Aussage stößt: »Du würdest mich nicht suchen, wenn du mich nicht schon gefunden hättest.« Aber wie schon die Frau am Steuer Aufsehen erregt hatte, so war in Buenos Aires die Aversion gegen eine schreibende Frau noch bedeutend größer. Groussac, der Redakteur von *La Nación*, sowie sein Sohn, Ángel Estrada, denen sie ihren Dante-Artikel *De Francesca a Beatrice* zugeschickt hatte, warfen ihr Pedanterie und Anmaßung vor: Eine Frau, die sich erdreistete, über Dante zu schreiben! Sie machten sich lustig über ihre Ausführungen. Doch Julián ermutigte Victoria immer wieder:

Er versuchte mich zu trösten, denn ich war niedergeschmettert und erschüttert. »Der Weg, den du gehen willst«, sagte er mir, »wird nicht leicht sein, und wenn du dich vor dem kleinsten Hindernis geschlagen gibst und dich über die Maßen beeindrucken lässt, bist du verloren. Dann bestätigst du nur die Vorurteile dieser Leute über Frauen. Du musst ihnen

* Bergson fasziniert sie mit seiner Unterscheidung von »Vergnügen«, »Freude« und »Lebensfreude«, auch als Lebensenergie und als etwas Schöpferisches zu verstehen, was ihrer Vorstellung von der Liebe nahekommt. Bei Proust folgt sie Ortega y Gasset: Der Autor kenne zwar alle Nuancen menschlicher Gefühle, nicht aber »die Liebe«. Außerdem liest sie die Geschichte von *Chitra und Arjuna* von Tagore und setzt sich mit Ortega y Gassets Begriffen über die Schattierungen und Färbungen in der Liebe auseinander.

ihren Irrtum unter die Nase reiben. Du musst sie überzeugen, indem du sie mit deinen Waffen schlägst. Arbeite weiter, als ob nichts geschehen wäre, als ob dich eine solche Art von Kritik nicht treffen könnte. Wie eingeschüchtert du bist, demoralisiert, niedergeschlagen … Und warum? Nur weil dieser armselige Ángel – der nicht über den Tellerrand hinaus schaut – dir einen Schrecken einjagt. Und wenn Groussac, dessen Härte niemandem unbekannt ist, dir zwei oder drei Bosheiten an den Kopf wirft, die nichts anderes bezwecken sollen, als dich zu verletzen, dann weißt du doch genau, dass dieser Alte mit seinem bösen Charakter schlecht gezielt hat. Du weißt sehr gut, dass du nicht pedantisch bist und es auch nie sein wirst.

José Ortega y Gasset tritt in Erscheinung

Zunächst blieb Victoria Ocampos Schrift *De Francesca a Beatrice* in der Schublade liegen. Julián Martínez sendete sie später an die Redaktion der spanischen Literatur- und Kulturzeitschrift *La Revista de Occidente*, die José Ortega y Gasset 1923 gegründet hatte. 1924 wurde der Beitrag im zweiten Band der *Biblioteca de la Revista de Occidente* veröffentlicht.

José Ortega y Gasset (1883–1955) lehrte in jenen Jahren als Professor für Metaphysik, Ethik und Logik an der Universität Complutense in Madrid. 1914 hatte er seine *Meditationen über Don Quijote* verfasst, in *Die Aufgabe unserer Zeit* entwickelte er 1923 zentrale Begriffe seiner Philosophie, etwa den der »vitalen Vernunft«, und wurde in den 1930er Jahren weltberühmt mit *Der Aufstand der Massen* (1930) sowie *Geschichte als System* (1936).

1916 führte den Kulturphilosophen der Weg nach Buenos Aires, wo er Kontakt zu Victoria Ocampo aufnahm. Ihr wiederum war der Spanier durch die Lektüre seiner Essays bekannt. Als sie sich begegneten, war Ortega hingerissen, strahlte sie doch im Bewusstsein ihrer Schönheit und Jugend Glück und Lebensfreude aus. Sie allerdings, wie immer in der Begegnung mit eindrucksvollen Menschen, blieb vor Bewunderung stumm, wagte aus Respekt vor seiner Intelligenz kaum ein Wort zu sagen.

Seine Intelligenz lag in seinem Blick und in der Gestik seiner Hände, die seine Sätze in der Luft zu skizzieren oder ihren Flug aufzuhalten schienen. Der Kopf, kraftvoll und etwas schwer für eine Körpergröße, die unter der normalen blieb, zog den Blick auf sich und vermittelte den Eindruck, dass dort Wichtiges vor sich ging. Es war, als ob man vor einem brennenden Kamin stand und dem Tanz der Flammen folgte.

Worum ging es in unseren ersten Gesprächen? Ich erinnere mich nicht mehr. Ich hörte zu. Ich erinnere mich aber, dass alles, was er sagte, auf eine ganz besondere und besonders eindrucksvolle Weise gesagt wurde. Ich erinnere mich eher an die Art und Weise, wie er sprach, als an das, was er sprach. Ortega nahm ein Thema auf und verfolgte es, wie Scheinwerfer einem Ballett folgen. Mit dem Unterschied, dass er zugleich Scheinwerfer und Tänzer war. Ich beobachtete das Schauspiel und bewunderte seine Meisterschaft. Das Leben hatte mich bis dahin noch nicht zu einem solchen Fest eingeladen. Fand dieses Fest zu meinen Ehren statt? Ob der junge spanische Philosoph sich vorgenommen hatte, mich in Staunen zu versetzen? Auf jeden Fall, es verfing. Vielleicht wird er (wie die meisten Männer) niemals wissen, bis zu welchem Grad ich fähig bin, mich für ein Buch, einen Gedanken oder einen Menschen, der dieses Buch oder diesen Gedanken verkörperte, zu begeistern.

Als Ortega zum zweiten Mal nach Buenos Aires kam, erklärte er in ein paar Zeilen unsere Situation: »Es ist meine Bestimmung, Victoria, zu Ihnen hinzusegeln, wenn Sie geneigt sind. 1916 wusste ich nicht, was Sie in Besitz nahm; aber Sie waren von etwas in Besitz genommen. Jetzt sehe ich Sie unter dem Einfluss von Vorstellungen aus Deutschland (Keyserling) und Erinnerungen an Indien (Tagore).«

Victoria Ocampo hatte Ortega y Gasset nichts von Julián erzählt. Dennoch muss er von ihm gewusst haben, denn eine Bekannte teilte ihr bald das harte Urteil Ortegas mit: Sie vergeude ihre Zeit mit einem Mann, der ihr intellektuell unterlegen war. Er ließ sich darüber auch noch einmal in einem Brief aus, den man ihr zeigte. Ihre Reaktion war Empörung; Empörung über diese Taktlosigkeit und Indiskretion. In ihrer Zuneigung und Loyalität zu Julián Martínez ungebrochen, brach sie den Kontakt zu Ortega fast zehn Jahre lang ab. Natürlich war ihr bewusst, was es bedeutete, ihn und seine wertvolle Unterstützung in der Welt der Literaten zu verlieren; immerhin war er innerhalb dieser Szene einer der einflussreichsten Männer. Trotz ihrer heftigen Reaktion verhielt sich Ortega generös. Im zweiten Band von *El Espectador* (1917) zitierte er – ohne ihren Namen zu nennen – Passagen aus einem Brief von ihr und verstieg sich in hymnische Beschreibungen dieser »Frau von harmonischem und göttlichem Antlitz, wie es in der Anthologie des Mönchs Planudio heißt«. 1924 ließ er *De Francesca a Beatrice* in der *Revista de Occidente* veröffentlichen und schrieb auch einen Epilog dazu.

Was sah Ortega in Victoria Ocampo? Eine hinreißend schöne Frau, eine Frau, die ihn bewundernd verstand, die »Mona Lisa der Pampa«? Sie hatte ihm ihre Freundschaft angeboten, er aber sah in ihr die Muse, ein Faszinosum, eine Göttliche, erkannte in ihr die exotische, südamerikanische Weiblichkeit. Einige Monate, nachdem er aus Buenos Aires abgereist war, erhielt sie einen dicken Brief, der auf Mai 1917 datiert war:

Victoria! Victoria! Das ist nicht gut … Das ist zu viel. Die Post geht hin und her, doch macht die »gute Freundin« keinen Gebrauch davon. Sollte ich in meinen Briefen oder in unserer gemeinsamen Zeit in B. A. einen schweren Fehler begangen haben, möge Ihre edle Seele es verzeihen – eine edle Seele zeichnet sich für mich durch eine Neigung zur Bejahung statt zur Verneinung aus –, möge Ihr Blick doch eher zum schätzenswerten Teil meines Verhaltens schweifen.

Tatsache ist, dass Sie mir nicht schreiben. Und in meiner augenblicklichen Lage gibt es keinen schmerzhafteren Umstand. Doch habe ich versucht und werde es auch weiterhin tun, mich mit maßlosen Darstellungen über meine Bitternis zurückzuhalten. Denn ich stimme mit Goethe überein, der sagte, die Zurschaustellung des Schmerzes sei unmoralisch und unästhetisch. Und wenn der deutsche Olymp in seinen Werken jemanden sterben lassen musste, zwang er die Todeskandidaten, sich zu ertränken, also zu einem unsichtbaren und unblutigen Tod. Also werde auch ich meinen Schmerz ertränken. Und wenn Sie wollen, lassen wir sogar den Schmerz sich dabei noch totlachen.

Leider gibt es für Ihr Schweigen nur eine einzige Erklärung, womit kein Raum für irgendwelche Hoffnungen bleibt. Ihr Schweigen spricht die ureigenste Sprache des Vergessens. Sie haben mich vergessen, »gute Freundin«. Fabelhaft! Sie haben mich vergessen! Von Ihnen verbannt, kommt es mir vor, als wäre ich aus mir selbst ausgestoßen worden. Aus einem besseren, illusionären Selbst, angesichts dessen ein Weiterleben meiner Überreste lohnen würde.

Zwar kenne ich die Mona Lisa des Südens nicht gut, doch sicher gut genug, um vermuten zu dürfen, dass ihr Gemüt nicht dazu neigt, in ungeklärten Situationen zu verharren. In Ihrem Herzen muss entweder Tag oder Nacht sein. Und ich gelange immer mehr zu der Überzeugung, dass über mir die Abenddämmerung hereingebrochen ist. Ohne es darauf angelegt oder gar erwartet zu haben, fühlte ich mich in einigen verklärten Augenblicken durch Ihre Zuneigung beschenkt. Und Ihre schöne und starke Seele wandte sich mir hoffnungsvoll zu. War es nicht so? Jetzt dagegen treibt mich ein pulsierendes Fieber, ich fürchte aber, dass meine Begeisterung an der nächtlichen Victoria zerschellt, die – weit entrückt von ihrer damaligen Zuneigung – heute eher Ärger, Überdruss und Ungeduld, vielleicht sogar Abneigung empfindet. Ich stelle an mir bereits fest, dass ich keine großen Hoffnungen mehr hege. Im Grunde habe ich auch nie welche gehabt. Das Göttliche an den Weiblichkeiten ist ihre Standfestigkeit und eine grundsätzliche Unbestechlichkeit, die allen erhabenen Frauen eigen ist …

Es heißt, dass im Augenblick des Todes das gesamte Leben noch einmal mit unglaublicher Genauigkeit an einem vorbeizieht. Erscheint es Ihnen vermessen, wenn der »gute Freund« angesichts des Verlustes einer »guten Freundschaft« nochmals deren schönste Momente Revue passieren lässt? Machen Sie sich bewusst, dass das, was für Sie nicht mehr war als eine mehrwöchige »gute Freundschaft«, für mich die größte Hoffung barg, *qu'un beau matin on trouve étranglée*, die man eines schönen Morgens erwürgt sieht. Aber lassen wir die Superlative.

Ankündigung: »*Vous trouverez là, Mme V.O. de E., une beauté.*«

Erste Begegnung: Bei Julia, an einem Nachmittag. Ein riesiger Hut, der fiebrige Blick einer Gefangenen, in sich zusammengekauert, Schüchternheit, Desinteresse am Neuankömmling. Auf den Beobachter wirkt sie wie ein kleines Mädchen. Die Art und Weise, sich zu entschuldigen, als sie darum gebeten wird, etwas zu rezitieren, bestätigt diesen Eindruck. Und doch lassen ihre Verse die Luft erzittern und in ihr das Bild bebender Lippen und vibrierender Nasenflügel aufsteigen. Die Wandlung hat sich ganz plötzlich vollzogen: Das in sich zusammengekauerte Mädchen ist einer kraftvollen und leidenschaftlichen Weiblichkeit gewichen. Der arme

Beobachter fühlt so etwas wie eine vorübergehende Rührung und sagt: »Gnädige Frau, mir scheint, Sie rezitieren die Verse gar nicht, vielmehr bewegen Sie sie in Ihrem Inneren.« Es waren Verse voller Leidenschaft. Die ehemalige »gute Freundin« schenkte dem, was »dieser Professor« sagte, keine Beachtung.

Zweite Begegnung: Abendessen bei Bebé. Am Tisch hebe ich den Blick und entdecke auf dem Platz mir gegenüber, unerwartet, aber doch ganz offensichtlich und ohne den geringsten Zweifel, die »Mona Lisa in der Pampa«. Unsere erste Begegnung hatte weder Spuren noch einen Keim für einen möglichen weiteren Flug in meiner Seele hinterlassen. Umso überraschender, unvermittelter und explosiver war diese Entdeckung: Mona Lisa in der Pampa! Wer darum weiß, wie viel mir die Mona Lisa bedeutet und wie viel die Pampa, wird in der Wortzusammenstellung keine Galanterie erkennen, sondern die Voraussage der südamerikanischen Geschichte … Die Entdeckung jener wesentlichen Figur an diesem Abend stellt ein Kapitel in der Geschichte Argentiniens dar, nicht in der Geschichte meines Herzens. Ich weiß nicht mehr, wie Sie nach dem Abendessen aus dem Zentrum meiner Aufmerksamkeit verschwanden. Ich widmete mich den übrigen Gästen und anderen Dingen. Auch erinnere ich mich zum Schluss nicht mehr daran, welcher Ihrer Gesandten mir schließlich eine Einladung bei Ihnen zum Essen ankündigte. Das kam unerwartet für mich, denn bei keiner unserer beiden Begegnungen hatte ich von Ihrer Seite auch nur die geringste Regung von Neugier gegenüber meiner Person erkennen können. *Convivio presso la Gioconda!* Ein Gastmahl bei der Mona Lisa! … *Dio, che la vita s'infiora!* Mein Gott, wie das Leben plötzlich erblüht!

Dritte Begegnung: Tucumán 675. An jenem Abend trat die fast irreale Mona Lisa aus der Geschichte Argentiniens in die

Geschichte meiner persönlichen Gefühle. Wurde die Farbe des Kleides bei der Begegnung zuvor in meiner Erinnerung zu einem antiken Gold, so war sie jetzt von samtigem Schwarz. Doch es war dieselbe entblößte, herrliche Linie der Schultern, die dem wundervollen Kopf die ganze Anmut und Würde eines flüchtigen, spirituellen Denkmals verleiht.

(...)

An jenem Abend in der Tucumán 675 gewinnt der Mythos, noch ohne etwas von seinem Status einzubüßen, eine zeitbezogene Dimension zurück, indem er sich auf mein vergängliches Herz legt, das verkrampfte Eingeweide eines sinnenden Vagabunds ...

Die Hoffnung oder der Traum, dass ich Sie im Rahmen einer besonderen Freundschaft gewinnen könnte, wäre mir niemals spontan oder von alleine gekommen. Ähnlich würde mir auch nie der Gedanke kommen, dass hier, in meinem Zimmer, gegenüber meinem Tisch, das Gemälde von Leonardo hängen könnte. Doch an jenem Abend gab es zwei unfassbare Augenblicke.

Der eine: in Ihrer Bibliothek. Ich stehend, Sie in meiner Nähe, ebenfalls stehend. Voller Neugier warf ich einen Blick auf Ihre Bücher – und auf einmal überrasche ich Ihren Blick auf meinem: nicht auf mir, Victoria, auf meinem Blick. Wie ein Samen, der sich zum Keimen öffnet, entdeckte ich dabei in mir diesen unerwarteten Gedanken: *Mais on dirait qu'elle m'a compris, profondément compris!* Man könnte meinen, sie habe mich verstanden, bis in die Tiefe verstanden!

Der andere: Am Schluss, als ich mich verabschiedete, an der Tür, auf die Armlehne eines Lehnstuhls gestützt, mit dem *Double Jardin* in der Hand. Ich weiß nicht genau, was in Ihnen vorging, aber ich weiß, was Sie zu mir sagten: »Es gibt keinen Zweifel. Diese Mona Lisa hat mich für immer und bis in die Tiefe verstanden. Sie wird mich niemals mit irgendjemand anderem verwechseln. Wie seltsam! Sie kennt mich in- und auswendig. Ihr gefällt meine Art, die Banalität der Dinge zu verformen, die uns das Leben vor die Füße spült, damit wir ihnen ein neues, tänzerisches und rhythmisches Leben einhauchen. Sie hat herausgefunden, dass das Leben für mich eine Frage des Stils ist, und im nächsten Augenblick könnte sie die Bewegung meines Stils mit dem Finger in die Luft zeichnen.

Diesem Brief ging ein Vorwort voraus:

Gnädige Frau, die Verbannten leiden von Zeit zu Zeit an Anwandlungen von großer Schwermut. Verbannt aus dem Reich Ihrer Erinnerung, erlitt auch ich Ende Mai einen solchen Anfall. Davon befallen, schrieb ich Ihnen einen Brief von vielen, vielen Seiten – ein retrospektives Tagebuch über die Gefühle, die mein Versuch einer »guten Freundschaft« mit Ihnen in mir auslöste. (…) Der Brief sollte der letzte sein, doch dann ärgerte es mich, dass der letzte Eindruck, den ich in Ihrem *sacré cœur* hinterlassen würde, der eines erbärmlichen Insistierens wäre. Auf das jetzige Ausmaß beschränkt, halte ich es jedoch für nicht unangebracht, wenn er jetzt seine Mission als letzter Brief erfüllt, den Sie von einem Mann bekommen, der mit manchen Unzulänglichkeiten geschmückt ist, der Ihnen gegenüber jedoch eine Begeisterung gefühlt hat, die von Selbstlosigkeit, Redlichkeit und Vorsicht erfüllt war.

Zu Ihren Füßen verbleibend. J. O. y G.

Es sollten noch weitere Briefe dieser Art eintreffen, schwärmerische Briefe, in denen José Ortega y Gasset vor seiner Angebeteten niederkniete; doch sie reagierte nicht mehr. Nach etwa zehn Jahren kam es zu einem Wiedersehen in Buenos Aires. So lange hatte Victoria Ocampo gebraucht, um über die Verletzung durch Ortega hinwegzukommen – vielleicht hatte sie aber auch

Angst vor neuen Missverständnissen gehabt. Die Freundschaft lebte jedenfalls wieder auf, wobei sicher eine große Rolle spielte, dass Ortega in literarischen Fragen ganz auf ihrer Seite stand: »*Señora*, die Art und Weise, wie Sie Texte lesen und verstehen, ist alles andere als ungerechtfertigt. Es sollte nicht nötig sein, Sie darüber zu beruhigen. Vor allem, weil eine Frau, die fähig ist, mit solcher Anmut zu schreiben und zu denken, sich sicher nicht beunruhigen wird, wenn sie eine Ungerechtigkeit trifft.« Im *Espectador* schreibt er: »Im Übrigen weiß ich sehr gut, dass Sie eine unerschrockene Jägerin nach Resonanzen und inneren Verwandtschaften sind, Jägerin eines Sinfronismus (sic!). Diana gleich durchqueren Sie, schlank und hurtig, die Welt und treiben die Windhunde ihrer Gefühle immer weiter an …«

Ortega y Gasset musste ahnen, dass sein generöser Umgang die beste Art und Weise war, Dankbarkeit und Bewunderung zu erwecken. In jedem Fall hatte er bewirkt, dass sie sich als Autorin sicherer zu fühlen begann. Dass im zweiten Band der *Revista de Occidente* ihr Artikel *De Francesca a Beatrice* veröffentlicht wurde, hat nicht unbedeutend dazu beigetragen, ihr nach der ersten Niederlage einiges Selbstverständnis als schreibende Frau zu vermitteln.

Julián Martínez – Erinnerungen und Reflexionen

Das Thema Julián Martínez, wie es Ortega y Gasset aufgebracht hatte, regte Victoria Ocampo zu neuen Gedanken an. Führte bereits die Bedeutung des Geliebten für ihr Leben zur Verschriftlichung dieses Lebensabschnitts in einem ganzen Band, dem dritten, der *Autobiografía*, und dies unter der Ägide des Stendhal'schen Bildes von der Kristallisation eines Zweiges, »*La rama de Salzburgo*«, so folgte sie geradezu einem inneren Zwang, als sie die Verwandlung ihrer Liebe in Freundschaft, die

Verehrung und den Tod Julián Martínez' schreibend verarbeitete und in Bezug zur Welt der Literatur setzte.

Nicht ohne Grund hatte Ortega angenommen, dass J. nicht die Begabungen besaß, die ihm selber zugefallen waren, weder literarisches Talent noch Eloquenz. Als menschliches Wesen hatte er jedoch *»an inborn power of attraction«*, wie keiner der Schriftsteller, Denker oder Philosophen, die ich kennengelernt habe, trotz ihrer vielen Begabungen. Andererseits gebe ich zu, dass es für mich schwierig ist, J. zu beurteilen, wie ich auch nie meine Eltern hätte beurteilen oder hassen können. (...) Mit J., nach der langen gemeinsamen Zeit, war es genau dasselbe, nur auf einer anderen Ebene. Und als er starb, weitab von mir, ohne dass ich davon wusste, nach all den Jahren, in denen wir uns nur wenig gesehen hatten, entdeckte ich mit Schrecken, was der Tod bedeutete. Als ob dieser Körper mein Körper wäre.

Doch war ein festes Bild in mir, eine sonderbare Mischung aus Zärtlichkeit und Leidenschaft. Ich erinnere mich an keinen anderen Körper so wie an den von J. Wenn man den Körper vergisst, hätte er nicht zu existieren brauchen. Ich meine den Körper in allen seinen Nuancen. Ich sehe ihn nicht, sondern beschwöre ihn, so wie Michelangelos *Adam* in der Sixtinischen Kapelle, mit seinem kindlichen Geschlecht, mit seinem Arm und seiner Hand von Gottvater magnetisch angezogen wird.

Wenn ein geliebter Körper dazu bestimmt ist, in den Tod zu gehen, fällt man ins Leere: Es ist ein überwältigender Schmerz. Körperliche Details aber bleiben lebendig: die Augen, die Zähne, die feuchten Augenlider, das Blut, die Lippen, diese letzten Geschenke, die jetzt in der Erde verborgen sind – alles war mir in Erinnerung, und es war das Einzige in der Welt, das ich bis auf den Grund auswendig gelernt habe. In der Erinnerung war ein Körper, den es jetzt nicht mehr gab. Den es nicht mehr gab und den doch meine Zärtlichkeit bewahrte. Der Tod eines Körpers, der Tod in jedem Teil dieses Körpers, liegt vor dem Tod einer Person. Der Tod dieses Körpers wird nur Asche in meiner Asche sein.

Immer wieder versuchte Victoria Ocampo, ihren Gefühlen für Julián Martínez nachzuspüren: Warum liebte sie gerade diesen Menschen? Schönheit, Ausstrahlung, Intelligenz, Sensibilität und Intuition erklärten in ihren Augen nicht das außerordentliche Zusammengehörigkeitsgefühl, das sie empfand. Es musste etwas Überirdisches sein. In Montaignes *Essais** fand sie Anregungen, die auf Juliáns Wesen hindeuteten: Julián war zufrieden, glücklich, weil er alles als natürlich auffasste – Leidenschaft, Krankheit, Alter, Tod. Nie klagte er über etwas. Er hatte offenbar verstanden, dass man diesen Gesetzen nicht entkommen konnte.

Er und ich wussten, wie Eliot sagte: »*... time is always time. And place is always and only place. And what is actual is actual only for one time. And only for one place.*« Und auch »*... that things are as they are. These matters that with myself I too much discuss, too much explain. Because I do not hope to turn again.*« Beide wollten wir lernen, wie man einen Gott um dieses alles bitten könnte, so wie Eliot seinen Gott bat: »*Teach us to care and not to care...*«

Im Jahr 1920 kam es zur endgültigen Trennung vom Ehemann Mónaco de Estrada. Victoria Ocampo bezog eine Wohnung in der Calle Montevideo. Und knapp zehn Jahre darauf, mit dem Jahr 1929, hatte sich das Liebesverhältnis zu Julián sukzessive in Freundschaft gewandelt. Wieder begann für Victoria Ocampo ein neuer Lebensabschnitt. Andere Interessen, andere Men-

* In Kapiteln, die an die Lebenslehren des Stoizismus anknüpfen, etwa »Des plus excellens Hommes«, »De la modération«, »De fuir la volupté«, »De l'utile et de l'Honneste«.

schen, andere Freundschaften bestimmten ihren Weg. Sie lernte Rabindranath Tagore und Ernest Ansermet kennen, nahm aktiv an der Aufführung des *König David* von Arthur Honegger teil, tauschte sich intensiv mit der Feministin María de Maeztu aus, eine Freundschaft mit dem Komponisten und Dirigenten Juan José Castro begann, mit Begeisterung vertiefte sie sich in die Schriften des Grafen Keyserling, 1927 wurde ihr erstes eigenes Haus in Mar del Plata gebaut.

Die bewegten 1930er Jahre bedeuteten für Victoria Ocampo Befreiung sowie die Erfüllung des Traums von einer aktiven Teilnahme am intellektuellen und künstlerischen Leben. Von Julián Martínez hatte sie sich indes nie ganz entfernt. Am 12. April 1939, nach zehn Jahren einer lockeren Verbindung, erreichte sie, während eines Parisaufenthaltes, ein Brief von Julián.

Liebe Victoria,

(…) Das Schweigen, das Du nicht verstehen und nicht verkraften kannst, geschieht nicht aus Absicht. Ich glaube, ich habe dies genügend bewiesen. Es ist ganz einfach ein abgeklärtes, gutes Schweigen, das durch den unvermeidbaren Lauf der Dinge auferlegt ist. Gemeinsam sind wir ein Stück Weges gegangen, bis ganz allmählich ein Prozess der Auflösung begann, einer Entfernung, die in die Trennung mündete, in die wir uns nun einfinden, wenn wir sie auch nicht gewünscht haben. Es ist traurig, ich weiß, aber es ist eine unleugbare Tatsache. Trotzdem hast Du – in großmütigem und bewegendem Eifer – versucht, eine geistige Verbindung aufrechtzuerhalten, die ich, aus Mangel an Mitteln, und nicht aus freiem Willen, nicht auf die gleiche Art mittragen konnte.

In Deinem Geiste und in Deiner Seele sind der glückliche Ausdruck des Schönen beschlossen, eine Begeisterung für das Künstlerische, für literarische Vorlieben, für vielfache geistige Bewegungen. In mir hallt dies alles nach, jetzt und weiterhin. Gegen Dich bin ich in diesem Sinne viel ärmer und wüsste nicht, was ich Dir anbieten könnte, was Deiner würdig wäre und was nicht bloß ein Zettel über nicht enden wollende Anzeichen eines körperlichen Niedergangs wäre.

Nein, es ist nicht so, dass Deine Worte verfehlt wären, wie Du sagst. Aber manchmal – das muss man sehen – sind Tatsachen stärker als Worte. In diesem Fall wäre der Tod des Wolfes ein nachahmenswertes Beispiel.*

Ich werde ernsthaft den Abhang hinuntergehen und mich von mir selber lossagen. Mein Wunsch geht dahin, vom Boden dieser Stadt abzuheben, in der ich nur noch ein Ruheständler bin und durch die ich mich nicht mit müden Füßen schleppen wollte. Ich möchte aufs Land ziehen, um zu leben, was mir noch zu leben bleibt, den vorüberziehenden Wolken zuschauen, altern in Gesellschaft der Bäume, der Tiere und der Bücher. (…)

Vielleicht sehen wir uns bald, wenn du noch im Winter zurückkehrst, der ja jetzt schon beginnt. Sei zum Schluss versichert, dass meine Gefühle Dir gegenüber nicht ausdrückbar sind. Die Erinnerung an Dich ist in allem, was ich atme, und in allem, was ich liebe.

Julián.

Zwei Jahre bevor Victoria Ocampo die Geschichte ihrer großen Liebe niederschrieb, also im Jahr 1950, war Julián Martínez gestorben. Als sie ihm zum letzten Mal in Mar del Plata begegnet war, hatte er ihr anvertraut, dass ihm der Gedanke unerträglich sei, dass einer den anderen überlebte. Nach seinem Tod schickte sein Bruder Victoria zwei Fotos von ihr. Julián hatte sie mit Briefen seiner Mutter – bezeichnenderweise nicht mit ihren – aufbewahrt. Victoria Ocampo wusste, wie richtig er gehandelt hatte, denn niemand hätte ihre Briefe lesen sollen.

* Anspielung auf *La mort du loup* von Alfred de Vigny, wo es heißt, »nur das Schweigen ist groß, der Rest ist Schwachheit … Heulen, klagen, beten ist gleichermaßen feige … So mache es wie ich, leide und sterbe ohne zu reden.«

Wandlung und Befreiung – die Liebe zur Poesie, zur Musik und zu den Menschen, die sie verkörpern

Liebe, Hingabe und Bewunderung

Mit der endgültigen Trennung von ihrem Ehemann im Jahr 1920, dem die Vermietung ihres großen Hauses in der Calle Tucumán 675 und der Bezug einer Wohnung in der Calle Montevideo folgten, befreite sich Victoria Ocampo von einer Vergangenheit, die ihr eine Selbstbestimmung im Leben weitgehend versagt hatte. Nun bewegten sie Gefühle, die sich miteinander vereinbaren ließen: die große Liebe einerseits und zahlreiche Interessen wie Theater, Literatur, Sprachen, Rezitation und Musik andererseits. Die Liebe zu Julián Martínez war zunächst weiterhin bestimmend: »Weil die Liebe das Höchste im Leben ist: Die Liebe ist alles. Alles, alles, alles. Alles hängt von ihr ab in dieser Welt. Alles kommt von ihr und lebt durch sie. Man braucht nichts weiter zu suchen.« Daneben spürte sie aber auch »ein starkes Verlangen nach dem Schönen und Poetischen«. Und auch bevor sie die große Liebe erfahren hatte, fühlte sie sich stets von der Welt des Geistigen, des Sublimen und Ästhetischen angezogen. Schon früh hatte sie zu Anhimmelung und Vergötterung geneigt, ob es sich um einen fiktiven Helden wie Kapitän Hatteras handelte oder um ihre schöne, junge Tante, um das Porträt der Johanna von Orléans, ein Klavierstück von Chopin oder die Sonette von Shakespeare. Die Fähigkeit zu Liebe, Hingabe und Bewunderung sollte sie sich auch als Erwachsene erhalten, wenngleich sich die Akzente immer wieder verlagerten.

1924 traten zwei Männer in Victoria Ocampos Leben, denen sie sich aus ganz verschiedenen Gründen und auf eine sehr unterschiedliche Art der Freundschaft verbunden fühlte: der indische Dichter Rabindranath Tagore und der Genfer Dirigent und Komponist Ernest Ansermet. Außerdem hatte sie zu Beginn desselben Jahres Gandhi für sich entdeckt und stand noch ganz unter der Wirkung seiner Worte: Es war, als ob »die gesamte moderne Musik und das gesamte zeitgenössische Indien gleichzeitig über mich hereinbrachen«.

Bereits zehn Jahre zuvor, im Jahre 1914, kurz nach der Veröffentlichung, hatte Victoria Ocampo Tagores Gedichtsammlung *Gitanjali* mit glühender Begeisterung gelesen. Tagore hatte den Band um das Jahr 1910 verfasst und 1913 den Literatur-Nobelpreis dafür erhalten, worauf die Sammlung sogleich in zahlreiche Sprachen übersetzt wurde, von André Gide ins Französische. Auf diese Lektüre, dieses »Hohelied der Liebe«, stieß Victoria Ocampo 1914 im Zustand höchsten Glücks und tiefster Verzweiflung, lebte sie doch eine Liebe, die als Sünde galt. In *Gitanjali* eröffnete sich ihr der Weg, menschlichen Gesetzen und gesellschaftlichen Auflagen zu entfliehen; hier gab es einen Gott, der Freiheit für irdische Leidenschaft gewährte. Die romantisch-mystische Grundstimmung der 157 Lieder umfassenden Gedichtsammlung berührte die damals Vierundzwanzigjährige in ihrem Innersten, vor allem der Mythos um das göttliche Liebespaar Krishna und Radha – ein Sinnbild für geistiges Einheitsstreben, für die Verbindung von Erotik und philosophischem Idealismus.

Nach den turbulenten Jahren zwischen 1914 und 1924 festigte sich Victoria Ocampos Leben allmählich. Es gelang ihr mehr und mehr, sich aus den Fesseln der ihr widerstrebenden Einschränkungen zu befreien, sich bewusster der Welt gegenüber zu öffnen und die großen Schätze zu empfangen, die Literatur, Musik, Malerei, Natur und Reisen in ferne Länder offenbarten. Und so drängte es sie, am zeitgenössischen Geistesleben Anteil zu nehmen und mit dessen Repräsentanten in einen Dialog zu treten.

Rabindranath Tagore in Miralrío/San Isidro

Im Oktober des Jahres 1924 traf Rabindranath Tagore in Buenos Aires ein. Ursprünglich wollte er gleich nach Lima weiterreisen, um als Ehrengast an der Hundertjahrfeier der Unabhängigkeit Perus teilzunehmen. Schließlich vergingen jedoch beinahe zwei Monate, bevor der Dichter San Isidro wieder verließ. Die Gedichte, die er dort und kurze Zeit danach geschrieben hat, gingen in den Band *Puravi* ein, den er »Vijaya« (Victoria in Sanskrit) widmete. »Puravi« bedeutet »Osten« und ist im Bengalischen ein weibliches Substantiv. Es ist gleichzeitig der Name eines Abendlieds in der klassischen indischen Musik.

Die Begegnung mit Gandhi in einem Buch und mit Tagore leibhaftig folgten dicht aufeinander. Ein Zufall wie viele andere, die mein Leben kennzeichneten und die mich zu der Annahme brachten, dass dieses Leben im Voraus »zusammengefügt« war wie das Muster eines Mosaiks. Seit Monaten waren mir die Worte »Swaraj«, »Ahimsa«, »Satyagraha«, »Swadeshi«* vertraut, als »der große Wächter«, wie Mahatma den Dichter nannte, in die Gewässer des Rio de la Plata einlief.

Die wesentlichen Punkte, in denen die beiden Männer in ihrer großen Liebe zu Indien nicht übereinstimmten, waren mir bewusst: Tagore sprach sich für eine Kooperation zwischen Orient und Okzident aus; Gandhi lehnte eine Zusammenarbeit mit den Engländern ab – ein solches Vorgehen sollte gleichsam als Verteidigungswaffe wirken (die einzige, die er akzeptierte). Das war im Jahr 1920, vier Jahre bevor Tagore kam und seine Auffassung vertrat: »Kein Volk kann

* *Swaraj*: Unabhängigkeit. Von sich selbst abhängig sein (*Swa*), sich nach sich selbst richten. *Ahimsa*: keine Gewalt. *Satyagraha*: der Wahrheit verhaftet sein. *Swadeshi*: meint national. Der gewaltlose Widerstand begann mit dieser Bewegung in Bengalen, die darauf beruhte, keine ausländischen Waren und insbesondere keine britischen Stoffe zu kaufen.

erlöst werden, indem es sich von den anderen abgrenzt. Entweder man wird gemeinsam erlöst, oder man geht gemeinsam unter.« Es war nicht Gandhi, den der Dichter fürchtete; er hielt ihn für einen der bedeutendsten Menschen aller Zeiten. Wen er fürchtete, waren dessen Gefolgsleute, die »strengen« Anhänger Gandhis, die falschen Propheten und die Entstellungen, die jeder Lehre widerfahren, wenn sie vom Lehrmeister an die Massen weitergegeben wird. Dagegen mahnte Gandhi: »Tagore soll weben wie die anderen und seine ausländische Kleidung verbrennen. Das ist heutzutage eine Pflicht.« Mahatma war der Gequälte, ihn quälte das Elend in Indien, das Elend in der ganzen Welt. Tagore war der Aufgewühlte, der gegen dieses Elend rebellierte, jedoch auch in die Schönheit der Welt verliebt war und sich berufen fühlte, sie zu besingen, sie in allem zu suchen. Der Heilige auf der einen Seite, der Dichter auf der anderen. Ich wusste nicht, welchem von beiden ich den Vorzug geben sollte, obwohl mir Gandhi schon damals der Bedeutendere schien. Sie tauchten gemeinsam in meinem Leben auf, so als ob sie aus der Tiefe ihres geheimnisvollen Landes herbeigeeilt wären, um mir die Frage zu stellen: Kunst oder Heiligkeit?

Tagore wohnte im Plaza Hotel, und wir suchten ihn mit A. A.* auf. Zunächst empfing uns sein Sekretär und teilte uns seine Besorgnis mit: »Der Dichter« habe gerade eine Grippe überstanden; soeben, nach eingehenden Untersuchungen, hätten die Ärzte erklärt, dass sein Herz zu schwach wäre, um eine Überquerung der Kordilleren zu überstehen. Von der Reise nach Lima musste man also absehen. Die Ärzte empfahlen Tagore, sich einige Tage auf dem Land aufzuhalten, bevor er wieder an Bord gehen könnte. Ich schlug dem jungen Sekretär sofort vor, die Dinge zu regeln, ein Haus mit Garten in der Umgebung von Buenos Aires zu suchen und sie beide

* Victoria Ocampo macht keine weiteren Angaben zu dieser Person, die offenbar (siehe im Folgenden) nicht besonders angenehm war.

darin unterzubringen. Leonard K. Elmhirst, ein typischer Engländer – blond, leichte Stupsnase, himmelblaue Augen, ein wenig vorstehende Zähne, gestriegelter Schnauzbart, schlank und agil –, zeigte sich sehr erleichtert.

Er führte uns hinauf in die von Tagore bewohnte Suite, dann ließ er uns allein im Salon. Ich fragte mich, schüchtern wie ich war, wie sich das Gespräch wohl entwickeln würde. Kurz darauf trat das Objekt meiner Besorgnis in Erscheinung und setzte meinen Zweifeln sofort ein Ende. Schweigsam, unnahbar und sanft – aus seiner Haltung sprach etwas vom Hochmut eines Lamas, eine erhabene Geringschätzung, mit der diese Tiere einen anblicken, wenn man sie anschaut. Allerdings ging die beleidigende Geringschätzung in diesem Fall mit einer unendlichen Sanftmut einher. Der Neffe des Fürsten Dwarkanath Tagore war vor allem der Sohn des indischen Gurus Ramana Maharshi.

In seinem hellbraunen Gesicht (sein Teint war deutlich heller als der von Gandhi) war kaum eine Falte zu entdecken, trotz seiner vierundsechzig Jahre (dasselbe Alter wie mein Vater). Die Stirn war vollkommen glatt, als ob keine Sorge die Gelassenheit dieser ausgeruhten Haut hätte beeinträchtigen und Spuren auf ihr hinterlassen können. Das üppige, weiße Haar fiel über einen kräftigen Hals. Der untere Teil des Gesichts war hinter einem Bart verborgen. Seine Adlernase, die Wangen und die Stirnknochen strahlten Kraft, Feinheit und eine rare Schönheit aus. Die schwarzen Augen hinter den zuweilen gesenkten Lidern hatten ihre Jugendlichkeit und ihr Feuer bewahrt; auf den ersten Blick schienen sie dem weißen Strahlenkranz des Haares und der Feierlichkeit des Bartes zu widersprechen. Groß und schlank, wie ich ihn vor mir sah, lag etwas Aristokratisches in seiner Haltung, die nur diesen Völkern eigen ist. Die Bewegungen seiner zarten und wohlgebildeten Hände waren von einer gelassenen Anmut, als ob sie eine eigene Sprache sprächen. Später fand ich jenen

Ausdruck bei den großen Tänzern Indiens wieder, in ihren heiligen Tänzen. Und auch erst später kamen mir alle diese Einzelheiten wieder in den Sinn, die mich offenbar schon bei dieser ersten Begegnung beeindruckt hatten.

Die plötzliche und reale Anwesenheit jenes unnahbaren Mannes, der mir, als ich von ihm nicht mehr kannte als seine Gedichte, so vertraut in meinen Träumen, so nah an meinem Herzen gewesen war, lähmte mich. Meine übliche Reaktion in Gegenwart eines Schriftstellers. Am liebsten wäre ich sofort geflohen, ich verfiel in große Schweigsamkeit. A. A. führte das Wort. Doch die Absichten, die sie verfolgte, beunruhigten mich, und die Dinge, die sie sagte, störten mich. Recht barsch unterbrach ich die Unterhaltung und versprach mir Genugtuung bei der nächsten Gelegenheit. Gleich im Anschluss lief ich zu meinen Eltern und bat sie, mir Villa Ocampo für eine Woche zu überlassen. Sie lehnten ab. Dann kam mir die Idee, den Mann einer Cousine zu fragen, R. von L. M. Freundlicherweise willigte er ein, mir für eine Woche Miralrío, sein Landhaus in San Isidro, zu überlassen. Es kam mir vor, als rettete er mir das Leben. Ich eilte wieder zum Plaza Hotel, um Elmhirst zu verkünden, dass innerhalb von zwei Tagen alles fertig sein würde … Gerade genug Zeit, um die Zimmer zu reinigen, weiße Kleidung, Kasserollen, Geschirr, Dienstpersonal (das meinige) nach Miralrío zu bringen. Ich selbst richtete mich mit Fani in der Villa Ocampo ein, um nah bei Tagore sein und ihm zu Diensten stehen zu können.

Es waren geschäftige Tage. Hin- und Rückfahrten mit dem Auto zwischen Buenos Aires und San Isidro. Ich hatte nur einen Gedanken: das Haus so angenehm wie möglich herzurichten. Es war groß und neu, mit einem herrlichen Garten über einem Hang. Der Ginster blühte, und der Duft seiner kleinen goldfarbenen Dolden erfüllte die Luft. Es war die Zeit der Rosen, des Paradiesbaumes und Geißblattes. Ich überschwemmte die Zimmer und Treppenaufgänge mit Blumen. Die kalkgetünchten Wände boten sich wunderbar an, um die gelben, fliederfarbenen und rosaroten Sträuße auf das Schönste zur Geltung zu bringen.

Tagore sollte im Haus der Castex zu Mittag essen. Ich stellte mir vor, wie viele sonderbare Fragen er zu beantworten haben würde. Und so wurde ich recht ungeduldig, als ich ihn gegen drei Uhr nachmittags abholen kam. Als wir endlich aufbrachen, fegte ein Südwestwind über die Calle Callao hinweg. Staub hüllte das Auto ein und wirbelte Laub und altes Papier durch die Luft. Ein bleierner Himmel kündigte Regen an; er dauerte die ganze Fahrt über an. Dagegen war die Ankunft im Haus sehr angenehm. Blumen und Einsamkeit empfingen uns. Die Stille der Zimmer wurde noch verstärkt durch den Wind, der die Bäume in rauschende Meereswellen verwandelte.

Aus den acht Tagen wurden zwei Monate, da die Ärzte Tagore weiterhin zur Ruhe rieten. Ich konnte ihn überzeugen zu bleiben, in dem Haus wäre er ungestört; doch dann stellte sich mir ein finanzielles Problem. Die Unterkunft musste gemietet werden, und ich hatte kein Geld. Kurz entschlossen verkaufte ich meinen Halbmond aus Brillanten (den ich auf den Bällen in Rom getragen hatte) für einen lächerlichen Preis und bezahlte, wahnsinnig vor Freude, meine Schulden (zehntausend Pesos) im Voraus, um die Angelegenheit zu beschließen.

Ich fand mich beinahe täglich zum Mittag- und Abendessen in Miralrío ein, zumal ich selber keinen Koch mehr hatte. Brauchte der Dichter mich am Nachmittag, änderte ich alle meine Pläne, um in San Isidro zu bleiben. Allmählich lernte ich Tagore kennen; er schwankte zwischen Gelassenheit und Nervosität, wobei sich seine Nervosität lediglich in einem Stimmungswechsel ausdrückte. Briefe seiner Freunde,

Nachrichten aus der Heimat, veränderten seinen Gemütszustand jedes Mal. Auch schien ein verwöhntes Kind in ihm zu stecken. Ich fühlte mich glücklich, für ihn zu sorgen und seine Wünsche zu erraten. Aber ich gebe auch zu, dass mir diese Wünsche bisweilen widersprüchlich vorkamen. Er beschwerte sich zum Beispiel, dass er schnell ermüde, wenn er zu viele Leute empfangen müsste, und meinte, nicht mehr so weitermachen zu können (verständlich, da ihn die Besucher sehr bedrängten). So beschlossen wir gemeinsam mit Elmhirst, den Leuten freundlich die Türe zu weisen. Sofort warf uns Tagore dies vor, da er glaubte, wir wollten ihn einschließen. »Meine Pflicht ist es, die Menschen zu sehen, die mich sehen wollen.« Ich antwortete: »Unsere Pflicht ist es, zu verhindern, dass Sie krank werden.« Zwei oder drei Tage, nachdem er sich in Miralrío eingerichtet hatte, schickte er mir den ersten Brief:

San Isidro, Oktober 1924

Gestern Abend, als ich Ihnen für das dankte, was man gewöhnlich als Gastfreundschaft bezeichnet, hoffte ich, Sie würden spüren, dass das, was ich Ihnen sagte, viel weniger war als das, was ich Ihnen sagen wollte.

Es muss nicht leicht für Sie sein, zu verstehen, was für eine riesige Last an Einsamkeit ich mit mir herumtrage, eine Last, die meinem Leben vor allem durch diesen plötzlichen großen Ruhm auferlegt worden ist. Ich bin wie ein unglückseliges Land, in dem eines unheilvollen Tages eine Kohlemine entdeckt wird. Worauf folgt: dass seine Blumen vernachlässigt, seine Wälder abgeholzt werden und es vor den erbarmungslosen Blicken einer Heerschar von Schatzsuchern entblößt zurückgelassen wird. Mein Preis auf dem Markt ist gestiegen, aber mein persönlicher Wert ist verblasst. Ich versuche mit einem schmerzhaften, mich ständig verfolgenden

Verlangen, diesen Wert wiederzufinden. Es konnte nur durch die Liebe einer Frau geschehen, und so habe ich lange Zeit darauf gewartet. Heute fühle ich, dass mich dieses wertvolle Geschenk durch Sie erreicht hat und dass Sie in der Lage sind, mich für das zu belohnen, was ich bin, und nicht für das, was ich mit mir bringe. Das hat mich sehr glücklich gemacht. Zumindest weiß ich, dass ich eine Phase meines Lebens erreicht habe, in der ich auf meiner Reise durch die Wüste so viel Wasser wie nie zuvor benötigen werde. Aber ich habe weder die Mittel noch die Kraft, es zu tragen, und so danke ich allein meinem guten Schicksal, wenn es sich mir anbietet, und verabschiede mich.

Rabindranath Tagore

In der Tat empfand ich große Zuneigung für ihn. Eine ganz und gar platonische Liebe. Wie ich bereits erwähnte, reiste Tagore in Begleitung von Leonard Elmhirst, einem Engländer, der am Krieg teilgenommen hatte und 1918 bei den Coldstream Guards gewesen war. Der Direktor des von Tagore in Bolpur gegründeten Instituts für den »Ländlichen Wiederaufbau« hatte den Dichter nach China, nach Japan und nun nach Südamerika begleitet, als Privatsekretär ohne Gehalt. Leonard, eifersüchtig auf meine Vergötterung Tagores, ließ mich bewusst oder unbewusst spüren, dass dieser ihm mehr gehörte als mir. Dass der Dichter sich glücklicher mit ihm fühlte als mit mir. Das machte mich so wütend, dass ich Miralrío tagelang fernblieb (was mir unendlich lang vorkam, weil ich Tagore hören und sehen und in seiner Nähe sein wollte). Ich war, glaube ich, ohne es mir eingestehen zu wollen, auf seltsame Art ängstlich, da ich selber nicht verstand, was ich für Gurudev – so nannten wir Tagore – fühlte, warum ich mich um ihn kümmerte und warum sich der Dichter mir gegenüber so warmherzig und feinfühlig zeigte. Das führte dazu, dass es jedes Mal zu Missverständnissen kam, wenn Leonard vorgab, Tagore dabei zu »helfen«, mich zu verstehen. Ich wiederum war meinerseits eifersüchtig auf Leonard. Eifersüchtig auf das Vertrauen, das der Dichter ihm entgegenbrachte und das zu verdienen ich mich ebenfalls für würdig hielt.

Am Morgen schrieb Tagore meist, danach trafen wir uns, um uns zu unterhalten, oder er beobachtete die Vögel mit einem Fernrohr vom Balkon seines Zimmers aus. Er las Hudson*. Wahre Pilgerzüge von Bewunderern trafen am Nachmittag ein. Normalerweise setzte er sich unter eine Tipa in der Nähe des Hanges und sprach zu den Leuten. Einer der Ausdauerndsten hieß mit Nachnamen Barros; er arbeitete als Verkäufer bei Maple. Manchmal machte er den Übersetzer, wenn Tagore zu einer Gruppe sprach, die kein Englisch verstand. Andere Male übernahm ich es (ziemlich schlecht, wegen meiner Schüchternheit). Zahlreiche Theosophen fanden den Weg nach Miralrío. Eines Morgens stellte sich eine Dame vor und erklärte Tagore in vollem Ernst, dass sie in ihren Träumen immer Elefanten sähe. Was konnte das bedeuten? War der große weise Inder in der Lage, ihr zu antworten? Elefanten kamen in seinem Land doch reichlich vor, oder? Von jenem Tag an akzeptierte der große Weise, dass wir Kontrollen am Tor aufstellten. Ricardo Güiraldes besuchte uns, um Gitarre für ihn zu spielen und zu singen. Dann ließ ich das Castro Quartett kommen (José María, Juan José, Almiral und Bandini) und in der Eingangshalle spielen; Tagore hörte von seinem Zimmer aus zu: Debussy, Ravel, Borodin. Einen Zugang fand Tagore nur zu Borodin. Er selbst sang mir bengalische Lieder vor (er hatte sehr viele selbst komponiert). Sie kamen mir so eintönig

* Vermutlich *Green Mansions. A Romance of the Tropical Forest* von William Henry Hudson (1841–1922), der in Argentinien aufgewachsen war. Hudson war Schriftsteller, Naturforscher und hervorragender Kenner der Vogelwelt und Verfasser einfühlsamer Naturschilderungen.

vor, wie Debussy verwirrend auf ihn gewirkt haben musste. Offenbar war die Musik nicht unbedingt eine universelle Sprache.

In punkto Kleidung stand Tagore ziemlich schlecht da; so nahm ich eine dieser Tuniken, die er stets trug, und ließ sie von Paquin kopieren: eine in Braun und eine andere in einem blassen Orange. Alicia (Paquins Anprobedame) verlangte eine (völlig unnütze) Anprobe in San Isidro. Sie schien den Bart des großen Weisen oder seine weiße Mähne berühren zu wollen. Kniend besserte sie den Saum der Tunika aus und maß penibel die Länge der Ärmel. Ich wandte mich an Tagore: »Sie möchte nur sagen können, dass sie Sie berührt hat. Seien Sie unbesorgt.« Zu Alicia sagte ich: »Möge Sie Gott, Alicia, davor bewahren, weiterzuerzählen, dass Sie jetzt Kleidung für Tagore nähen. Erzählen Sie, wenn Sie wollen, dass Sie seinen Bart berührt haben, aber nicht während einer Anprobe.« Nicht, dass mir das Gerede der Leute Sorgen bereitete, eher der Nutzen, den mancher Missgünstige daraus gezogen hätte, einen Skandal heraufzubeschwören wegen eines durch mich von Paquin eingekleideten Tagore. Diese Gelegenheit wollte ich niemandem bieten. Auf der anderen Seite wusste das Opfer von Alicias Anprobe nicht, dass Paquin ein gefeierter Name in der Modewelt war. Er musste annehmen, eine sehr gute Schneiderin kennengelernt zu haben – mehr nicht. Später, als ich die Fotografien von ihm in Zeitschriften aus Italien, Indien, England, Frankreich sah, erkannte ich eine der Tuniken Alicias wieder. Und Tagore sah wirklich großartig darin aus.

Manchmal provozierte ich ihn, indem ich etwa sagte: »Gurudev, Sie müssen ein unglaublich schöner junger Mann gewesen sein, als Sie in England studierten. Sicher waren alle Mädchen hoffnungslos in Sie verliebt?« Er antwortete in sehr ernstem Ton: »Keine Frage«, und schaute mich lachend an. In seiner Jugend hatte er sich mit der gleichen Hingabe wie ich für Shakespeare begeistert: Der Liebeswahn Romeos und Julias, die ohnmächtige Raserei König Lears, das verzehrende Feuer von Othellos Eifersucht – das war, was wir heiß und innig bewunderten. Das eingeschränkte Leben in unserer Umgebung und unser begrenztes Tätigkeitsfeld waren so eintönig, dass ein Aufruhr dort keinen Einlass fand … Und so gierten unsere Herzen nach der Begegnung mit jenen leidenschaftlichen Gefühlen, wie sie in der englischen Literatur vertreten waren. Es war nicht der ästhetische Genuss an der Literatur, sondern die jubelnde Ankunft, mit der eine tosende Welle in unsere Ruhe einbrach …

Seine Liebe zur Natur zeigte die gleichen Züge wie meine: »Jede Palme unseres Gartens hatte eine andere Persönlichkeit.« Sein Freiheitsgefühl ebenso: »Wer Macht besitzt, wird sie immer auch missbrauchen und auf diese Weise jede Art von Freiheitsentzug weiter legalisieren. Aber ohne diesen ›Missbrauch‹ wäre die Freiheit nicht wirklich frei. Der einzige Weg, wie man lernen kann, etwas richtig anzuwenden, geht über die falsche Anwendung (…). Mein Bruder Jyotirindra erlaubte mir vorbehaltlos, meinen eigenen Weg zum Wissen zu finden, und erst dann konnte sich meine Natur darauf vorbereiten, Knospen und möglicherweise auch Blüten zu treiben. Diese Erfahrung hat mich gelehrt, nicht das Böse an sich zu fürchten, sondern vielmehr die tyrannischen Versuche, Gutes zu schaffen. Der strafenden politischen oder moralischen Polizei gegenüber empfinde ich einen heilsamen Abscheu.«

Auch seine Auffassung von Religion stimmte mit meiner überein: »Die Religion, die uns über fremde Schriften erreicht, wird nie zu unserer eigenen; unsere einzige Verbindung zur Religion ist die religiöse Praxis. Eine innere Religion zu haben, ist das große Abenteuer eines Lebens. Sie muss aus einem großen Leid geboren werden; aus dem Blut dieses Leides muss sie sich speisen. Und dann wird die Reise des Menschen, ob sie Glück bringt oder nicht, in der Erfüllung enden.«

Doch wir sprachen nur selten über diese Themen, wenn wir allein waren. Schüchternheit auf meiner Seite, Unwissenheit über meine Gedanken auf seiner. Unwissenheit darüber, dass solche Themen die junge, in Weiß, Gelb oder Rosa gekleidete Frau, die sich jeden Tag an seine Seite setzte, bewegen könnten. Nach seiner Abreise schrieb er mir vom Schiff aus: »Wenn wir zusammen waren, spielten wir gewöhnlich mit den Worten und versuchten, die Gelegenheiten, uns kennenzulernen, in Lachen aufzulösen. Häufig stört ein solches Lachen das Kreisen der Gedanken; es wirbelt eine Staubwolke an die Oberfläche, die unsere Sicht trübt.« Dennoch gab es einen Unterschied: Ich wusste, wer Tagore war. Tagore hingegen konnte lediglich intuitiv spüren, wer ich war. »Ich kenne Euch, Frau eines fremden Landes! Dein Wohnsitz ist jenseits des Meeres«, so fing eines seiner Lieder aus seiner Jugendzeit an. In San Isidro nahm er das Thema in einem Gedicht wieder auf. Es müsste in seinem letzten Buch, *Puravi*, enthalten sein, das er mir gewidmet hat und das nicht übersetzt wurde:

Es scheint als ob sie einmal mein Morgenstern war
der sich hinter dem Nebel meiner heutigen Abenddämmerung befand.
Ich navigierte ohne gesehen zu werden durch die dichten Stunden des Tages
um mich am Ufer der Nacht zu finden.
In der Frühe bewegten ihre Lieder mein Blut
mit der Anziehungskraft des Weges.
Am Nachmittag sprach ihr Schweigen zu mir
über das was ich nicht kenne …

Manchmal, wenn ich ihn in seiner geheimnisvollen bengalischen Schrift schreiben, schreiben und schreiben sah, bat ich ihn, mir zumindest den Anfang eines Gedichts zu übersetzen.

So vergingen die Tage ... Anfang Januar 1925 fassten Tagore und Elmhirst ihre Heimkehr ins Auge. Ich fühlte mich sehr unglücklich, weil neben Gurudev zu leben mir eine tägliche Quelle von Wundern und Bewunderung war, auch von Qualen, denn ich hatte den Eindruck, ihn zu erkennen, von ihm jedoch nicht so gesehen zu werden, wie ich war (oder in jenem Moment zu sein glaubte). Er hatte unglaublich viele gute Eigenschaften und nur kleinere widersprüchliche Fehler: So war er misstrauisch dem Abendland gegenüber und konnte doch nicht darauf verzichten; er war intuitiv und manchmal verschlossen; bezaubernd und gleichzeitig distanziert; bewundernswert und schwierig wie ein Kind – dies ist das Bild, das ich von Tagore bewahre.

S. S. Julius Cäsar, den 13. Januar 1925

Liebe Vijaya,

ich treibe dahin und entferne mich dabei immer mehr von Ihrem Ufer. Jetzt, vor dem Hintergrund der Trennung, werden mir die Dinge klarer, die mich täglich in San Isidro umgaben. Ich bin kein geborener Reisender. Ich habe weder die nötige Energie noch die Kraft, ein fremdes Land kennenzulernen und meinen Geist dazu zu bewegen, den in der Ferne liegenden Stoff in neuen Erfahrungen zu bündeln, um mit ihnen sein Nest auf fremder Erde zu errichten. Und dennoch suche ich im fernen Land die Menschen, die dieses Land verkörpern. Für mich wird der Geist Lateinamerikas, wie Sie ihn verkörpert haben, stets in meiner Erinnerung weiterleben. Sie befreiten mich aus der organisierten Gastfreundschaft eines Empfangskomitees und ermöglichten mir durch Ihre Person einen persönlichen Zugang zu Ihrem Land. Leider verhinderte die Sprachbarriere einen freien Gedankenaustausch zwischen uns, da Sie die einzige europäische Sprache, die ich kenne, nie ganz als die Ihrige empfanden.* Dies war bedauerlich, weil Sie über einen geistigen Reichtum verfügen, der verständlicherweise den Freunden seinen Tribut zollen möchte. Ich begreife den Kummer, den Sie empfunden haben müssen, wenn Sie Ihre tieferen Gedanken nicht angemessen offenbaren und den Nebel nicht auflösen konnten, der, wie ich meine, die Welt Ihres geistigen Lebens verbarg.

Ich bedaure zutiefst, dass es mir nicht möglich war, alle Facetten Ihrer Persönlichkeit kennenzulernen; aufgrund des literarischen Charakters Ihres Denkens war dies umso schwieriger.

Ein derartiges Denken bezieht seine Ehre aus der Art und Weise, wie man über sich spricht oder auch lieber schweigt, bevor man seine Gedanken in Lumpen gekleidet ausdrückt. Doch denken Sie nie, keinen Augenblick, dass ich Ihre Intelligenz nicht gesehen hätte. Für mich waren Sie wie ein ferner Stern, nicht aber wie ein dunkler Planet. (…)

Ihre Freundschaft hat mich unerwartet erreicht. Sie wird ihre ganze Wahrheit und Fülle offenbaren, wenn Sie mein wahres Wesen erkennen und akzeptieren, wenn Sie die tiefere Bedeutung meines Lebens gewahren. Ich habe die meisten Freunde verloren, weil sie für sich selbst um mich warben, und wenn ich ihnen sagte, dass ich nicht die Freiheit hätte, mich ihnen anzubieten, glaubten sie, ich sei hochmütig. Ich habe deshalb immer wieder gelitten und bin irritiert, wenn ein neues Geschenk der Freundschaft auf mich zukommt. Ich nehme mein Schicksal an, und wenn auch Sie mutig genug sind, es anzunehmen, werden wir immer Freunde sein.

Rabindranath Tagore

* Tagore bezieht sich auf Victoria Ocampos Englisch. Dazu Victoria Ocampo in einer Anmerkung: »Es war nicht die Sprache, es war meine Zurückhaltung.«

Kalkutta, den 29. Oktober 1925

Liebe Vijaya,

ich rede nicht gerne über meine Krankheit, die sich in ein unendliches und eintöniges Elend verwandelt hat. Ergeben warte ich darauf, dass der Sommer kommt, damit ich einen weiteren Reiseversuch nach Europa unternehmen und mich dort in ärztliche Behandlung begeben kann.

Ich schicke Ihnen ein Buch mit Gedichten auf Bengalisch, das ich gerne persönlich in Ihre Hände gelegt hätte. Ich habe es Ihnen gewidmet, obwohl Sie nie erfahren werden, was es beinhaltet. Ein Großteil dieser Sammlung ist während meines Sommeraufenthaltes in San Isidro entstanden. Die Leser, die diese Gedichte verstehen, werden niemals wissen, wer meine Vijaya ist. Ich hoffe, dass dieses Buch das Glück hat, mehr Zeit mit Ihnen zu verbringen als sein Autor.

Rabindranath Tagore

Das Teatro Colón in den 1920er Jahren: eine Zusammenarbeit mit Ernest Ansermet

Victoria Ocampo begegnete Ernest Ansermet ebenfalls im Jahr 1924 in Buenos Aires. Mit ihm entwickelte sie eine längere Zusammenarbeit, deren Ziel in der materiellen und ideellen Förderung des Teatro Colón bestand. So wie die junge Frau bereits großzügig den Aufenthalt von Rabindranath Tagore in San Isidro organisiert und finanziert hatte, setzte sie sich noch intensiver und engagierter für die Unterstützung des Opern- und Konzerthauses ein, das heißt konkret für die zeitgenössische Musik. Damit trat sie zum ersten Mal als enthusiastische Mäzenin, die sie ihr Leben lang innerhalb des Literatur- und Kulturbetriebs bleiben würde, öffentlich in Erscheinung.

Der Name Ansermet war mir lediglich in Verbindung mit Djaghilew, Nijinsky und Strawinsky ein Begriff. Alles, was ich über ihn wusste, stand im Zusammenhang mit diesen berühmten Namen. Namen, die in meiner frühen Jugend eine wichtige Rolle gespielt hatten; sie lösten ab dem Jahr 1913 eine wahre Begeisterung in mir aus. Persönlich kannte ich keinen von ihnen. Dann, es war im Winter des Jahres 1924, sagte mir jemand, dass gerade *L'après-midi d'un faune* unter der Leitung von Ansermet gespielt würde. Ich besuchte das Konzert mit diesem Jemand, habe allerdings vergessen, wer es war. Nach dem Konzert schlug mir besagter Jemand vor, Ansermet zu begrüßen. Das Konzert hatte mir unglaublich gut gefallen, und jemand (wer? habe ich auch vergessen) erklärte mir, dass die Asociación del Profesorado Orquestral, das »erste(s) Sinfonieorchester, das sich als eine ständige Einrichtung etablierte« (so hieß es im Programm), große Anstrengungen zu diesem Zweck unternahm. Man erklärte mir, dass die Musiker keine Gage erhielten und dass ein minimaler Zuschuss von der Stadt kaum ausreichte, um die Kosten für den auswärtigen Dirigenten, das Theater usw. abzudecken. Mit einem Wort, alles was ich hörte, weckte meine Sympathie und meine Bewunderung.

Als ich Ansermet gratulierte, lud ich ihn ein, noch in dieser Woche zu mir zum Tee zu kommen. Das Konzert war für mich wahrhaft ein Erlebnis gewesen, und als Ansermet mich dann besuchte, bat ich ihn, mir zu erklären, was und wer sich hinter dieser Asociación del Profesorado Orquestral verberge und was sich für sie tun ließe. Während wir diskutierten und überlegten, kam mir Marcelo de Alvear in den Sinn, unser damaliger Staatspräsident und ein persönlicher Freund von mir. Wenn es mir gelänge, ihn für diese kulturelle Mission zu interessieren, würde er sicher eine Unterstützung ermöglichen können. Ansermet berichtete, dass seine Arbeit sehr erschwert gewesen wäre, da es dem Orchester nicht nur an Homogenität mangele, sondern auch an jeglicher Disziplin. Die Musiker erhielten keine Gage und gingen anderen Beschäftigungen nach; für das Orchester der APO arbeiteten sie nur (und das recht widerwillig), wenn sie keiner anderen Arbeit nachgingen.

Nach und nach begann ich dieses Milieu zu verstehen, das mir zunächst fremd gewesen war. Ein Milieu, in dem ich eine dumpfe Feindseligkeit und offenes Misstrauen gegen mich spürte. Dennoch nahm ich einen ersten Kontakt zu dem »Gremium« der APO auf, war auch entschlossen, mich durch keinerlei Kränkung entmutigen zu lassen. Die Musik und Ansermet waren diese Mühe wert. Zunächst bat ich um Erlaubnis, den Proben beiwohnen zu dürfen (während der folgenden drei Jahre, in denen Ansermet die Konzerte der APO dirigierte, verpasste ich keine einzige). Die Proben gefielen mir besser als die Konzerte! Sie bereiteten mir mehr Vergnügen, und zugleich lernte ich mehr. Wie früher schon, gefielen mir bestimmte Passagen ganz besonders, und Ansermet ließ sie zu meiner großen Freude vom Orchester für mich wiederholen. Der Geldbeutel vieler Freunde und auch der meinige standen der APO offen, so dass wir am Ende die gleiche Summe aufbrachten, die von der Stadt bewilligt worden war. Marcelo de Alvear zeigte großes Interesse an den Konzerten und besuchte regelmäßig die Matineen (sonntags morgens zu ermäßigten Preisen), ebenso wie Sagarna, der Minister für Bildung, und Arce, der Vorsitzende des Haushaltsausschusses. Kurzum, als Ansermet nach Europa zurückkehrte, sind wir quasi so verblieben, dass er nicht allein zurückkäme, sondern in Begleitung zweier Solisten: Godeau (Klarinette) und Dutro (Fagott).

Es gab kaum einen Tag, an dem Ansermet nicht zu Mittag oder Abend bei mir in der Calle Montevideo zum Essen kam. Ich stellte ihn J. vor, und wir redeten stundenlang über Musik, Bücher, Religion und über das Leben. Ansermet verstand es wunderbar, Leute zu beschreiben; er erzählte mir von Strawinsky, Djaghilew, Nijinsky, Misia Sert, Ramuz, Cocteau – all jenen, die das russische Ballett erschaffen oder daran mitgewirkt hatten. Oft hörten wir uns gemeinsam Schallplatten an (Jazz), manche Passagen – meine Manie! – mindestens zwanzig Mal hintereinander. Ich hatte schon Übung darin entwickelt, die Nadel exakt an der Stelle der Schallplatte aufzusetzen, an der die Takte begannen, die mir besonders gefielen. Ansermet hörte der Musik versunken in einem Sessel zu, oder auf dem Boden in der Nähe des Plattenspielers; meist stimmte er mit meinen Vorlieben überein. »Diese Platte würde auch Igor gefallen«, sagte er einmal. »Nehmen Sie sie, geben Sie sie ihm.« Ich meine mich zu erinnern, dass es sich um *Nashville Nightingale* handelte. Igor, Igor, immer wieder tauchte Igor in unseren Gesprächen auf.

Ich versuchte Ansermet zu erklären, wie sehr ich das d-moll der letzten Takte des Andante aus dem Quartett von Debussy und das »A« der Cellos im Vorspiel des *Tristan* liebte. Ich wollte, dass er mir den Grund dieser musikalischen Sinneslust erklärte – doch es blieb ein Mysterium, für ihn so wie für mich. Ein Mysterium, von dem ich nicht loskam und dessen Geheimnis ich hartnäckig zu enthüllen suchte.

Auf meine Bemerkung: »Es gefällt mir, was meine Zeitgenossen in der Musik zu sagen haben«, antwortete er in einem Brief.

»Sie wissen gar nicht, wie sehr Sie recht haben und wie viel mehr Sie mit Beethoven übereinstimmen als die Beethovenianer selbst. Weil man sich gegenwärtig nicht bewusst ist, dass man in der Zeit Bachs nur Bach und Rameau und Scarlatti spielte; dass man in der Zeit Mozarts Bach ignorierte; dass in der Zeit Mozarts nur Mozart, Haydn, Beethoven und Schubert gespielt wurden. Dass man Mozart und Haydn in der

Glanzzeit Wagners und der deutschen Romantik vergaß und dass nur heute die Alten mehr als die Zeitgenossen geliebt werden. Und dass sowohl diese Tendenz als auch das Unverständnis für die gegenwärtige Leistung geradezu widernatürlich und künstlich sind. Igor und ich haben oft genug festgestellt: »Man muss die Alten durch die Modernen lieben und nicht umgekehrt.« Mit anderen Worten: Der lebendige und wahrhaftige Geist muss zunächst die aktuelle Ausdrucksform verstehen lernen, dann erst sollte er sich den Alten zuwenden, um bei ihnen Erweiterung und Bereicherung zu finden, um ihnen dann den gebührenden Ruhm zukommen zu lassen. (...) Die aber, die ausschließlich Beethoven oder Mozart verstehen oder zu verstehen glauben, überzeugen mich nicht. Vielleicht passen sie sich einfach nur den Konventionen an. Was Sie aber über dieses Thema ausführten, ist ja viel lebendiger als mein Räsonieren – Sie haben genau das Richtige über den *Sacre* (*du Printemps*) gesagt.«

Nicht in allen Punkten stimme ich mit Ansermet überein. Allerdings glaube ich auch, dass jemand, der musikbegabt ist, auf Anhieb die Komponisten seiner Zeit, die Sprache seiner Zeitgenossen, versteht. Aber diese Sprache dringt nur langsam in das allgemeine Bewusstsein der Menschen ein; sie müssen sich unendlich lang mit der Musik Wagners, Bizets oder Debussys herumquälen, bevor sie einen Zugang zu ihnen finden.

Ansermet stellte sich mit seiner ganzen Kraft in den Dienst der Musik. Man kann sich gut vorstellen, wie leidvoll die Arbeit mit den russischen Balletten für ihn gewesen sein muss. Wenn sich Djaghilew einmischte, dem es lediglich um seine eigene Sache ging, beklagte sich Ansermet: Er wechsele einfach die Tempi oder werfe alles um, einer Laune oder eines billigen Effektes wegen. Und tatsächlich verzichtete Ansermet am Ende auf seine Spielzeit der russischen Ballette und kam im Jahr 1925 nach Buenos Aires. Ich freute mich, an dieser Entscheidung maßgeblich mitgewirkt und ihn von Djaghilew losgerissen zu haben. Es war mir gelungen, ihn davon zu überzeugen (vielleicht aus egoistischen Gründen), dass die Arbeit bei uns, selbst wenn sie unklar und schlecht bezahlt war, unendlich wichtiger war als die in Paris, Berlin oder Brüssel. Hier bei uns prägte er den Geschmack eines neuen Publikums, prägte ein Orchester, prägte Musiker. Hier hatte er zum ersten Mal die Chance, Konzertprogramme zu entwickeln, in denen die zeitgenössische Musik einen großen Stellenwert einnahm.

Die ersten Konzerte (Debussy, Ravel, de Falla, Prokofjew, Honegger, Strawinsky, Purcell, Liadow, Rabaud, Malipiero u.a.) folgten dicht aufeinander. Das Publikum war nicht überzeugt. Es wagte keiner zu pfeifen oder aber zu applaudieren. Auch mein Vater hörte sich Honeggers *Pacific* an. Ihm gefiel es nicht schlecht – er und meine Mutter waren in musikalischen Dingen sehr aufgeschlossen. Meine Mutter hatte in ihrer Jugend selbst Geige und Klavier gespielt, und mein Vater verstand Musik ohnehin auf Anhieb viel besser als ich. Sein Kommentar lautete: »Euer *Pacific* erscheint mir überhaupt nicht kompliziert.«

König David wiederum, der am 29. August 1925 zum ersten Mal aufgeführt wurde, bezauberte das Publikum. Ich bekam die Rolle der Rezitatorin. Niemand hätte sich zuvor je träumen lassen, diese Rolle einer Frau zu geben. Die Stimme eines Mannes, so glaubte man, würde dem Charakter des Werks besser entsprechen. Als Erster hatte Copeau die Rolle ausgefüllt (und es war nicht leicht, ihn zu ersetzen). So wollte Ansermet den Text von Morax übersetzen* und von einem Mann lesen lassen. Er hielt es nicht für klug, die gerade entstehende Tradition zu durchbrechen. Ich behauptete das

* Ins Spanische

Gegenteil (obwohl ich nur Teile der Partitur kannte, aber natürlich den Text). Ich fürchtete, dass die Übersetzung und irgendein emphatischer Rezitator das Ganze verderben könnten. Doch war mir nicht besonders daran gelegen, meine These aufrechtzuerhalten, denn im Falle eines *König David* in der Originalsprache* würde Ansermet mich als Rezitatorin nehmen. Über dieses Thema schrieb mir Ansermet nach dem Ende seiner Spielzeit im Jahre 1925:

»Einen Brief von Ihnen muss ich sofort beantworten, da er mich so sehr berührt hat. Es handelt sich um den Brief, in dem Sie sich auf *König David* beziehen. Erlauben Sie mir, dass ich Ihnen meinerseits anvertraue, bis zu welchem Grad ich mich getäuscht habe. Ich fühlte mich gehemmt (…), da ich, wenn ich die Rezitation auf Französisch ablehnte, so erschien, als wäre ich mir über Sie, die Sie es hätten machen können, nicht sicher. Das Gegenteil war jedoch der Fall. Meine Überzeugung war so fest, dass ich keinesfalls auf eine Mitarbeit Ihrerseits verzichten wollte. Doch Sie können sich nicht vorstellen, wie mir anfangs dieses Prinzip ›Stimme des Mannes und Text in der Sprache der Zuhörer‹ als absolut notwendig erschien (…). Bei diesem *König David*-Abenteuer und noch ohne das Werk richtig zu kennen, haben Sie eine viel lebhaftere und klarere Vorstellung gehabt als ich. Und noch mehr: Sie haben bewirkt, dass ich viel stärker als zuvor in das Werk eindrang (…). Wenn mein *König David* von Buenos Aires der Beste war, den ich gegeben habe, dann auch deswegen, weil ich ihn am meisten fühlte. Meine Überzeugung hat sich gefestigt, mein Empfinden ist tiefer, seitdem ich den *König David* mit Ihnen gelebt habe.«

Das ist, sagte ich mir, als ich viel später *Persephone* zusammen mit Strawinsky machte, der Beruf, für den ich geboren

* Französisch

bin. Das ist mein Beruf. Was für eine Freude, keine Wolke am Himmel, waren für mich diese Interpretationen des *König David* (1925/1926!). Vom ersten Satz an: »Es war die Zeit, in der Jehova zu seinem Volk Israel aus dem Mund seiner Propheten sprach«, bis zum Ende: »Ein Gerechter wird zu den Menschen kommen, um mit Gottesfurcht zu regieren. Er ist die Klarheit des Morgens, wenn die Sonne sich erhebt. Oh, dieses Leben war schön! Ich segne dich, der du es mir gegeben hast«, gab es nicht ein einziges Wort, das ich nicht fühlte. Und dennoch machte ich nichts anderes, als den Text so einfach wie möglich zu »sprechen«, abgesehen von den Passagen, die einen anderen Ton verlangten, etwa *Die Verzauberung* oder *Die Klagen des Gilboa.*

In Hinblick auf eine künstlerische Leistung hat mir, glaube ich, nichts auf der Welt ein solches Glück beschert wie die Interpretation von *König David* mit Ansermet und von *Persephone* mit Strawinsky. In diesen Werken vermochte ich mich vollständig und vollkommen auszudrücken. Und ich teilte etwas mit. Ich spürte, wie das Publikum immer wieder für einige Momente ergriffen war. Nach meinen Worten fielen die Leute in die Musik zurück und wurden dann erneut von den Worten angezogen, die mir wie eine Verlängerung meiner selbst vorkamen. Ein Rausch ohnegleichen. Ich hatte den Eindruck, dass die Verbindung, die sich zwischen mir und dem Publikum herstellte, mich um das Leben und die Kraft jeder einzelnen Person bereicherte. Es war ein vielfältiges Ich aus Hunderten von Wesen, die sich mir anverwandelten.

Im Jahre 1927 verbuchten Victoria Ocampo und Ernest Ansermet einen großen Erfolg – das Teatro Colón konnte aufgrund ihres Einsatzes nun mit 100000 Pesos subventioniert werden. Bis dahin hatte die Unterstützung lediglich 30000 Pesos betragen. Doch dann trat die ernüchternde Katastrophe ein: Nachdem das Geld gesammelt war, stimmten die Direktion und die *Comisión de Cultura* der APO mehrheitlich gegen Ansermet. Ein Vertrag mit dem nordamerikanischen Dirigenten Radley wurde abgeschlossen, der schon bald seine Mittelmäßigkeit unter Beweis stellte. Außerdem ernannte die APO Victoria Ocampo zur *Socia Protectora*, zur Schirmherrin, was einer Beleidigung ihres ganzen Engagements und ihrer Unterstützung für Ansermet und das Colón gleichkam. In zahlreichen Auseinandersetzungen gelang es ihr jedoch nicht, die APO von ihrem Irrtum zu überzeugen. Enttäuscht und desillusioniert zog sie sich von der Organisation zurück, deren weiteres Schicksal sie fortan nicht mehr betreffen sollte. Die Hoffnung, Ansermet gegen den Strom, *contra viento y marea*, doch noch nach Buenos Aires zu holen, erfüllte sich nur insofern, als noch einige Konzerte in verkleinerter Orchesterbesetzung mit Ansermet gegeben wurden. Drei Jahre der Mühen und Anstrengungen verliefen somit im Sande.

Hermann Graf Keyserling – eine grenzenlose Bewunderung mit ungeahnten Folgen

Gegen Ende des Aufenthaltes von Ernest Ansermet 1927 in Buenos Aires stieß Victoria Ocampo auf Werke von Hermann Graf Keyserling, die bereits ins Spanische und Englische übersetzt waren – so das *Reisetagebuch eines Philosophen* und *Die neuentstehende Welt*. Der baltendeutsche Philosoph (1880-1946) war der Begründer einer »Schule der Weisheit«, veröffentlicht hatte er zu dem Zeitpunkt *Das Gefüge der Welt, Unsterblichkeit, Philosophie als Kunst, Schöpferische Erkenntnis, Wiedergeburt, Menschen als Sinnbilder* und das *Ehebuch*; in Arbeit war *Das Spektrum Europas*. Victoria Ocampo fühlte sich angezogen von einem Denken, das die geistige Wiederentdeckung des Orients reflektierte, von der Beschäftigung mit asiatischen Weltanschauungen und indischer Weisheit und, damit zusammenhängend, der Suche nach sich selbst und einer inneren Freiheit. Sie meinte, einen ihr verwandten Geist zu spüren, und was sie las, weckte in ihr den Wunsch, den Verfasser persönlich kennenzulernen.

Am 25. Juli 1927 schrieb sie ihm einen Brief an seine Adresse in Deutschland – Prinz Christiansweg 4, Darmstadt –, stellte sich dem Philosophen als Bewunderin vor und bekräftigte in ihrer Eigenschaft als Vizepräsidentin der Sociedad Amigos del Arte die Einladung zu einer Vortragsreise nach Argentinien.

Sehr geehrter Herr,

Auf der letzten Seite von *The Peter's pence of literature** schreiben Sie: »Ich habe keine Zeit zum Briefeschreiben.« Insofern müsste Ihnen auch die Zeit zum Briefelesen fehlen. Deshalb will ich versuchen, mich kurzzufassen. Nur wird es mir schwerfallen, da ich fortwährend mit Ihnen sprechen könnte; während all der Zeit, die Sie nicht haben.

Das *Reisetagebuch* und *Die neuentstehende Welt* fesseln mich auf eine so tyrannische Weise, dass ich nicht verhehlen kann, was sie mir bedeuten. Und so will ich Ihnen zumindest sagen, dass mir die Entdeckung Ihrer Bücher eine so große und intensive Freude war, dass ich mich tagelang nicht von ihnen lösen konnte. Immer musste ich sie zur Hand haben, und so nahm ich sie auch mit zu Tisch oder auf meine Spaziergänge.

Als ich Ihre Werke entdeckte, war ich gerade in eine Angelegenheit verwickelt, die in die falsche Richtung lief und mich sehr in Anspruch nahm.** Aber Ihre Denkweise vermittelte mir eine solche Klarheit und Wärme, dass meine Sorgen buchstäblich verschwanden. (...) Es ist wie mit der Musik, wenn sie mit bewundernswerter Genauigkeit unsere Stimmungen trifft und das Unaussprechliche unserer Situation wiedergibt, befreit sie mich, erfüllt sie mich. Ihre Bücher vermitteln mir ein vergleichbares Gefühl von Befreiung und Fülle. Sie enthalten so Grundlegendes, dass alles Unausgesprochene, das wir mit uns herumtragen, in uns aufkeimen kann. Doch wollte ich mich ja kurzfassen.

Was Ihre Vorträge in Argentinien (1929) betrifft, wird Ihnen der Präsident der Institución Cultural Argentino-Germana, Ricardo Seeber, im Einvernehmen mit der Sociedad

* *The Peter's pence of literature* ist ausschließlich in der amerikanischen Fassung von *Die neuentstehende Welt, The World in the Making* (New York: 1927), enthalten, S. 89.

** Gemeint sind Ansermets Konzerte mit der Asociación del Profesorado Orquestral.

Amigos del Arte, deren Vizepräsidentin ich zurzeit bin, einen Brief schreiben, der, wie ich hoffe, alles Weitere klären wird. Sie brauchen weder die Kosten für die Reise noch für den Aufenthalt zu tragen. Auch würde ich mich überaus glücklich schätzen, wenn es Ihnen und der Gräfin Keyserling beliebte, in meinem Haus in Buenos Aires zu wohnen. Es steht Ihnen zur Verfügung, und Sie sollten sich darin auch nicht unwohl fühlen, denn alles, was Sie stören könnte (mich eingeschlossen), kann entfernt werden. Was das Honorar betrifft, und was auch immer Ihre Antwort in diesem Punkt ist (es handelt sich um sieben oder acht Vorträge), bitte ich Sie, nicht im Geringsten daran zu zweifeln, dass ich vor allem Ihre Interessen vertreten werde.

Danke, dass Sie mir *Die neuentstehende Welt* geschickt haben. Ich habe die spanische Übersetzung gelesen, die in *La Revista de Occidente* veröffentlicht wurde; ich kenne das Werk also in dieser Übersetzung. Allerdings enthält sie nicht *My life and my work**, das ich nicht mehr weglegen kann. Nochmals danke, dass Sie daran gedacht haben, es mir zu schenken. Dieses Buch ist mir mehr als kostbar.

Ich muss mich entschuldigen, dass ich Ihnen diese Lappalie über *La Divina Commedia* nach Darmstadt gesendet habe. Sie wurde geschrieben (wie alles, was ich schreibe), »um zu lernen«, und geschickt, »um Ihnen eine Widmung zuzueignen«. Danke und bis bald, wie ich hoffe.

V.O.

Nun folgte Brief auf Brief. Die entflammte Siebenunddreißigjährige schwärmte in ihrer Korrespondenz wie ein Teenager: »Ich bin ganz nah bei Ihnen in diesem Moment« (10.11.1927); »Unaufhörlich muss ich an Sie denken. Ja unaufhörlich ... Ihr Geist

* Die autobiographische Skizze *My life and my work* ist ausschließlich in der amerikanischen Fassung von *Die neuentstehende Welt*, *The World in the Making*, erschienen.

nimmt meinen gefangen« (14.11.1927); »Ich bin ein wenig traurig heute Nacht. Wahrscheinlich werden Sie niemals verstehen, was Sie für mich bedeuten« (18.11.1927); »Ich denke an Sie von morgens bis abends, lebe von Ihren Briefen, Ihren Büchern, bin abhängig von Ihren Wünschen, Ihren Vorlieben, Ihren Abneigungen, ohne mehr zu wollen als Ihnen zu dienen und zu gefallen« (18.7.1928). Und wie sollte sie ihn nennen: »Lieber Freund«, »lieber Keyserling« oder gar »mein Keyserling«? »Ich kenne keinen Keyserling, ich kenne nur meinen Keyserling«; »Mein Gott. Wie gern würde ich mit Ihnen sprechen«; »Was für ein Glück, dass es Sie gibt. Ich segne Gott dafür« (22.10.1928).

»Meine Briefe«, sagte sie später, »lebten nicht von einem besonderen Stilwillen, sondern entstanden aus dem unerschöpflichen Vergnügen an dieser Art des Dialogs.« Warnungen von Freunden, selbst den Hinweis des Bewunderten, seine »Vitalität« sei »so groß, dass es Leute gibt, die sie nicht drei Tage hintereinander aushalten können«, schlug sie in den Wind.

Ströme von Tinte ergossen sich in Richtung Darmstadt. Victoria Ocampo war in ihrem Element. Graf Keyserling wiederum schien sich geehrt zu fühlen und die grenzenlose Bewunderung dieser Frau zu genießen. Schon bald begannen sie sich zu duzen: »Mein lieber Keyserling. Ich weiß nicht, was für eine Art von Frau ich bin, und so hoffe ich, es von Dir zu erfahren.« (November 1928)

Da Keyserling vorerst nicht nach Buenos Aires und sie nicht nach Deutschland kommen konnte, verabredeten sie ein Treffen für Januar 1929 in Paris. »Die Welt interessiert mich nicht, Du bist es, mit dem ich sprechen möchte.«

Wie Keyserling wohl ihre Briefe wahrgenommen hatte?, fragte sich Victoria Ocampo später. »Keyserling, mit seinen baltischen Augen, den mongolischen Vorfahren, interpretierte meine Briefe auf seine Weise. Aber las er sie wirklich? Oder untersuchte er sie nur wie Tintenkleckse in einem Rorschachtest? Wenn er glaubte, den Tintenklecks, der ich für ihn war, zu analysieren, tat er im Grunde nur, was alle tun, die den Rorschachtest auswerten: Er projizierte sich in ihn hinein.«*

Im Dezember 1928 brach Victoria Ocampo nach Paris auf, in Begleitung ihres stets ergebenen Hausdieners und Chauffeurs José sowie von Fani, dem guten Geist des Hauses. Die Reise nach Europa fiel ihr trotz der ersehnten Begegnung mit Keyserling schwer – »ich fühlte mich wie eine zum Tode Verurteilte« –, zumal Julián erst im Februar nachkommen konnte. Doch lernte sie, was ihr über die Trennung von der Heimat hinweghalf, binnen kurzer Zeit Schriftsteller und Künstler von internationalem Rang kennen: Anna de Noailles, Paul Valéry, Ramón Fernandez, Jules Supervielle, Le Corbusier und nicht zuletzt Pierre Drieu la Rochelle. Einmal war sie mit Jean und Valentine Hugo in das Haus von Ravel in Montfort-L'Amaury eingeladen. »Im Haus von Ravel!« Ein Traum, der ihr bis dahin unerreichbar erschienen war.

In »schrankenloser Generosität«, so Keyserling, bezahlte Victoria Ocampo dem Grafen für einen Monat eine Suite im luxuriösen Hôtel des Réservoirs in Versailles. Außerdem organisierte sie, um seinen »Vorbedingungen« zu entsprechen, ein gemeinsames Treffen in Paris mit »ausgewählten« Argentiniern, wozu Abendkleid und Smoking, Champagner und Austern gehören sollten. Damit sie sich nicht, wie er meinte, in der Gesellschaft vergeudete, sollte Victoria Ocampo jeden Tag zu ihm nach Versailles kommen, um mit ihm über die Schlusskapitel seines fast vollendeten Werks *Amerika. Der Aufgang einer Neuen Welt* zu diskutieren.

Bevor er am 5. Januar 1929 in Paris eintraf, hatte sie ihm am 2. Januar einen Brief an seine Hoteladresse geschickt: »Ich hoffe, dass Ihnen die Zimmer gefallen und Sie nichts darin stört (...). Der Park tritt in Ihr Schlafzimmer ein (...). Wie glücklich bin

* Victoria Ocampo: *El viajero y una de sus sombras. Keyserling en mis memorias* (1951).

ich, Sie hier zu haben (…). Nur Ihretwegen habe ich Amerika verlassen. Ich erwarte Sie mit Freuden (…). Ihr Wohlergehen soll durch nichts beeinträchtigt werden.« Doch gibt es ein erstes Aufmerken: »Warum bitten Sie mich, nicht konventionell zu sein? Wären Sie nicht bereit, mich so zu akzeptieren wie ich bin? Ich werde Ihnen nicht sagen, ob ich groß bin oder nur mittel, konventionell oder nicht. Das sind Dinge, die ein Mann Ihres Scharfsinns bereits hätte erahnen müssen (…). Zweifellos werde ich nicht auf derselben Höhe sein wie Sie (…). Auch bin ich davon überzeugt, dass ich einfältig auf Sie wirken werde, wenn Sie mir eine Frage stellen.«

Am 3. Januar folgte ein weiterer Brief, in dem Victoria Ocampo ihm versicherte, dass es dem Grafen an nichts fehlen sollte. Und: »Warum sagen Sie, dass ich eine außergewöhnliche Frau bin? Machen Sie sich nicht über mich lustig; oder ich gehe nach Amerika zurück (…). Sie tun ganz recht daran, meinetwegen zu leiden (…) ich leide auch, und zwar mehr als Sie.«

Die Begegnung findet statt*:

Am fünften Januar 1929, gegen vier Uhr nachmittags, prüfte ich mich im Garderobenspiegel in der Wohnung Rue d'Artois Nr. 40. Ich trug einen neuen blau-rosa-braunen Pullover (Chanel), ein gutgeschnittenes marineblaues Kostüm, eines dieser schlichten Kostüme, die sehr teuer und schwieriger zu bekommen sind als ein Abendkleid. Ein Filzhut, den ich bis zu den Augenbrauen in die Stirn zog und der fest am Kopf saß. Lucienne (Reboux) hatte ihn angefertigt und ihm auf meinem Kopf seine Form gegeben – mit Ausrufen größter Zufriedenheit. Sie frisierte mich gern; ich trug kurzes Haar, und der Hut stand mir gut. Die Farben des Pullovers betonten den dunklen Teint, den die Überquerung des Atlantiks (achtzehn Tage) meinem Gesicht verliehen hatte. Ein grauer Himmel. Es schneite. Aber die Sonne schien noch auf meiner

* Victoria Ocampo hat sie ausführlich in *El viajero* geschildert.

Haut. Für eine letzte Inspektion betrachtete ich mich im Auto nach Versailles mehrmals im Taschenspiegel. Grundlos, aber offenbar zweifelte ich an diesem Gesicht: Von der Meeresbrise getönt, hätte es mir an diesem Tag Schwierigkeiten bereiten und sich in einen Feind verwandeln können. Ich dachte, dass ich im Hôtel des Réservoirs mit dem Gründer der »Schule der Weisheit« zusammentreffen und nicht von einem Dschingis Khan empfangen werden würde.

Vom ersten Händedruck, von der ersten Begrüßung an – es war in dem Moment noch eine herzliche Umarmung – fühlte ich, dass ich in ein Wespennest getreten war. Wie erstarrt standen wir beide mitten in einem kleinen Salon. Ein explosiver Gigant, der in nur einer seiner riesigen Hände meine beiden hätte drücken können, und meine Füße noch dazu. Den Raum, dessen Fenster hinaus auf den Pavé du Roi gingen, schien er voll und ganz auszufüllen. Dschingis Khan und Tamerlan, schoss es mir durch den Kopf. Estnische Repräsentanten tellurischer Kräfte, wenn ich die Rolle dieser Herren in der Geschichte richtig verstanden habe.

Wir aßen zusammen an diesem Abend. Gewiss hatte ich nicht erwartet, in dem Philosophen aus Darmstadt einen Parzival zu entdecken, eher schon einen donnernden Jupiter. Allerdings hatte ich nicht mit Bacchus und Pantagruel gerechnet. Eine solche Kumulation in seiner Person belebte auf eigentümliche Weise das, was ich meinen Penthesilea-Komplex nenne. Eigentümlicherweise sage ich, denn ich fühlte mich vor ihm sprachlich unbeholfen und ziemlich eingeschüchtert. Sagen wir, dass an diesem Abend in Versailles zwei diametral entgegengesetzte Personen zusammentrafen: eine, die begierig war zu sprechen, die andere begierig zuzuhören; eine zum Sprechen begabt, die andere quasi stumm; eine sich ihrer selbst völlig sicher, die andere ganz Beben und Zittern.

Vier Wochen lang besuchte Victoria Ocampo Hermann Graf Keyserling jeden Tag – und sah sich jeden Tag aufs Neue mit seinen klischeehaften, pseudopsychologischen Vorstellungen von den Frauen im Allgemeinen und der südamerikanischen Mentalität im Besonderen konfrontiert. So kam es zu zahlreichen Missverständnissen zwischen der Südamerikanerin und dem Estländer – die durchaus nicht nur auf geographischen, sondern auch auf geschlechtsspezifischen Differenzen zu beruhen schienen. Schließlich ging Ocampo in diesem Zusammenhang gedanklich noch einmal das *Reisetagebuch* des Philosophen durch:

Darin betont er, dass »ausschließlich Frauen mit polygamen Neigungen, die über einen weiten emotionalen Horizont verfügen, Frauen mit mannigfaltigen Interessen und unterschiedlichen Charakterprofilen, zur Rolle einer Königin, Muse oder Sibylle berufen« sind. Gut. Offenbar gehörte ich für Keyserling zu dieser Kategorie von Frauen. Er betont außerdem die Notwendigkeit einer erotischen Spannung im Leben eines Mannes, was allerdings nicht dem Bild des Deutschen im Allgemeinen entspreche: In Liebesdingen kenne dieser nämlich nichts anderes als das Laster und die Ehe (genau wie die Mehrheit der Argentinier in meiner Jugend). Und diese Spannung kann ihm zufolge nur ein Frauentyp wecken, der weder der Prostituierten noch der Ehefrau zuzurechnen ist. In der klassischen Antike nehme die Kurtisane diese Rolle ein, heute (besser gesagt: gestern) die *Grande Dame*. Nur sie besitze die Fähigkeit, den Mann zu veredeln und ihn auf eine höhere Stufe der Kultur zu heben. Wie viel verdankten diese Männer doch dem Umgang mit solchen Frauen!, ruft Keyserling. Natürlich müssten diese Elitefrauen ihr Metier beherrschen – so wie in den Hochzeiten der lateinischen Zivilisation. Ihnen sei zu verdanken, dass die damalige Kultur eine außergewöhnliche Blüte erlebte. Ihr

Verdienst sei ebenfalls, dass der Mann auf dem groben Sackleinen des sexuellen Begehrens exquisite und seidene Wandteppiche gewebt habe.

Zweifellos liegt viel Wahres in diesen Überlegungen, die auf den ersten Blick vorurteilsfrei erscheinen, aber auch einen herabwürdigenden Unterton gegenüber dem weiblichen Geschlecht verraten. Meist scheint Keyserling nicht mehr über die Frau sagen zu können als über ihre Funktion für den Mann, insofern als sie ihm in materieller, praktischer oder intellektueller Hinsicht, wie auch immer, von Nutzen sein kann. Irgendwo braucht er sie immer. Im Norden braucht er, um sich zu reproduzieren, die Fruchtbare, die Mutter mit verbürgtem Stammbaum (die *tota mulier in utero*), im Süden, für dieraueren Momente seines Lebens und um seine Lust zu erregen, die Prostituierte oder die Kurtisane. Und zu seiner geistigen Vervollkommnung, für die Zeiten, in denen er einen erhabenen, inspirierten oder sublimen Lebensstil pflegt, runden im Osten und im Westen die Muse und die Sibylle, in der Version von *Grande Dame* oder Kurtisane, dieses Panorama ab.

Keyserling glaubt, dass die Fortpflanzung eine »Frage der Rasse ist und so geregelt sein muss, dass individuelle Vorlieben dabei keine entscheidende Rolle spielen« usw. Ich vermute, dass er auf dieser Basis Goedela Bismarck heiratete. In dieser Ehe, die er als vollen Erfolg proklamierte, waren eher zwei Familien als zwei Individuen miteinander vereint. Soweit ich es aus der Ferne beurteilen kann (ich kenne die Gräfin Keyserling nur aus Briefen), hat Hermann seine Gattin gut ausgewählt. Sie bewundert ihn, und er ist ihr zugeneigt. Und sie akzeptierte ihn, so wie er war. Mich wiederum akzeptierte sie als inspirierende Muse, Sibylle oder *Grande Dame* (also Kurtisane). Goedela verfügte über eine ausreichende Intelligenz, um die Situation erfassen zu können. Sie bewegte sich mit Leichtigkeit in der Welt, die ihr

Gatte erschaffen hatte. Ihr Fall erweckte meine Neugier; diese Anpassungsfähigkeit besitze ich nicht.

Bei dem Versuch, mir klarzumachen, was über Keyserling und mich bei unserem Zusammentreffen (oder Zusammenstoß) in Versailles hereingebrochen war, musste ich immer wieder auf das *Reisetagebuch* zurückgreifen. Wenn ich es genauer gelesen hätte, wäre ich auf bestimmte Verhaltensweisen des Autors gewiss nicht so unvorbereitet gewesen. Meine Schuld. Dennoch hätte ich den Lauf der Dinge im Hôtel des Réservoirs nicht vorausahnen können. Keyserling zeigte sich dort im offenen Widerspruch zu seinen Theorien. Aber ich schweife wieder ab. Kehren wir zum Thema zurück. War ich nun die Frau, die Keyserling erwartet hatte? Ja, in Bezug auf den Frauentyp, der »einen weiten emotionalen Horizont, mannigfaltige Interessen und viele unterschiedliche Charakterprofile besitzt«. Polygam? Ja, wenn sich Polygamie mit dieser Elle bemisst. Wenn aber nur der Geschlechtsakt als solcher gemeint ist, dann habe ich fast vierzehn Jahre lang ein Schild vor mir hergetragen mit der Aufschrift: »Jagen in meinem Revier verboten« (allen, nur einem nicht). Allerdings rühme ich mich nicht, mein Gefühlsleben auf J. beschränkt zu haben. Andere Männer haben mich bewegt und interessiert. Ich habe mich häufig mit ihnen getroffen, und es hat mir Vergnügen bereitet, auch ihre Gefühle und ihr Interesse zu wecken. Eindeutig gehörte der Mann, den ich vor mir hatte, weder der Kategorie der Weisen an (was ich unter Weisheit verstand) noch derjenigen der Heiligen. Dieser hier war das genaue Gegenteil, und jetzt tauchten in meiner Erinnerung auch die Vorwarnungen meiner spanischen Freunde in Bezug auf seinen Charakter auf.

Keyserling war hoch in den Vierzigern. Er war groß, ebenso wie seine Füße und Hände groß waren. Hohe Stirn, lebhafte, kleine, etwas schräg stehende Augen, wacher, durchdringender Blick. Die Nase wohlgeformt, wie die eines

Adlers, zart und schön. Der Mund derb und breit, mit massigen, von riesigem Appetit zeugenden Lippen – ein Mund, der jeden Augenblick in ein homerisches Lachen auszubrechen drohte. Gierig nach Nahrung und Getränken. Ein Schnauz- und ein Spitzbart verliehen diesem russisch-mongolischen Gesicht etwas Würdevolles. Eine Mischung aus Orient und Okzident. Er redete unglaublich schnell. Sergej Eisenstein hätte davon geträumt, ihn in der Kulisse seines *Alexander Newski* zu sehen. Primitiv und genial, erdverbunden und vergeistigt, von sich selbst überschäumend, suchte er mit seinen Blicken die Welt nach ihren scharfsinnigen und hellsichtigen Momenten ab. Der Autor des *Reisetagebuchs* entstammte einem russisch-livländischen Adelsgeschlecht, das in die Kunst und Kultur verliebt war. Das Blut in seinen Adern war außerdem mit dem der Bojaren tatarischen Ursprungs und mit dem noch etwas turbulenteren der Ungern-Sternbergs vermischt, von denen einer der berühmte mongolische Condottiere, eine Figur aus dem Buch Ossendowskis war. In seiner Jugend fühlte sich Keyserling, feinfühlig wie er war, den gewalttätigen Männern seiner Verwandtschaft mütterlicherseits unterlegen, aber auch, als gesundes und beutelustiges Tier, den intellektuellen väterlicherseits. Mäzene von Bach, Kant und Voltaire, Freunde Friedrichs des Großen und der Ungern-Sternbergs – »adlige Kommandanten, aber auch Seeräuber« – dieser Absud der Keyserlings brachte das Menschheitsexemplar namens Hermann hervor. Einen Orpheus, der seine grausamsten Tiere in sich selber trug … Und der sich von Eurydike das Herz brechen ließ, und nicht von den Bacchantinnen.

Warum setzte es sich dieser Balte in den Kopf, mir den Hof zu machen? Warum blieb er so hartnäckig, trotz meiner Standhaftigkeit und Ablehnung? Warum zwang er sich, Theorien zu entwickeln, um sein Verhalten zu rechtfertigen und meines nach Belieben zu interpretieren? – Tatsache ist, dass ich mich nach Rotkäppchen-Art mit meiner Torte und meinem Schmalztopf für die Großmutter im Hôtel des Réservoirs einfand. Aber wie aus heiterem Himmel fand ich mich einem Schlächter gegenüber, der nach einer gehaltvolleren Speise verlangte. Lachhaft, mein unschuldiger Proviant! Ich missbilligte sofort sein wölfisch-philosophisches Gehabe, es empörte mich. So beschloss ich, mich nicht von ihm auffressen zu lassen, doch wollte ich ihn auch nicht beleidigen oder quälen (Idiotin, die ich war). Aus dieser Sorge heraus gelang es mir, lediglich zu schnauben (alles, was Keyserling über die südamerikanische »Empfindlichkeit« sagt, hat hier seine Wurzeln. Jene Empfindlichkeit, die »in den Rücken fällt, um keinen Schmerz zu erzeugen«). So kam es zu einem Missverständnis, das bei seinem Charakter allerdings naheliegend war. Doch interessierte mich diese Persönlichkeit, obwohl mir seine herrschsüchtigen und gewaltsamen Manieren in höchstem Maße missfielen. Außerdem: Angst. Enttäuscht von seiner Dickfelligkeit – metaphorisch gesprochen –, hingerissen von seiner Brillanz, empört über seinen Befehlston, in dem er (wie mir schien) das Recht des Herrn auf die Tochter eines Bediensteten einforderte, vertieft in die Lektüre seines Manuskripts von *Amerika*, an dem er fast täglich weiterarbeitete, geschmeichelt von der Aufmerksamkeit, die er mir schenkte, beschämt von seiner Taubheit mir gegenüber, erstaunt über die Ehrerbietung, die er meiner Intelligenz und dem, was er meine Schönheit nannte, zollte, wusste ich nicht, welchen Heiligen ich beschwören sollte, um aus dieser Lage wieder herauszufinden. Es war mein glühender Wunsch gewesen, das Interesse dieses Mannes zu wecken, doch was jetzt geschah, führte mich immer weiter fort von meinen Wünschen. Die Situation, in der ich mich befand, wurde untragbar.

Keyserling schien zu glauben oder sich vorzustellen, dass zu der geistigen Verbindung einer Beziehung auch die körperliche gehörte, wenn diese Beziehung auf einer festen Grundlage stehen sollte. Diesen Gedankengängen konnte ich nur eine absurde Seite abgewinnen. Ohne dem Geschlechtsakt als solchem eine allzu große Bedeutung beizumessen, sah er einen großen symbolischen Wert, sah er etwas ganz Wesentliches darin, sich mit einer Frau zu vereinigen.

Unsere Beziehung konnte (zumindest von meiner Seite aus) nur platonisch sein. Körperlich zog mich nichts an ihm an, und diese fehlende Anziehungskraft, mit der ich auch ganz neutral hätte umgehen können, ließ einen aggressiven Ton der Zurückweisung in mir entstehen, zumal das Objekt meiner Bewunderung alles daransetzte, über mich hinwegzugehen, um sein Ziel zu erreichen. Dann aber gab es auch wieder Augenblicke, in denen mich meine Reaktion ärgerte: dass ich mir herausnahm, Menschen, die ich zu Königen erkoren hatte, nach Belieben zurückzuweisen und ihnen die Krone wieder abzunehmen. So fiel ich von einem Extrem ins andere und zweifelte abwechselnd an der Urteilskraft meines Verstandes und an der meines Fleisches.

Und nun habe ich den vor mir, der den Erfolg unserer Freundschaft, unserer geistigen Vereinigung, von einem Akt abhängig macht, der meinem Körper, meinem Bewusstsein und meinem Herzen widerstrebt. Von einem Akt, der nicht mehr Bedeutung und Nachhall haben konnte als einer, der nur leichten Sinnes zustande kommt. Hatte ich also nicht allen Grund, mich aufzuregen? Und dennoch wollte die wütende Revolution nicht ausbrechen. Denn ich saß zu sehr noch in der Falle meiner Bewunderung, die ich Keyserling über zwei Jahre lang gezollt hatte. Sie verbot mir, brutal zu ihm zu sein, obwohl er sich seinerseits herrschsüchtig gab und mir gegenüber weder Taktgefühl noch Besonnenheit zeigte. Ich hatte schuld. Mir fehlte der Mut für eine schnelle und gründliche Hinrichtung. Eine Mischung aus Trägheit und Erbarmen ließ sie mich hinausschieben. Ich hätte ihm auf der Stelle sagen müssen, dass ich diese Gefühle nicht nur nicht teilte, sondern auch unter keinen Umständen seine Geliebte sein konnte. Ich konnte es nicht sein; es war, als ob wir zwei verschiedenen Tierarten angehörten.

Als ich dem über zwei Jahre lang gehuldigten Keyserling in Versailles gegenüberstand, fragte ich mich, ob ich eine Duckmäuserin war. Aus Angst wollte ich nicht allzu direkt sein. Aus Angst und aus Feigheit. Alles in Bezug auf Keyserling kam mir schmutzig vor. Und der Geschlechtsakt unvorstellbar, unmöglich, verhasst wie eine Vergewaltigung. Schließlich begriff ich, dass es für mich nichts zu gewinnen gab und er mich nicht zur Aufgabe meines passiven Widerstandes zwingen würde. Nach und nach rückte er offenbar von seinem Plan ab, von dieser perfekten, durch das Fleisch gekrönten (heiliger Gott!) Vereinigung. In seinen Hintergedanken allerdings verschob er vermutlich diese Angelegenheit nur ... Er muss sich gedacht haben, dass die Sache in Buenos Aires schon ihren Lauf nehmen würde. Das gibt er auch im Kapitel V.O. in seinen Memoiren zu verstehen. Jedenfalls (und er sagte es auch) bemerkte er die Veränderung nicht, die sein Verhalten in mir ausgelöst hatte. Meine Reaktion darauf war, alles anzuzweifeln, was aus seiner Feder kam, alles, was er für mich verkörperte oder verkörpert hatte. Von der kleinsten Zärtlichkeit fühlte ich mich beschmutzt: von einem Kuss auf die Wange beispielsweise. (Ich erinnere mich noch an meinen Gesangslehrer, ich war zehn Jahre alt, als er mir einmal mit der Fingerspitze einen Kuchenkrümel von der Wange klaubte. Wie eine Verrückte rannte ich ins Badezimmer, um mir das Gesicht abzuseifen.) Im Gegensatz zu T.E. Lawrence (den man bewundern muss, auch wenn man anderer Ansicht ist), war der Körper für mich nie ein verachtenswertes und niederes Objekt gewesen. Und besonders nicht in Verbindung mit der Liebe. Ich hatte in ihm stets eine beinahe übernatürliche Schönheit gesehen.

Letztlich verkehrte sich meine Freundlichkeit gegenüber Keyserling ins Gegenteil. Brutalität von Anfang an wäre der bessere Weg gewesen. Denn am Ende musste ich sie doch anwenden, als er nach Buenos Aires kam. In Versailles hatte ich zu große Angst, ihn zu verletzen. Außerdem fürchtete ich seinen Zorn, eine Furcht, ähnlich wie sie mir der Donner einflößt. Nachdem Keyserling nach Darmstadt zurückgekehrt war, fühlte er sich genötigt, auf die Astrologie zurückzugreifen, um sich so viel Rohheit und so viele Widersprüche in dieser »Südamerikanerin des dritten Schöpfungstages« erklären zu können. Nachdem er mich zu Tag, Stunde und der genauen Minute meiner Geburt vernommen hatte, fragte er den größten Astrologen Deutschlands um Rat. (Später erfuhr ich, dass er C.G. Jung deswegen angeschrieben hatte.) Obwohl im Zeichen des Widders geboren (ich verstehe nichts von Astrologie), besitzt das Zeichen der Jungfrau für mein Leben oder für mein Schicksal anscheinend eine große Bedeutung. Für Keyserling schien diese Feststellung etwas über mich auszusagen. Er schickte mir das Horoskop zu, damit ich es mit eigenen Augen lesen könne, und beteuerte, dass es wortgetreu übersetzt sei. Doch ich argwöhnte, dass er die Analyse über den Einfluss der Gestirne auf meine Person nach seinem Geschmack »hingebogen« hatte. Dies ermöglichte ihm, mich »auf meinen Platz zu verweisen«, ohne als Verantwortlicher in Erscheinung treten zu müssen.

Der Reichtum seiner Ansichten, sein Humor, seine geistige Wendigkeit, der Teil, dem der Autor des *Reisetagebuchs* ähnlich war – konnten sie unsere Differenzen und die aggressiven Schwächen seines Charakters ausgleichen? Konnte die Feinsinnigkeit seiner Intuitionen seine vulgäre Natur vergessen machen? Ich glaube nicht. Ich ging aus dieser Erfahrung heraus, als wenn man mir bei lebendigem Leib die Haut abgezogen hätte, und dachte nur: Mein Gott, was für eine Lektion!

Hermann Graf Keyserling resümiert das erste Zusammentreffen mit Victoria Ocampo ebenfalls, und zwar im zweiten Band seiner *Reise durch die Zeit*, unter der Kapitelüberschrift »Victoria Ocampo«:

»Diese (die Schlusskapitel von *Amerika*) schrieb ich in Versailles im Januar 1929 in der buchstäblich märchenhaftesten Situation meines ganzen Lebens, im Bannkreise der unheimlichsten Frau, die mir je begegnet ist. Sie verkörperte in ihrer mächtigen Persönlichkeit die schroffste Scheidung zwischen Natur und Geist und die äußerste Naturverhaftetheit bei einseitigst betontem weltabgewandtem spirituellen Streben, die ich mir hätte vorstellen können. Dem Südpol ungefähr ebenso nahe, wie ich nahe dem Nordpol lebe, in Argentinien, stieß Victoria Ocampo 1927 auf meine *Neuentstehende Welt*. Zum Geist, welcher diese schuf, entbrannte sie in elementarer Leidenschaft und verschlang daraufhin alles, was bis dahin von mir in ihr verständlichen Sprachen veröffentlicht war. Durch eine gemeinsame spanische Freundin gewann sie Berührung mit mir und lud mich nach Argentinien ein. Damals bereitete ich gerade, in Zermatt, meine Nordamerika-Fahrt vor und erwiderte, vor 1929 könne ich nicht kommen; dann aber käme ich gern. Victoria Ocampo telegraphierte mir zurück: ›Ich kann nicht bis 1929 warten.‹ Und daran schloß sich bald ein intimster und intensivster Zusammenhang und Verkehr von Ferne zu Ferne, von Unbekannt zu Unbekannt, von Sehnsucht zu Sehnsucht, von Bild zu Bild, wie er ansonsten nur im Märchen vorkommt (…)

Sie erschien, lud mich nach Versailles ein, und während vieler Wochen, während deren ich an *Amerika* arbeitete, kam sie tagtäglich auf viele Stunden aus Paris zu mir hinüber. Wie sie zum ersten Male bei mir eintrat, war ich geblendet. Von den vielen Bildern her, die sie mir geschickt hatte, wußte ich zwar, dass Victoria Ocampo schön war. Aber auf eine so phantastische, im äußersten Sinn des Wortes exotische, schon wegen der erstaunlichen Unregelmäßigkeit ihrer Züge, welche die Einheit des Gesamtbildes doch nicht beeinträchtigte, wie einer anderen Daseinsebene zugehörige Schönheit war ich nicht gefaßt. Vor allem aber nicht auf die Atmosphäre, welche sie ausstrahlte und die mir vom ersten Augenblick an in alle Poren drang. Diese war nämlich gar nicht die des reinen Geists, nach dem sie strebte und den sie in mir suchte, sondern diejenige elementarster Erd-Natur, und zwar einer Urnatur von primordialer Wucht und Macht. Wie kein zweiter bedeutender Mensch, dem ich begegnet bin, verkörperte Victoria Ocampo die Urkraft der *Gana*-Welt bis zu den tiefsten Untergründen der lebendigen Schöpfung, ja bis zu dem, was ich später die Welt des dritten Schöpfungstages hieß. Mit dem Augenblick ihres Eintretens in mein Zimmer wurden mir die gleichen Tiefen und Abgründe auch in mir bewußt, obwohl ich sie zunächst natürlich nur in ihr schaute. Da es sich dabei um mir bis dahin völlig Unbekanntes handelte, erschütterte mich das Erlebnis, es wühlte meine Seele ähnlich auf, wie später die *Puna* meinen Körper; von Tag zu Tag, von Nacht zu Nacht mehr wurde ich ergriffen von Elementarmächten und Dämonen (…)

Diese Rolle (der inspirierende Mittelpunkt, in der ich Dichtung und Welt zugleich war) spielte sie aber für mich nicht als Geistwesen, sondern als *femme fatale* in deren *Kundry*-Aspekt (…). Wenn Victoria Ocampo mich besuchte und ich ihr nicht aus dem gerade Geschriebenen vorlas und dies sie zur Unterhaltung anregte, sagte sie wenig. Gleich allen Urnaturen unter Frauen war sie der Anlage nach still, beinahe stumm; ungeheuer anregend, provozierte sie gar nicht, paßte sich selbstverständlich der jeweiligen Geistes- und Seelenlage an. Ihre Gegenwart strahlte eine eigentümliche Selbstverständlichkeit aus, deren besonderer Charme im Zusammenklang einer Natürlichkeit, wie ich sie sonst nur bei großen Damen Alt-Rußlands gekannt habe, einer Vitalität ohnegleichen und großer intellektueller und ästhetischer Verfeinerung mit echter Großherzigkeit und Großmut lag; keine Frau habe ich gekannt von geringerer Kleinlichkeit.«

Nach der ersten Begegnung in Versailles und vor seinem Eintreffen in Buenos Aires im Juni desselben Jahres änderte Victoria Ocampo die Tonlage in ihrer Korrespondenz. Nie wieder schrieb sie Keyserling schwärmerische Briefe. Doch berichtete sie ihm weiterhin von ihren Tagen in Paris, sachlich zwar, aber relativ ausführlich: von ihren Gesprächen mit Paul Valéry, ihrer Zusammenkunft mit Anna de Noailles, gemeinsamen Bekannten und von Drieu La Rochelle. Auch besprach sie mit ihm in allen Einzelheiten seinen bevorstehenden Aufenthalt in Buenos Aires. Keyserling drängte nach Informationen über seine Honorierung, die Übernahme von Kosten, die Themen seiner Vorträge; sie bemühte sich, von Paris aus alles zu regeln. Doch der Graf gab sich misstrauisch, immer wieder musste sie ihm versichern, dass sie für ihn tat, was in ihren Kräften stand.

Beide gaben später offen zu, falsche Erwartungen in die Person des anderen gesetzt zu haben. Victoria Ocampo war über das Äußere des riesigen Balten und seine unmissverständlichen Avancen erschrocken, er selbst von der Sprödheit der Argentinierin überrascht. So wie er ihre Briefe wahrgenommen hatte, nahm er wohl auch ihre Person wahr, in einem rein äußerlichen Sinne, mit unhaltbar eigenbestimmten Projektionen. So kam es zu konträren Reaktionen, die überspielt, aber nicht artikuliert wurden. Keyserling schien nur wenig Gespür für die psychische Verfassung seiner Gastgeberin gehabt zu haben: »Ich übersah und überhörte, was in Victoria vorging, ich nahm meine Wirklichkeit als Wirklichkeit schlechthin. Ich verließ Versailles in der Hochstimmung gewesener und werdender Erfüllung. Und in der gleichen Stimmung schiffte ich mich vier Monate später nach Argentinien ein.«

Lange wurde darüber spekuliert, ob es zu irgendeinem Zeitpunkt zu näheren Beziehungen zwischen Victoria und dem Grafen gekommen war. Victoria Ocampos Bericht setzte den allseitigen Vermutungen ein Ende, darüber hinaus aber auch ein Brief Keyserlings an Mrs. Nina Ashmead-Bartlett vom 29. Mai 1930: »*Victoria and I have never been lovers in the ultimate sense of the word, but we have been as close to each other as human beings can possibly be.*«* Das Unverständnis zwischen diesen beiden so gegensätzlichen Gestalten lag sicherlich tiefer begründet, als Keyserling es wahrhaben wollte. Vieles, was er erst 1933 in den *Südamerikanischen Meditationen* niederschrieb, zeigt, wie inkompatibel die beiden Vorstellungswelten waren. So scheut der Begründer der »Schule der Weisheit« in diesem Buch auch nicht vor der Behauptung zurück, Frauen verlangten im Grunde danach, vergewaltigt zu werden:

»Die Frauen sind von großer Süßigkeit, und da die ganze Lebensordnung im Gemüt wurzelt, so sollte dies wärmste Atmosphäre ergeben. Die Zärtlichkeit, Sanftmut, Süßigkeit und Freundlichkeit sind wesentliche Eigenschaften des Kaltbluts: Von sich aus fröstelnd, stellt der Mensch dieser Breiten sein ganzes Leben instinktiv darauf ein, durch wohltuende Eindrücke erwärmt zu werden. Wie keiner reagiert er auf Wärme, aber er hat sie nicht. Er ist durchlässig für Wärme wie für Kälte – eben wie der Kaltblüter; deswegen perhorreszieren die dortigen Frauen auf sonst unbekannte Weise jegliche Härte; Zorn ist ihnen Laster, aus warmer Leidenschaftlichkeit fühlen sie zuerst und zuletzt die Heftigkeit heraus, und diese vertragen sie nicht. Aber andererseits wollen sie im tiefsten Innern vergewaltigt werden; sie wollen ganz passiv sein können, jeder Verantwortung bar; und

* »Victoria und ich sind nie ein Liebespaar im eigentlichen Sinne des Wortes gewesen, aber wir waren einander so nah, wie Menschen es nur sein können.«

der häufige sexuelle Erfolg südamerikanischer Männer in Europa beruht darauf, dass sie ihrerseits bei allem Zartgefühl mit einer Ur-Selbstverständlichkeit vergewaltigen. Groddeck hat nicht ganz unrecht, wenn er sagt: Die primitive Frau erkennt zutiefst nur einen Liebesbeweis an – die Notzucht.«

In *El Viajero* setzt sich Victoria Ocampo mit Keyserlings Theorien eingehend auseinander. Zum Beispiel auch mit der These von »*Gana*«. Sie hat ihren Ursprung in einem Erlebnis, das Ocampos Schwester Silvina vom Golfplatz erzählte: Sie bat einmal einen ärmlichen kleinen Jungen, ihr einen Caddy gegen zehn Pesos zu besorgen. Der Kleine antwortete: Ich kann nicht. Silvina fragte: Aber warum denn nicht? Warum kannst du nicht? Worauf der Junge erwiderte: Weil ich keine Lust – auf Spanisch: *gana* – dazu habe. Diese Haltung, Lust haben oder eben keine als treibende Kraft und Handlungsmotivation, wurde für Keyserling zum Ausdruck der südamerikanischen Mentalität. In *Amerika. Der Aufgang einer Neuen Welt* (1930) und in den *Südamerikanischen Meditationen. Der Kontinent des dritten Schöpfungstages* (1932) sind seine Gedanken zu »*Gana*«, »*Puna*«, »*Delicadeza*«, und dem »Kaltblüterhaften des Südamerikaners« ausführlich nachzulesen.

Als der Philosoph schließlich abreiste, blieb Victoria Ocampo noch für eine Weile in Paris zurück.

Nachdem Keyserling nach Darmstadt abgereist war (welche Erleichterung!) blieb ich eine Zeitlang allein in Paris. Meine Gemütsverfassung war in nichts zu vergleichen mit der, als ich damals von der Cap Arcona an Land gegangen war. Keine Spur mehr von meinem »Zustand der Anmut«. Die Idole meiner Jugend (Anna de Noailles beispielsweise) waren nun keine unerreichbaren Götter mehr – sie waren überhaupt keine Götter mehr. Keyserling hatte mir einen Brief für sie mitgegeben, wie auch für die Russen Schestow und Berdjajew und die Engländer Shaw, Wells, Galsworthy und Lady Astor. Die Anschreiben erschienen mir lächerlich, denn auf diese Weise war ich in der Rolle eines weißen, ganz seltenen »weißen Raben«. Und so würde ich diese Herrschaften gezwungenermaßen nur enttäuschen. Ich wollte lieber so zu ihnen gehen wie ich war: Eine Autodidaktin, eine unbekannte, südamerikanische Liebhaberin schöngeistiger Literatur und Europas sowie jung genug, um einen angenehmen Anblick abzugeben.

Victoria Ocampo wohnte in einem Appartement von Freunden in der Rue d'Artois, wo Julián Martínez sie bald besuchen kam und für einige Wochen blieb. Dennoch führten sie dort ein relativ unabhängiges Leben voneinander – zumal die Wohnung dafür genügend Platz bot. Die junge Frau ging ein und aus, empfing Freunde, wurde eingeladen und traf mit Künstlern und Schriftstellern zusammen, die sie bislang nur über ihr Werk, beziehungsweise ihre Texte kannte – wie die Photographin Gisèle Freund, den Maler Joan Miró, die Lyriker Anna de Noailles und Paul Valéry, den Surrealisten Jules Supervielle, den französisch-rumänischen Autor Benjamin Fondane und Pierre Drieu la Rochelle.

So trat ich in einen neuen Lebensabschnitt ein. Angstvoll auf der Suche nach Begegnungen mit der Wahrheit schlenderte ich durch Paris, ließ meine Blicke die Schönheit dieser Stadt berühren, die ich seit meiner Kindheit auf so viele verschiedene Arten liebte. Ich war begierig, nicht nur nach ihren Mauern, ihren Bäumen, ihrer Luft (die ein besonderes Aroma hatte, wie auch die Londons), sondern auch nach ihren Bewohnern. Meine Neugier richtete sich vor allem auf die Menschen, die ich über das, was sie geschrieben hatten, bereits kannte, und deren schriftliche Vollkommenheit mich andererseits alle möglichen Unvollkommenheiten im Leben fürchten ließ. Versailles hatte mich vieles gelehrt, das ich nicht vergessen wollte. Und so spürte ich das Bedürfnis, mich in andere zu flüchten und gleichzeitig ganz allein mein Bewusstsein zu prüfen. Ich wollte mein Leben mit kleinen Dingen ausfüllen, denn sie schienen mich um die großen zu erleichtern.

Freundschaft und Hassliebe: Victoria Ocampo und Pierre Drieu la Rochelle

Verwirrt von den Ereignissen in Versailles, aber auch von der Lösung aus der festen Bindung an Julián, lernte Victoria Ocampo 1929 – sie ist noch immer in Paris – den Romancier Pierre Drieu la Rochelle kennen. Er schien ihr, ohne je Näheres von ihrem Leben zu erfahren, den nötigen Abstand zu den nachwirkenden Erlebnissen zu verschaffen und sie von der inneren Einsamkeit abzulenken.

Sie lernten sich bei einer Gesellschaft der Herzogin Isabel von Dato in der Avenue de la Bourdonnais kennen, der drei Jahre jüngere Drieu la Rochelle war Ocampos Tischnachbar.

Während des Mittagessens bemerkte ich, dass dieser blonde, schlanke Mann (besser gesagt: Junge) mit seinem kindlichen Schmollmund und seinem charmanten Lächeln, das eine Reihe blendend weißer Zähne freigab, alles daransetzte, meine Aufmerksamkeit auf sich zu ziehen – er wollte mir gefallen. Dieser Wunsch stand jedoch im Widerspruch zu einem wohl inneren Zwang, sich angeberhaft in einer Sprache hervorzutun, die sich in roher Direktheit (allerdings niemals im Ton, der immer teilnahmslos blieb), naivem Zynismus und einem vorgefassten Pessimismus ausdrückte. Die Gastgeberin gab den Anstoß, lokalpolitische Ereignisse zu diskutieren. Ich verstand kein Wort.

Meine unmittelbare Sympathie galt dem sauberen, himmelblauen Hemd, der gut sitzenden Hose mit ihrer sorgfältig gezogenen Bügelfalte, dem rasierten Gesicht, den Fingernägeln, die zwar keine Maniküre genossen hatten, aber makellos rein waren, sowie den gewissenhaft gepflegten Zähnen. Sie galt allem, was auf eine sorgfältige Körperpflege schließen ließ, die – zumindest nach meiner Erfahrung – einen »Mann von Welt« auszeichnete und der Bruderschaft der Schriftsteller (und Philosophen) eher fremd war. Die Bohème hat mich nie sonderlich angezogen, und mir ist das Auftreten eines Mechanikers im ölverschmierten Overall tausendmal lieber als ein schlampiger und triefäugiger Dichter mit schmutzigen Fingernägeln.

Sympathisch wurde mir dann auch sein Zynismus, mit dem er protzte (was zeigt, dass ich mich seit Keyserling verändert hatte), obwohl mich Zynismus im Verhalten eines Menschen normalerweise abstieß. Doch dies war der Zynismus eines Kindes, das sich an der Macht seiner kleinen Schleuder berauscht, mit der es voller Wonne die Luftballons der Spielgefährten platzen oder gläserne Laternenschirme zerbersten lässt. Ich dachte bei mir: »Nur los! Bring den keyserlingschen Ballon zum Platzen!«

In der Folge dieser ersten Begegnung bahnte sich ein spannungsvolles Verhältnis zwischen Anziehung und Abstoßung an, ein Verhältnis, das zwischen Freundschaft und Hassliebe pendelte, zwischen Bewunderung und Unverständnis, Verehrung und Verletzung. Eine unerklärliche Anziehungskraft hielt Victoria Ocampo und Pierre Drieu la Rochelle zusammen, zwei Charaktere, wie sie gegensätzlicher nicht sein konnten, die sich jedoch auch nicht voneinander zu lösen vermochten.

Pierre Drieu la Rochelle, einer der bedeutendsten französischen Schriftsteller zwischen den beiden Weltkriegen, lebte von 1893 bis 1945. Zum Zeitpunkt des ersten Zusammentreffens mit Victoria Ocampo im Jahr 1929 hatte er bereits zwei Romane verfasst, *L'homme couvert des femmes* (1925) sowie *Blèche* (1928), und schrieb an *Une femme à sa fenêtre* (1930), worauf mit *Le Feu follet* (1931; *Das Irrlicht)* eines seiner wichtigsten Werke entstand. Es folgten *Drôle de voyage* (1933), vor allem aber *Gilles* (1938/39; *Die Unzulänglichen*), ein Roman mit autobiographischen Zügen, und *L'homme à cheval* (1943). Darüber hinaus machte sich Drieu la Rochelle einen Namen als Essayist und war zeitweise auch der Chefredakteur der im Verlag Gallimard erscheinenden *Nouvelle Revue Française*.

Gleich zu Beginn ihrer Freundschaft zu Drieu fiel Victoria Ocampo auf, dass er, der als Soldat im Ersten Weltkrieg gedient hatte, sich fanatisch für Heldenmut, Kampf und Gefahr begeisterte. Von Nietzsche und Barrès beeinflusst, zog ihn das Übermenschliche an; die Mediokrität der ihn umgebenden Gesellschaft ekelte ihn an. Verzweifelt suchte er nach Alternativen zur bürgerlichen Welt und ihren – in seinen Augen – fragwürdigen Werten. Während er in seinen Zwischenkriegsromanen das dekadente Leben der französischen Oberschicht kritisierte, stand er politisch zunächst linken Gruppierungen nahe, etwas später dem konservativen *Redressement français* und zu Beginn der 30er Jahre dem sozialistischen *Parti radical*. 1936 trat er dem faschistischen *Parti populaire français* bei; allerdings war ihm die gemäßigte Haltung der französischen Faschisten, von denen er zunächst glaubte, sie wären eher als Stalins Kommunisten in der Lage, »Freiheiten zu garantieren«, offenbar zu unfaschistisch. Schließlich engagierte er sich während der deutschen Besatzung Frankreichs für Vichy. Ab 1940 schrieb er außerdem für die judenfeindliche Zeitung *Je suis partout* – allerdings, obgleich Antisemit, sträubte er sich gegen die »verworrene Raserei der Rassisten«. Zum Schluss, enttäuscht von Hitler, wünschte er den Sieg des Kommunismus herbei, obwohl er bis dahin sowohl den »Superkapitalismus« aus New York als auch den »Supersozialismus« aus Moskau verachtete. Nach der Befreiung wurde er als Kollaborateur verfolgt.

Drieu la Rochelle, der Suchende, der Antibourgeois, der

verfehlte Übermensch, litt zeit seines Lebens unter Depressionen und Phasen starker Verzweiflung. Der Gedanke an den Freitod trieb ihn zunehmend, eines Tages erlag er ihm schließlich.

Trotz vieler unüberbrückbarer gedanklicher Differenzen blieb Victoria Ocampo dem Schriftsteller bis zu seinem Tod verbunden.

Unser zweites Zusammentreffen fand im Rumpel statt, wohin Drieu mich auf eine Tasse Tee eingeladen hatte. Es machte ihm Spaß, dass er nichts über mein Vorleben wusste, und das sagte er mir auch. Da ich ebenso wenig über ihn Bescheid wusste, müssen wir uns über ganz unwichtige Themen unterhalten haben – ich erinnere mich an nichts mehr. Nur ein Satz ist mir im Gedächtnis geblieben: »Sie haben einen Pullover wie ein Dienstmann.« Meiner Ansicht nach stand mir mein Chanel ausgesprochen gut. Doch dies war Drieus Art zuzugeben, dass ihm etwas gefiel: Er konnte nicht anders, als einen weiten Bogen um ein Kompliment zu machen. Das beruhigte ihn und verhinderte, dass er sich dumm vorkam. Sprach er anfangs noch galant von der »Anziehungskraft der Madame Ocampo«, so verwandelte sich diese Aussage später in die »Anziehungskraft eines schönen Tieres«. Und noch später konnte das Adjektiv nicht einfach für sich stehen, sondern musste an ein Tier gekoppelt werden: »Du bist die schönste Kuh der Pampa.« Als er mich einmal in einem Brief mit dem See von Annecy verglich: »Du bist ein klares, geschmeidiges, ergiebiges (…) Wasser, in dem ich baden und meine vier Gliedmaßen ausstrecken kann«, wollte er damit ausdrücken, wie er in diesen See seine ganze Bitterkeit auszuspeien gedachte. Ich habe einige Zeit gebraucht, bis ich die rätselhaften Aussagen entschlüsseln konnte, zu Beginn haben sie mich abwechselnd schockiert und amüsiert.

Beide liebten es, spazieren zu gehen, und so streiften sie gemeinsam durch Paris, durch die Straßen seines Viertels, über die Île Saint-Louis und die Île de la Cité, die Champs Elysées, flanierten die großen Boulevards und die Quais entlang, durch die kleinen Gässchen, den Jardin du Luxembourg und den Bois de Boulogne. Darüber hinaus verband sie ihre große Liebe zu Frankreich, wenngleich Victoria Drieus euphorischen Patriotismus nicht nachvollziehen konnte; sein Buch *État Civil* (1921) hatte sie zu diesem Zeitpunkt noch nicht gelesen. Auf den Spaziergängen vertraute er ihr minutiös und in allen Einzelheiten sein ganzes Leben an, seine gescheiterte erste Ehe mit Colette J., seine Liebschaften, vor allem seine beiden großen Leidenschaften: zu einer Nordamerikanerin, die zu ihrem Mann und ihren Kindern zurückkehrte, und zu einer Algerierin, die an Krebs starb, bevor er endgültig mit ihr gebrochen hatte. Auch seine damalige Ehe mit Olesia S. – ein Experiment, mit dem er sich beweisen wollte, dass er länger als ein halbes Jahr mit einer Frau zusammen sein konnte – betrachtete er bereits als gescheitert. Drieu empfand sein Leben als ein einziges Desaster: Im Streben nach dem Absoluten glaubte er, sowohl als Liebhaber und Ehemann, wie als Soldat und Athlet, als Mann, der er sein wollte, versagt zu haben. Nie erkundigte er sich nach Victorias Leben, und je mehr er von sich sprach, desto beharrlicher schwieg sie sich aus.

Da seine Frau in den Wintersport gefahren war, nahm er Victoria Ocampo mit in seine Wohnung, die in diesen Wintermonaten besonders grau und düster wirkte. Keine Blumen, kein Schmuck, stattdessen, auf einem Bücherbord, die französische und die englische Fahne. Er las ihr Gedichte von Baudelaire und Rimbaud vor, auch einzelne Kapitel aus dem Roman, an dem er arbeitete. Da sie ihm wiederum die französische Musik näherbringen wollte, besuchten sie eine Aufführung von Debussys *Pelléas et Mélisande*. Es kam zu Auseinandersetzungen. Er machte sich über die Musik lustig, sie war verletzt, wütend und schlug zurück: »Wenn er sich über Pelléas amüsierte, dann konnte ich mich nur über die Fahnen amüsieren, diese von Männern vergifteten Stoffstücke. Und wie er von Frauen sprach in seinen Romanen – verabscheuungswürdig. Und wenn Pelléas lächerliche Züge trägt, wie lächerlich war schon allein der Titel seines derzeitigen Buches, *L'homme couvert des femmes.*« Es war ihre Form der Rache für seine Unempfindlichkeit gegenüber der Schönheit der Musik. Sie stritten, und doch ging ihr dabei durch den Kopf, wie hervorragend sich seine Kritiken in der *Nouvelle Revue Française* lasen, wie erfolgreich er sie von diesem Keyserling wegbrachte und wie wohl sie sich, trotz allem, in seiner Begleitung fühlte.

Missmutig beschlossen wir, in seine Wohnung in der Rue Saint-Louis en l'Île zu gehen, um die Diskussion fortzuführen. In dem kleinen Zimmer mit den Fahnen schaute ich mir die Bücher auf dem Bord an. Ich trug ein schwarzes Abendkleid von Chanel mit Pailletten (ich erinnere mich an die Kleider, die ich trug, als ob sie mich an manchen Tagen beschützt, gestärkt und beruhigt hätten). Drieu, wenn mich die Erinnerung nicht täuscht, hatte ein Jackett an. In jener Zeit »kleidete« man sich noch für den Abend. Als ich an einem Spiegel vorbeikam, gewahrte ich für einen Augenblick die feierliche Stimmung zweier Unbekannter in Gala-Garderobe. Es überraschte mich zu sehen, dass Drieu viel größer war als ich. Bis dahin hatte ich ihn mir wohl noch nicht so genau angeschaut.

Drieu ließ sich nicht schrecken. Er meinte, sie sei nur so wütend, weil sie wüsste, dass sie dann noch schöner aussähe. Schnell kam er wieder auf das, worüber er am liebsten sprach: Krieg und Heldentum. Er vertraute ihr an, dass er am 23.8. und 29.10.1914 bei zwei Schüssen eine Ekstase erlebt hätte, wie sie der heiligen Teresa widerfahren sein musste.

»Männer«, so erklärte er, »fühlen im Krieg das, was Frauen bei der Geburt eines Kindes fühlen: wenn es gilt, sein Leben einzusetzen.« Victoria Ocampo widersprach, für sie bestand da doch ein großer Unterschied: In dem einen Fall ging es um das Töten, in dem anderen darum, Leben zu schenken. Es ging um das Töten der Kinder, denen jene Frauen das Leben geschenkt haben. Welch ein Zynismus.

Sie besuchten den Louvre, um sich Watteau anzuschauen – »seine« Watteaus. Victoria Ocampos fehlender Enthusiasmus irritierte den jungen Mann; erst später wurde sie für die Kunst Watteaus empfänglich. Einig waren sie sich damals lediglich über die Lektüren ihrer Kindheit, etwa *Onkel Toms Hütte* oder die Märchen der Madame de Ségur, in denen es Victoria besonders die Figur des Jacques angetan hatte, während Pierre sich für Geneviève begeisterte.

Wie haben wir dieses Paar bewundert. Jacques dunkelhäutig, Geneviève blond. Jacques voller Selbstgewissheit, Geneviève von einer Engelsgeduld. Und dann der verabscheuungswürdige Georges! Die Bücher mit dem rosa Buchdeckel der Comtesse de Ségur musste man einfach lieben. Ob die jungen Leser wohl eher Georges, dem Dieb, dem Lügner und Verräter, ähneln wollten als Jacques ...? »Du hast eine Moral wie eine englische Gouvernante«, antwortete Drieu auf meine Gedanken. Er fand ein köstliches Vergnügen darin, mich zu verstören. Manchmal, wenn wir spazieren gingen, nahm er meine Hand und sagte: »Ist es nicht absurd und wunderbar, Glück darin zu finden, eine Hand zu halten?« Wir gingen dann zusammen eine Weile Hand in Hand, einsam in Paris, wie in einem dunklen Wald. »Erzähl mir von deinen Hochzeiten, die immer mit dem Tod zusammenhingen: dem Krieg«, sagte ich zu ihm. Und dann folgten ziemlich scheußliche Geschichten, ab und zu auch lustige. Wie ein Kamerad (er war in der Welt der Literatur bekannt,

Péguy?) unter dem Schrapnellfeuer sein Gesicht dem Feind zuwandte, um in seine Richtung zu urinieren. Wie einige Neger auf einer staubigen und von Granaten durchlöcherten Straße masturbierten, bevor sie in ein improvisiertes Bordell gingen, da sie sonst nicht genügend Nutzen aus den Ausländerinnen gezogen hätten. Bestialität neben Unschuld … Angesichts solcher Subtilitäten fühlte ich mich machtlos. Darüber hinaus lehnte ich mich gegen seine Manie auf, Dinge bis auf den Grund zu verabscheuen – was ihn wiederum entzückte.

Drieu zeigte sich unausgeglichen, hin- und hergerissen, stets pessimistisch, er litt an Schlaflosigkeit, kam innerlich nicht zur Ruhe. Victoria Ocampo fühlte sich ihm nahe, spürte eine ähnliche innere Zerrissenheit. Von Julián Martínez, der Wandlung ihrer großen Leidenschaft in freundschaftliche Zuneigung, erfuhr Drieu nichts. Nach der Rückkehr seiner Frau hatte er sich in ein Hotel am Quai d'Orsay einquartiert und schrieb an einem neuen Roman: *Une femme à sa fenêtre.* Was sie teilten, waren gemeinsame Abende im Kino, Matineen in der Comédie Française, wo *Hernani*, *Andromaque* und *Le Cid* gespielt wurden.

Manchmal verweilte sein Blick lange auf mir, und wie zu sich selbst sagte er: »Bist du eine glückliche Frau, oder bist du die Statue des Glücks?« Dieser Satz war so zutreffend, dass er mich verwirrte. Doch ich sagte ihm nicht, dass das Glück hinter mir lag und ich mich in der Tat in seine Statue verwandelt hatte; jenes Glück, das ich nie wieder erreichen würde, das ich nur auf einer anderen Ebene und in einer anderen Form überleben konnte.

Ich besuchte ihn, den nunmehr Gefangenen in seiner Hotelzelle am Quai d'Orsay. Das Zimmer hatte ein Fenster, das auf einen düsteren Innenhof hinausging, und so drang nur das finstere, graue Licht eines Pariser Winters herein. Selbst tagsüber konnte man dort nicht ohne elektrisches Licht lesen. Drieu, in hellblauem Hemd und grauer Hose, schrieb eifrig im Lampenschein seinen Roman in ein großes Heft, wie ein fleißiger Schüler. In seinem kindlichen Mund, zwischen seinen vollen Lippen, steckte ein Zigarillo. Der Rauch stieg zu seinen blauen Augen auf, sie waren halb geschlossen, um sich dagegen zu wehren. Und dann sprachen wir weiter, diskutierten zuweilen auch – in diesem Zimmer an einer Straße der Abschiede und des Pfeifens der Züge. Es war das Zimmer eines Reisenden, das auf den ersten Blick kein persönlicher Gegenstand vom Nachbarzimmer unterscheidet: ein paar Bücher, ein kleines Köfferchen und ein aufgeschlagenes Heft, über dessen Seiten sich eine leicht geneigte, nachlässig-elegante, deutliche Schrift hinzog. Dennoch waren die einzelnen Wörter schwer zu entziffern: Sie waren nicht ganz ausgeschrieben, wer weiß, welche Schlüsse ein Graphologe aus dieser Schrift gezogen hätte.

Irgendwann ging ich wieder hinunter auf die Straße, in die Kälte, in die Witterung einer ungeschützten Existenz. Jeden Tag aufs Neue machte ich mich auf in die Arena, wo ich alleine kämpfen musste, ohne mich jemand anderem mitzuteilen. So wie ich eine Waise meiner Eltern (die ich liebte) gewesen war, weil ich ihnen meine wahren Gedanken nicht anvertrauen konnte. Ich war allein, auf wundersame Weise allein. Die leidenschaftliche Liebe lässt sich nur eine Weile leben. Danach ist es unerlässlich, noch einmal geboren zu werden, eine schwierige Geburt durchzustehen. Es ist das schwerste Stadium in einem Leben. Entweder man ruft etwas Neues ins Leben (ich meine nicht eine neue Leidenschaft, sondern ihre Verwandlung in etwas anderes) oder man geht zugrunde.

Kommen wir zurück zu Drieu, für den ich eine gewisse Zuneigung (weniger: Zärtlichkeit) empfand, obwohl mich seine Gedanken oftmals abschreckten. Zum Beispiel: »O schöne, reine und wahre Gesten, Bürgen eines siegreichen Verstandes: Geste des Krieges und Geste der Liebe. Den Feind töten, sich eine Frau nehmen, den töten, der sich verachtet, und die nehmen, die sich liebt«. Oder: »Die Gewalt der Männer: Sie sind hauptsächlich für den Krieg geboren, so wie die Frauen nur dafür gemacht sind, Leben zu schenken.« – Was derlei Vorstellungen Drieus betrifft, so gewaltsam und irrational sie mir erschienen, klangen sie in meinen Ohren doch weniger falsch als die Keyserling'schen. Und zwar aus gutem Grund: Drieu lebte mit seinen Gedanken im Einverständnis (mehr oder weniger), während Keyserling, bewusst oder unbewusst, den Leser täuschte, ihn belog. Drieus Gedanken, das spürte ich, kamen aus ihm selbst, in einer geraden und aufrechten Linie; er hatte sie sich nach und nach zurechtgebogen, damit sie in seine Vorstellung von den Dingen passten: »Ich bin enttäuscht, ich, der Europäer, der immer noch alles liebt, was ihn enttäuscht«, schrieb er 1927. Er liebte seine Stadt, er liebte Europa. Und er rächte sich für diese Enttäuschung mit der Enttäuschung von allem, was noch kommen sollte: »Ich glaube an den Niedergang Europas, Asiens, Amerikas, des Planeten.« An diesen Punkt gelangt, wandte er sich schließlich der (asiatischen) Religion zu, von der er Impulse für seine Auseinandersetzung mit dem Freitod erhielt: »Ich möchte sterben, da Frankreich, das ich geliebt habe, an sein Ende gekommen ist.« Aus ganz anderen Gründen fühlte ich mich in diesem Lebensabschnitt nicht weniger verloren als er. Es gab eine Verbindung zwischen uns. Eine geheime Verbindung, deren Zeichen ich erst später und aus der Distanz zu deuten verstand.

Eines Tages schlug Drieu la Rochelle ihr vor, gemeinsam nach London zu reisen. Victoria Ocampo war zunächst unentschlossen, reiste jedoch nach einer Woche nach, zumal sie diesen Abstecher auf die andere Seite des Kanals ohnehin geplant hatte. Drieu wohnte in der Jermyn Street, sie zunächst im Bercklay Hotel, wo sie bei ihrer Ankunft ein lieber Willkommensbrief von ihm erwartete. In dieser trüben Jahreszeit erschien ihr das Bercklay Hotel bald zu dunkel, so dass sie bereits am nächsten Tag ins Savoy umzog, das riesengroße Fenster mit Blick auf die Themse bot – weit entfernt allerdings von der Jermyn Street.

London!

Wir verließen das Hotel in Richtung Piccadilly, hielten uns an den Händen und schlängelten uns im Zickzack an den Taxis vorbei. Als wir an einem Tisch im Grillzimmer des Ritz Platz nahmen, wussten wir nur allzu genau, welches Menu wir wählen würden: Lende für mich und geräucherter Lachs für ihn. Wir sahen uns die Liste der Veranstaltungen an und beschlossen, am nächsten Tag in *Major Barbara* zu gehen und danach in ein Musical mit Fred Astaire und Adele, seiner Schwester. »Willst du nachher mitkommen und meine schäbigen Zimmer in der Jermyn Street besichtigen?« – In der Tat, die Zimmer waren düster, aber sie hatten einen gewissen englischen Charme, der mir gefiel. Ich liebe England in allen seinen Facetten, überall dort, wo ich es finde und wiederfinde.

Das Feuer in dem kleinen Kamin seines Zimmers verglühte allmählich. Drieu fachte es wieder an. Wir setzten uns auf ein Canapé, nah an die wieder aufflackernden Flammen. Müdigkeit überkam mich, und ein Gefühl angenehmer Behaglichkeit nach dem Gang durch die kalte Nässe der nächtlichen Straßen.

»Bist du müde? So schlaf doch.« – »Nein, eigentlich nicht! Noch ist es nicht so weit.« – »Doch, es ist so weit. So schlaf doch.« Er hob meinen Kopf an, um seinen Arm um mich zu legen. »Du wirst dich schmutzig machen mit meinem Puder.« – »Schlaf.«

Ich begann einzuschlummern. Irgendwann wachte ich fröstelnd wieder auf und schaute auf die Uhr an meinem Handgelenk. Es war fast drei Uhr morgens, mein Gott! Das Feuer war inzwischen ausgegangen. »Dein Arm«, sagte ich, »muss ganz schön steif geworden sein.« – »Ich glaube, ich bin selbst eingeschlafen«, sagte er.

Sich nach diesem gemeinsamen Schlummer wiederzufinden, vereinigte uns in dem fast kindlichen Gefühl von Verlassenheit und vertrauter Zärtlichkeit.

»Ich will jetzt doch richtig schlafen gehen«, sagte ich. Auf der Jermyn Street schlug uns ein eisiger Nebel entgegen. Einige Passanten waren noch unterwegs. Aneinandergeschmiegt liefen wir bis Piccadilly, zu meinem Hotel.

Diese Stunden leichten Schlafes auf einem harten Canapé, in einem ungemütlichen Zimmer, gehören zu meinen schönsten Erinnerungen an London.

Wie verloren wir beide in dieser grausamen Zeit des Übergangs waren! Verloren in unserer Einsamkeit, in unseren Problemen, die so unterschiedlich waren wie unser jeweiliges Geschlecht; verloren in unserer merkwürdigen Religiosität ohne religiösen Glauben und in der Liebe zum Absoluten und zur absoluten Wahrheit: schwärmerische Heiden, die der Katakomben und Gottes beraubt waren.

Eines Abends, nachdem wir im Savoy gegessen und getanzt hatten, gingen wir hinauf auf mein Zimmer. Wir hatten zuvor über Eifersucht gesprochen, und er kam auf das Thema zurück: »Nach dem, was wir gesprochen haben, wärst du also um meinetwillen nicht eifersüchtig?« – »Ich glaube nicht. Eine Frau wird nicht eifersüchtig wegen eines Mannes, wie du es bist.« – »Was willst du damit sagen?« – »Ich möchte damit sagen, dass du nicht der Typ Mann bist, um dessentwillen ich eifersüchtig werden könnte. Nichts weiter.« – »Was du sagst, ist böse.« – »Du sagst mir doch auch Bosheiten, so wie sie dir gerade einfallen, nicht?« – »Ja, stimmt, aber das hier ist wirklich furchtbar.« – »Wieso furchtbar?« – »Wenn du nicht eifersüchtig bist, bedeutet das, dass du nichts für mich empfindest.« Schweigend saßen wir nebeneinander. Ich sah, wie ihm Tränen über die Wangen liefen. Tränen, die er nicht zurückhalten konnte und die nun ausgiebig flossen, einfach so, hoffnungslos. »Ich habe das Gefühl, dass alles vorbei ist, vorbei. Dass alles verloren ist.« Nun weinte auch ich. Ich fiel neben ihm auf die Knie und schlang meine Arme um ihn. Dann zog ich ein Taschentuch aus seiner Tasche und trocknete uns die Augen: »Pierre, verzeih mir, sei nicht traurig. Wir tun uns weh, weil wir Angst haben, uns zu lieben. Lass uns keine Revanche, keine Rache im Voraus üben. Lass uns nicht auseinandertreiben, Pierre, mein Bruder. Geliebter, geliebter Pierre.«

Ach Pierre, so gut habe ich das schwere Gewicht vor dir verborgen, das auf meiner Seele lastete. Du konntest es nicht erkennen, als ich zu dir sprach. »Ich fühle die Liebe genauso wie die Eifersucht«, sagte Drieu mit den Worten seiner Romanfigur Gilles. Ist denn Liebe ohne diese Qual überhaupt möglich? Das glaubte ich ebenso wenig wie er. Nur, wie ertrug man die grausamen Bisse der Eifersucht am besten? Ich wollte mich nicht von ihren Klauen und Zähnen erwischen lassen. Ich hatte für mich entschieden, mich niemals mehr von der Eifersucht besiegen zu lassen.

Unsere Tage in London verbrachten wir mit ausgedehnten Spaziergängen durch die Straßen und Parks. Ich wollte Geschirr für mein neues Haus kaufen und betrachtete stundenlang die Auslagen von *Goode's*, dem Kaufhaus in der South Audley Street mit dem auserlesensten Porzellan. Zu Beginn war Drieu noch geduldig, doch schließlich setzte er sich in das Taxi, das vor dem Eingang auf uns wartete. Dies alles betraf nicht ihn, sondern eine Seite meines Lebens, die er wahrscheinlich nie kennenlernen würde. Die sichere Seite meines Lebens. Außerdem verbrachte ich Stunden damit,

Briefpapier auszusuchen, das ich mit meiner Anschrift in der Calle Rufino de Elizalde bedrucken lassen wollte (ich bestellte eine so große Menge, die länger hielt als ich das Haus überhaupt besessen habe). Drieu begleitete mich äußerst missgelaunt bei diesen Einkäufen: Diese Besuche von Luxusgeschäften (und Drieu hatte eine Schwäche für Luxus; er liebte schöne Dinge und gute Qualität) waren die wiederkehrenden Vorboten meiner Abreise – zurück in ein Leben, das in einem anderen Teil der Welt verankert und nur schwer zu erschüttern war.

Unsere Rückkehr nach Paris war von Melancholie und Hoffnungslosigkeit bestimmt. Nur noch kurze Zeit trennte mich von dem Aufbruch in die Heimat. Obendrein hatte ich beschlossen, in Lissabon an Bord zu gehen, um vorher noch Madrid zu besuchen. Diese Entscheidung verärgerte Drieu. Und so trieb er sich in Hotels zwischen Versailles, Chantilly und Paris herum. Ich machte mich auf, ihn zu treffen. Eines schönen Tages, als er gerade im Hotel du Grand Palais in Versailles logierte, war er plötzlich für drei Tage verschwunden, ohne eine Adresse zu hinterlassen. Ich machte mir Sorgen und war bereits sicher, dass ich ihn vor meiner Abreise nicht mehr sehen würde. Doch dann tauchte er im Hotel Napoleon auf, zwei Schritte vom Arc de Triomphe entfernt, und ganz in der Nähe meiner Wohnung.

Eines Nachmittags saßen wir in der Nähe des Petit Trianon auf einer Bank, die schon immer dort stand und wer weiß wie lange noch dort stehen würde (bis ihr Holz verrottet war), und unterhielten uns. Wir waren beide ziemlich deprimiert. Im Kontrast dazu schien eine milde Aprilsonne auf uns herab. Plötzlich entdeckte ich auf Drieus Wange die Reste von Rouge. Ich wischte sie mit meinem Taschentuch ab und besah den Fleck. Das war nicht das Rouge, das ich benutzte.

»Was ist das?« – »Ein Geist, ein Gespenst.« – »Du suchst bereits vor meiner Abreise Trost.« – »Das hat damit überhaupt nichts zu tun. Bist du zufällig eifersüchtig?« Der Zwischenfall ließ die Spannung zwischen uns noch steigen. Ich antwortete nicht. Keine weitere Frage, kein einziges Wort durchbrach die Stille unseres verhärteten und entfremdenden Stolzes.

Was dachte Drieu wohl in jenem Augenblick? Was bedeutete ich ihm? Damals hätte ich es nicht zu sagen vermocht. Aus den Briefen, die er mir erst sehr viel später schrieb, spricht eine nachträgliche Verzweiflung. In einigen seiner Romane spiegeln sich die Beziehungen wider, die er zu verschiedenen Typen von Frauen gehabt hatte. Nach dem, was ich herauslesen konnte, und nach der Art unserer Verbindung zu urteilen, passte ich in keine der Kategorien, über die er eine mehr oder weniger kurzlebige Herrschaft ausübte. Er beherrschte mich nicht, und es gab auch nichts Kurzlebiges zwischen uns, soweit es unsere Gefühle betraf.

In der letzten Woche vor meiner Abreise schrieb mir Drieu:

Victoria, meine geliebte Freundin, Verzeihung. Voller Entsetzen stehe ich vor dieser neuen Dummheit, die uns trennt. Bist Du nicht meine Freundin? Bin ich nicht Dein Freund? Lass uns morgen gemeinsam aufbrechen: Lass uns wieder zusammenkommen, bevor wir uns voneinander entfernen. Lass uns all diese Unzulänglichkeiten vergessen. Verzeih mir. In mir ist eine solche Erschöpfung, eine so tiefe Verzweiflung. Ich erwarte Dich heute Abend um sieben. Wie besessen warte ich auf den Klang Deiner Stimme am Telefon, zu jeder Stunde. Diese grausame Verstellung, die ich Dir aufzwinge.

Ich umarme Dich zärtlich, Pierre.

Lange betrachtete ich den Briefbogen, der das große N des Hotels Napoleon trug, bis es meine Tränen verschleierten. Der Brief trägt noch heute diese Spuren.

Victoria gab der flehenden Bitte Pierres nach, und so fuhren sie im Auto in die Normandie – das Land der Drieus –, zum Mont Saint-Michel und nach Deauville, dem mondänen Badeort. Sie genossen die Meeresbrise, das Wellenrauschen, Spaziergänge, bezogen jeder für sich ein malerisches Zimmer im Hôtel Normandie nahe an der Küste. Sie unternahmen einen Ausflug nach Falaise, wo Pierre zum zweiten Mal verwundet worden war (was Victoria damals nicht wusste), fanden Caen jedoch schöner, erfreuten sich an der weiten Landschaft, die sie hinter sich ließen – »Frankreich, Land der Gärten!« – und kehrten schließlich nach Deauville zurück.

Nach dem Essen fühlten wir uns niedergeschlagen. Wir umarmten uns und wünschten uns eine gute Nacht. Die Tür zwischen den beiden Zimmern blieb offen. Aber ich konnte nicht schlafen, da das Licht ausgeschaltet war. Ich hörte das Rauschen des Meeres, ich lauschte ihm sehr lange. Schließlich stand ich auf, zermürbt vom Kampf gegen die Schlaflosigkeit, zerfressen von einer wachsenden Angst; ich gab es auf, sie besiegen zu wollen. Ich lehnte mich aus dem Fenster, im Hemd, ohne Schuhe, ohne Morgenmantel. Drieu musste meine beinah lautlosen Bewegungen wahrgenommen haben. Er konnte auch nicht schlafen. »Du wirst dich erkälten, komm.« Geist im Pyjama, stand er in der Tür des Zimmers. »Es ist müßig, sich zum Schlafen zu zwingen, wenn man nicht schlafen kann.« Ich legte mich zu ihm, er schob seinen Arm unter meinen Kopf. So verharrten wir wie zwei Kranke. Mit offenen Augen starrten wir in die Dunkelheit und wollten von diesem Abgrund, an dem wir standen, nicht zurückweichen. Im Morgengrauen fielen wir in einen schweren Schlaf, einer neben dem anderen, ohne uns zu bewegen. Nichts war unmöglicher als sich zu lieben. Wir waren schon »abwesend«, erlitten die Abwesenheit und verbargen, was zwischen uns und in der Gefahr geboren worden war. Wie gelähmt verharrten wir in dieser Starre, aus der es keine Rettung gab. Was würde überleben aus dieser Begegnung, konnten wir etwas daraus erretten? Wenn zwei Menschen zusammentreffen, sich geistig oder auch körperlich vereinen, sollte daraus doch etwas entspringen können.

Das Telefon schreckte uns aus diesem fast schmerzhaften Traum auf. Drieu zog seinen langen Arm unter meinem Kopf hervor und nahm den Hörer ab.

»Der Chauffeur wartet auf deine Order.« – »Sag ihm, dass wir in einer Stunde nach Paris fahren.« Er schaute mich fragend an, bevor er diese Anweisung weitergab. »Du hast überhaupt nicht geschlafen«, sagte er, »und du siehst gar nicht müde aus.« – »Ja, weil die Luft in deinem Land Wunder tut …«, antwortete ich und sprang aus dem Bett.

Zwei Tage später fuhr ich nach Madrid, entsinne mich aber nicht mehr, was an diesen beiden Tagen passierte. Ich weiß nur, dass ich weinte, als der Zug die Gare d'Orsay verließ, deren Uhr im goldenen Quadrat mir so vertraut geworden war. Ich habe ein Spiel gespielt, das wahrscheinlich nie ein Spiel gewesen ist und das mich mit leeren Händen zurückließ. Aus ganz verschiedenen Gründen waren mit einem Mal weder J. noch Drieu mehr als Freunde für mich. Das dachte ich, ohne es wirklich zu denken. Ich wusste es, ohne es zu wissen. Ich wiederholte es mir ohne Worte, während der Zug in die Nacht vordrang, in Richtung Spanien. Dieses Versprechen, das ich niemandem gab, war das einzige, das ich bis zum Schluss gehalten habe.

J. habe ich das Schönste meiner Jugend geschenkt, die

ganze Schönheit in ihrer Blüte. Wir hatten eine lange Zeit zusammen. Für Drieu würde ich immer das bleiben, was ich für ihn hätte sein können, aber nicht war. Ich hätte es nie sein können, dachte ich. »Der begonnene Kampf war die einzig (wahre) mögliche Umarmung« zwischen uns beiden. Und doch zerriss mich die Trennung, die ich mir leichter vorgestellt hatte.

Später reflektiert Victoria Ocampo noch einmal das Verhältnis:

Ich habe ihn gern gehabt, aber auf eine ganz andere Weise als in der gerade beendeten Liebesbeziehung. Ich habe mich nie ganz von ihm gelöst, ihn aber auch nicht herbeigewünscht. Ich habe mich von ihm entfernt und mir geschworen, ihn sich selbst und seinen Torheiten zu überlassen, ohne mich um ihn zu sorgen. Ich konnte nicht anders als wegzugehen, ohne ihm »Auf Wiedersehen« zu sagen und ohne ein paar Wochen lang ein Lebenszeichen von mir zu geben. 1935 schrieb er mir: »Glaube nicht, dass mir nicht klar ist, dass dies (meine Freundschaft, V.O.) eine meiner wenigen und kostbarsten Verbindungen ist. In meinem zerrissenen Leben ist dies eines der wenigen festen Dinge. Danke, dass Du mich daran gehindert hast, Dich zu verlieren. Wenn ich Dich völlig verlieren würde, wäre ich nicht weit davon entfernt, mich selber völlig zu verlieren.«

Um eine solche Freundschaft, die so viele Jahre und so viele gedankliche Fehden überstand, aufrechtzuerhalten, war es notwendig, an ihn und an meinen Instinkt zu glauben.

Die Briefe, die Pierre Drieu la Rochelle Victoria Ocampo nach ihrer Abreise im Mai 1929 schickte, waren Beteuerungen, ja zuweilen Beschwörungen tiefer Freundschaft, Versicherungen

Victoria Ocampo wurde 1890 in eine reiche, aristokratische Familie geboren. Sie erhielt eine strenge und statusgemäße Privatausbildung mit französischen und englischen Hauslehrerinnen.

Victoria Ocampo mit ihrem Großvater Manuel Anselmo Ocampo, um 1895

»Ich bin sechzehn Jahre alt, und in diesem Alter braucht man jemanden, dem man sich anvertrauen kann, wenn das Herz nicht zerbrechen soll. *Querés ser amiga mía?*« (aus einem Brief von Victoria Ocampo an Delfina Bunge)

1908: Victoria Ocampo und ihre Schwester Silvina im Garten des Familienhauses Villa Ocampo. – »Reisen! Es wird traurig sein. Ich bin viel glücklicher mit dem, was mich ständig umgibt. Reisen heißt für mich, die Seele in alle vier Himmelsrichtungen verstreuen, heißt, ein Zimmer zurücklassen, ein Haus, einen Garten, eine Stadt, eine Landschaft, Tiere, Menschen.«

Im November 1908 reist die Familie nach Europa. Das erste Ziel ist Paris. Victoria Ocampo besucht Vorlesungen und Seminare im Collège de France und an der Sorbonne und trifft bereits mit Autoren zusammen.

Aufenthalt in Paris, 1909. – »Ich verschlang alle Arten von Büchern, dabei war ich nicht sehr wählerisch. Viele waren mir verboten. Als meine Mutter *De Profundis* (von Oscar Wilde) unter meinem Kopfkissen im Hotel Majestic entdeckte – ich war 19 Jahre alt – kam es zu einer heftigen Szene.«

Victoria Ocampo, Porträt von Nicolás Schönfeld

Victoria Ocampo an Bord der Cap Finisterre, auf Hochzeitsreise. – »Am 15. Dezember des Jahres 1912 schifften Jérôme und ich uns auf einem deutschen Passagierschiff nach Europa ein.«

Victoria Ocampo, Porträt von Man Ray (Paris, 1929)

gegenüberliegende Seite unten:
Paris, 1913. Nach der Hochzeit beginnt für Victoria Ocampo ein Leben, das neue Freiheiten verspricht. Mit ihrer großen Schönheit und sinnlichen Ausstrahlung erregt sie Aufsehen bei Grafen, Großgrundbesitzern, Fürsten und Künstlern.

Victoria Ocampo mit José Ortega y Gasset in Madrid, 1929. – »Worum ging es in unseren ersten Gesprächen? Ich erinnere mich nicht mehr. Ich hörte zu. Ich erinnere mich aber, dass alles, was er sagte, auf eine ganz besondere und besonders eindrucksvolle Weise gesagt wurde.«

Julián Martínez brachte Victoria Ocampo das Autofahren bei, damit sie sich von ihrem Chauffeur unabhängig machen konnte. Allerdings fiel sie als Frau am Steuer sofort auf, die Leute schimpften und schrien Skandal.

Victoria Ocampo mit Rabindranath Tagore, Anna de Noailles, Francis de Croisset und einem französischen Minister bei der Vernissage zu einer Ausstellung des bengalischen Dichters in Paris, 1930.

Victoria Ocampo, Jorge Luis Borges und Adolfo Bioy Casares bei Mar del Plata, um 1935.

Von links nach rechts auf dem oberen Teil der Treppe: Francisco Romero, Eduardo J. Bullrich, Guillermo de Torre, Pedro Henríquez Ureña, Eduardo Mallea, Norah Borges und Victoria Ocampo. Unten: Enrique Bullrich, Jorge Luis Borges, Oliverio Girondo, Carola Padilla, Ramón Gómez de la Serna, Ernest Ansermet und María Rosa Oliver. Grupo SUR, 1931.

Victoria Ocampo und Eduardo Mallea, Italien, 1934.

Victoria Ocampo, Waldo Frank, María Rosa Oliver und Eduardo Mallea in der Villa Victoria, Mar del Plata, um 1936.

Jean Hugo, Victoria Ocampo, Valentine Hugo, Baba de Faucigny-Lucinge und Maurice Ravel, Paris 1930.

Victoria Ocampo und Roger Caillois in Buenos Aires, zwischen 1940-1945. Die umfangreiche Korrespondenz zwischen Victoria Ocampo und Roger Caillois umspannt fast vierzig Jahre und währte bis zu Caillois' Tod.

Victoria-Ocampo-Porträt von Gisèle Freund, um 1942.

Victoria Ocampo, um 1943.

Stehend von links nach rechts: Angelica Ocampo, Vera Soudeykin de Strawinsky, Robert Craft und José Bianco. Sitzend: Victoria Ocampo und Igor Strawinsky. Villa Ocampo, 1960.

gegenüberliegende Seite unten:
Victoria Ocampo und André Malraux vor der Villa Ocampo, 1959.

Sitzend von links nach rechts: María Luisa Bastos, Guillermo de Torre, Carlos Alberto Erro, Jorge Luis Borges und Eduardo Mallea. Stehend von links nach rechts: Enrique Pezzoni, Eduardo González Lanuza, Silvina Ocampo, Alberto Girri, Adolfo Bioy Casares, Victoria Ocampo, Alicia Jurado und Héctor A. Murena. Grupo SUR, 1961. Foto von Francisco Vera

Victoria Ocampo, Indira Gandhi und Manuel Mújica Láinez vor der Villa Ocampo, 1968

Victoria Ocampo in der Bibliothek der Villa Ocampo, 1961. Foto von Francisco Vera

Buenos Aires, 1977. Victoria Ocampo und Ángel José Battistessa während der zeremoniellen Aufnahme Victoria Ocampos als Mitglied der Academia Argentina de las Letras

seiner Zuneigung, seiner Sehnsucht nach dem gemeinsamen Gespräch, nach den Spaziergängen, nach ihren Auseinandersetzungen, nach der geheimnisvollen Art und Weise ihrer Versöhnungen. »Wir haben tapfer gestritten, Victoria. Du bist die schönste ›Kuh der Pampa‹.« Er buhlte um ihre Aufmerksamkeit, er gestand ihr, dass er sie brauchte – von seiner Frau wollte er sich endgültig trennen, Freunde hatte er keine. Neben seiner Verehrung für Victoria – »die Königin ist in ihr Reich zurückgekehrt« – gab er ausführlich Bericht über seine seelischen Qualen, seine schreckliche Einsamkeit, seine Empfindlichkeit gegenüber den Menschen, die ihm allesamt unerträglich waren und von denen er sich gleichzeitig abhängig wähnte. Alles in allem sind diese Briefe das Kardiogramm eines Lebens, das auf den Freitod zusteuert. Leitmotivisch, nahezu obsessiv, beherrschte Drieu der Wunsch, die Welt zu verlassen, alle und alles hinter sich zu lassen, wenn man nur den Mut dazu fände. Er hielt sich für mittelmäßig, fühlte sich wie ein räudiger Hund, wie ein kleiner Vogel, der nach Wärme sucht, fühlte Hass und Wut in sich, besonders gegenüber den Frauen (»ich kann mich nur zu Körpern in Bordellen, zu Phantasmen, legen«), fühlte sich wie ein Gefangener, der keine Verbindung mehr zu den Lebenden hat. Im Juni 1929 schloss er seinen Roman *Une femme à sa fenêtre* ab und verließ Paris, um sich in eine Villa nach Talloires an den See von Annecy zurückzuziehen. Bei allen Selbstzweifeln wollte er doch vor seinem Ende noch zwei oder drei Romane schreiben. Gegensätzliche Kräfte, Minderwertigkeit und Überheblichkeit, Selbstverachtung und Arroganz zerrten zeit seines Lebens an ihm.

Im Jahr 1930 kehrte Victoria Ocampo nach Paris zurück. Sie nahm ihre Spaziergänge mit Drieu wieder auf, die gemeinsamen Abendessen, sie stritten sich weiter, sie versöhnten sich. Er äußerte den Wunsch, mit ihr zusammen nach Berlin zu reisen; sie willigte ein, wenn zunächst auch widerstrebend. Doch war sie neugierig auf das Land, das sie noch nicht kannte, und auf ein Volk, »das es verpasst hat, ihn zu töten, und nach dem er sich nun sehnt«. Sie bezogen ein Hotel am Tiergarten, zwei Zimmer, durch die man sich verständigen konnte (»Bist du schon aufgestanden?«). »Nada más«, nichts weiter. Sie besuchten das Theater, gingen ins Kino, Victoria Ocampo lernte Walter Gropius kennen, und als Drieu zurück nach Paris reiste, blieb sie noch eine Weile bei ihren neuen Freunden.

Im Mai 1932 kam Drieu auf eine Einladung von SUR zu einer sehr erfolgreichen Vortragsreise nach Buenos Aires. Danach standen Pierre und Victoria weiterhin in brieflichem Kontakt. Er war verzweifelt, wenn sie ihm nicht gleich antwortete: »Du bist meine Freundin, meine größte Freundin, meine Freundin. Ich werde mein ganzes Leben bedauern, dass ich nicht Dein Liebhaber sein konnte. Das ganze Leben. Es wäre das Höchste und Größte gewesen ... Victoria, Liebe, entziehe Dich nicht, entziehe nicht das, was Du mir gibst. Nun gibst Du es mir auch in aller Stille.«

Am 22. Oktober 1937 schickte sie ihm einen Brief, in dem sie sich, selten genug bei ihr, zu politischen Äußerungen hinreißen ließ und Stellung zu Faschismus und Kommunismus nahm:

Buenos Aires, 22. Oktober 1937

Lieber Gille*,

was für eine Freude, einen so langen Brief von Dir zu erhalten. Du bist menschlicher geworden, im besten Sinne des Wortes, und dies zweifellos dank dieser »wundervollen« Frau (und wirklich wundervoll ist, dass Du es so ausdrückst). In ihr liebst Du das, was Dich an mir irritierte: Gesundheit, Optimismus ... Das sind die Wunder der Liebe ... Warum möchte sie nicht, dass ich Dir die Wahrheit sage? Du warst

* Victoria Ocampo nennt Pierre Drieu la Rochelle hier »Gille«, in Anspielung auf seinen 1938/39 veröffentlichten autobiographischen Roman *Gilles*.

für viele Frauen das »Hündchen«*, nicht wahr? Allerdings nicht für mich. Da ich nicht zur Gattung »Blume« gehöre, habe ich Dir auch keine Gelegenheit gegeben, zum »Hündchen« zu werden und das Bein zu heben.

Und nun zu Deiner Predigt über Politik: Du behauptest, dass es auf dieser Welt heute nichts anderes als den Faschismus oder Kommunismus gebe. Nun gut. Doch einige Zeilen weiter fügst Du hinzu: »Den Faschismus gibt es in Wirklichkeit gar nicht in Frankreich. Die Gruppe, der ich mich angeschlossen habe, ist nicht wirklich faschistisch.« Hat Dich der Verstand verlassen, Pierrot? – Ich frage mich, ob Du heute in politischen Dingen nicht genauso urteilst wie seinerzeit in Sachen Frauen, als wir uns kennenlernten. Unmöglich kannst Du Dich in das verliebt haben, was sich »Faschismus« nennt. Es muss sich um einen Irrtum handeln. Glaube doch nicht, dass der Faschismus für Freiheit und Geist weniger verheerend ist als der Kommunismus. Was ein Mussolini denkt, entsetzt mich. Was ich 1934 während eines Gesprächs mit ihm empfunden habe, war weniger der Wirkung seiner Worte geschuldet als seiner körperlichen Präsenz. Obwohl er mir rein äußerlich nicht unangenehm war; ich sage das, weil ich selbst darüber erstaunt war. Und auch, weil es beweist, dass ich über ihn entsetzt bin, trotz einer gewissen Anziehungskraft, die seine Stärke auf mich ausübte. So verabscheue ich zum Beispiel schon allein seine Ansichten über »die Frau«. Sie sind Grund genug, mich vom Faschismus absolut und endgültig fernzuhalten. In dieser Hinsicht sind die Kommunisten gerechter. Und der Faschismus ist Mussolini. Das wirst Du doch nicht in Frage stellen. Zumindest ist er seine vollkommenste Verkörperung. Doch genug davon!

Was die anderen betrifft (wenn ich L. kennengelernt hätte,

* Anspielung auf eine Bemerkung von Anna de Noailles über Drieu la Rochelle: »Drieu ist ein Hündchen, das Blumen anpinkelt.«

wüsste ich besser Bescheid; aber mir sind nur die letzten Ä..... der Partei begegnet), denke ich genauso wie Du, dass es sehr oft Heuchler sind, und von ihrer Heuchelei wird mir speiübel. Ich entferne mich mehr und mehr vom Kommunismus. Zweifellos gibt es aber auch »Aufrichtige« unter seinen Anhängern.

Ich bin weder für die einen noch für die anderen, und ich akzeptiere weder die einen noch die anderen. Insofern kann ich auch keinen Zugang zum Spiel der Politik finden. Ich bin und bleibe woanders. Weder Kommunist noch Faschist zu sein, heißt aber beileibe nicht, überhaupt keine Überzeugungen zu haben. Weder Kommunist noch Faschist zu sein, ist allerdings in diesen Zeiten schwierig. Und doch bedeutet eine solche Haltung weder fehlende Entschlusskraft noch mangelnde Begeisterung, sondern genau das Gegenteil. Man sollte bald etwas anderes finden, andernfalls STÜRZEN wir alle ab, glaub es mir. Man kann nicht leben, ohne mit einer Idee verbunden zu sein. Und wenn man nur halb an eine Sache glaubt, glaubt man im Grunde gar nicht daran. Ich traue weder den faschistischen noch den kommunistischen Göttern. Mein Reich ist nicht von ... der Welt der Politik*. (...)

Der Dialog riss nie ab. Die zwischen 1929 und 1944 ausgetauschten Briefe lassen allerdings immer wieder erkennen, wie sehr Victoria Ocampo über Drieus Gedanken über den Krieg und die Frauen erschüttert war. Doch beeindruckte sie gleichzeitig auch seine Konsequenz. Im Oktober 1942 schrieb sie ihm: »Ich weiß nicht, was Du wirklich denkst, aber ich weiß, dass Du es bist. Das allein zählt.« Immer wieder bekundete Drieu seine Sehnsucht nach ihren Gesprächen und schien plötzlich zu erkennen, dass er nichts über sie wusste, nicht wusste, was sie tat – dennoch behauptete er: »Ich weiß, wer Du bist. Ich habe

* Anspielung auf das Johannes-Evangelium (Joh 18,36): »Mein Reich ist nicht von dieser Welt.«

Dich geliebt und liebe Dich auf meine Art.« Die Briefe sind beredte Dokumente einer Geistesfreundschaft, die um die Gefährdungen der Epoche wusste, aber auch Zeugnis einer Anziehungskraft, die sich trotz der gedanklichen Differenzen niemals verlor.

Vor seinem ersten Selbstmordversuch am 12. August 1944 verfasste Drieu einen Abschiedsbrief an Victoria:

8, Avenue de Breteuil (VIIème, Paris)

Liebe Victoria,

Du kannst Dir nicht vorstellen, wie schön mein Tod ist. Es ist ein wundervoller Nachmittag, und mein weit geöffnetes Fenster schaut über Paris. In den letzten fünf Jahren bin ich um einiges gereift. Ich hatte das Glück, die indische Philosophie zu entdecken. Freude und Glückseligkeit. Mit der Politik ist es nichts. Niedere Gemüter. Ich habe keinen Hass gegen die Juden empfunden, doch um mit Marx zu sprechen: Sie sind durch den Kapitalismus deformierter als andere. Ich wünsche mir den Sieg des Kommunismus, aber: Was ist auf Seiten Shankaras?

Hast Du *Der Bolivianische Traum** gelesen? Ich habe meine bittere Verehrung für Dich dort hineingelegt. Keyserling? Der letzte Brief, den ich lese, stammt von ihm: Er hatte das Bedürfnis, mir für meinen letzten Atemzug noch etwas Intelligentes unter die Augen zu bringen.

Ich hätte Dich gerne noch einmal gesehen.

Umarme Angélica wie eine Schwester, die ihr Bruder küsst.

Ich umarme Dich, geliebte Victoria.

Pierre

* Pierre Drieu la Rochelles letzter Roman.

Drieu la Rochelle überlebte, da er rechtzeitig gefunden wurde. Am 16. März 1945 gelang ihm jedoch der Weg in den Tod. Er meinte, mit fünfzig Jahren alt genug geworden zu sein; Krankheit, Alter, allmähliches Dahinsiechen, schlecht hören, schlecht sehen – all das wollte er vermeiden. Seinen letzten Roman, *Der Bolivianische Traum*, in dem er sich Victoria Ocampo zum Vorbild für Doña Camilla nahm, hatte er noch beendet.

Erst im Jahr 1946 erhielt Victoria Ocampo, während eines Aufenthaltes in London, Drieus neuerlichen Abschiedsbrief – er hatte ein Jahr gebraucht, um sie zu erreichen.

«Die Indianerin mit den vergifteten Pfeilen« – Hermann Graf Keyserling in Buenos Aires

Nach ihrer Begegnung mit Hermann Graf Keyserling in Versailles lastete die Ankunft des »baltischen Dschingis Khan« auf Victoria Ocampo. Unter keinen Umständen sollte er noch in ihrem Haus wohnen. Und so ließ sie den Gast aus Europa im Plaza Hotel unterbringen, dem seinerzeit teuersten Hotel in Buenos Aires. Als Keyserling am 1. Juni 1929 im Hafen von Buenos Aires eintraf, war das Verhältnis von ihrer Seite so abgekühlt, dass der Empfang mehr als förmlich ausfiel.

Keyserling richtete sich in Salon und Schlafzimmer des Plaza Hotel ein, das ich auf meine Kosten reserviert hatte – so war es mit den Veranstaltern, die die Vorträge organisiert hatten, verabredet. Alle waren von ihm angetan, und er unterhielt sie auf das Glänzendste. Der Graf konnte sich nicht beklagen. Bei seiner Ankunft gab ich ihm zu Ehren einen Empfang, zu dem ich auf seine Bitte hin zahlreiche Intellektuelle und Leute von Rang und Namen eingeladen hatte. Die Crème de la crème der Gesellschaft. Aber er hörte und hörte nicht auf zu trinken, so hartnäckig, bis er am Ende ziemlich betrunken war. Halb im Rausch und mit dem ganzen Feuer seiner Eloquenz und seines Geistes bezauberte er die Gäste, brachte sie zum Lachen, während in mir die Wut entbrannte. Es war kaum auszuhalten. Umgeben von Professoren, Schriftstellern, schönen Frauen, stützte er sich mit einer Hand auf der Schulter, dem Kopf oder sogar dem Gesicht von Alfonso Reyes (seinerzeit Botschafter von Mexiko) wie auf einem Stock ab (Alfonso Reyes wirkte neben ihm sehr klein). In der anderen Hand hielt er ein Glas Champagner. So schwang er seine Reden. Da seine Gesten ebenfalls sehr eloquent waren, ging der Champagner bisweilen über Bord. Die Zuhörer wichen dann zurück, um nicht bespritzt zu werden, so wie Spaziergänger am Meer, wenn eine Welle auf sie zukommt. Wenn der Redner sich beruhigte, traten sie wieder vor. Ricardo Rojas flüsterte mir zu: »Bacchus persönlich!« – »Ja, ja«, antwortete ich und kochte innerlich vor Wut, denn ich fühlte mich verantwortlich für alles, was der Gründer der »Schule der Weisheit« von sich gab. Säufer und Vielfraß! Dass dich der Teufel hole! Mein Hass ließ mich erstarren, ein Hass, der sich aus der höchsten Bewunderung speiste, die jetzt von diesem Menschen bitter enttäuscht wurde. Ich erinnere mich, den Saal fluchtartig verlassen und mich in die Bibliothek zurückgezogen zu haben, bis alle gegangen waren. »Keyserling fragt nach dir. Er möchte dich sehen«, hieß es. »Er soll mich in Frieden lassen«, gab ich zurück. »Ich kann Säufer nicht ausstehen.«

Als Victoria Ocampo in *El Viajero y una de sus sombras* ihre Eindrücke zusammenfasste, schloss sie sich ganz einer Beschreibung Keyserlings von Rom Landau in *God is my adventure* an: »›Großer Trinker, Vielfraß, Großsprecher, überschäumend von Vitalität, strotzend, selbstherrlich, infantil, hochmütig, genialisch und eigenmächtig in seinen Interpretationen.‹ Dies war der Keyserling, wie er in Buenos Aires auftrat.«

Keyserling wiederum hätte sich von Victoria Ocampo einen anderen Empfang gewünscht, eine andere Bereitschaft, eine andere Großzügigkeit als nur die materielle. Die Idolatrie seiner Adeptin, so fand der Besucher, war in Ikonoklastik umgeschlagen. Eine Entdeckung, die für ihn einer »seelischen Katastrophe« gleichkam und ihn in eine tiefe Krise stürzte, denn er hatte diese »phantastische« Frau, die auf »märchenhafte Weise« zu ihm gefunden hatte und der er eine »Urnatur von primordialer Wucht und Macht« attestierte, eine doppelte Rolle zugedacht: Sie sollte ihm Mutter und Muse zugleich sein. Ihm schien, dass der »indianisch raffinierten Südländerin jeder Sinn für nordisches Recken- und Berserkertum fehlte – sie empfand mein Irdisches als mit dem ihrem inkompatibel«. Victoria Ocampo hingegen stellte fest: »Keyserling hat mir nicht zugehört und mich nicht verstanden. Er hörte niemandem zu und verstand keinen anderen außer sich selbst. Schritt für Schritt wehrte ich mich gegen sein Programm, das darin bestand, die vollkommene Verbindung in der körperlichen Vereinigung zu erreichen.«

Seine große Enttäuschung über den kühlen Empfang seiner Angebeteten ließ den Grafen misstrauisch werden, so dass er sie ständig verdächtigte, etwas gegen ihn und hinter seinem Rücken zu unternehmen. Als einmal ihr Chauffeur, über den er frei verfügte, nicht zur Stelle war, wurde er seiner Gastgeberin gegenüber unangenehm und grob. Victoria Ocampo versuchte jeden engeren Kontakt zu vermeiden, um nur keine neuen Missverständnisse aufkommen zu lassen. Doch plötzlich erkrankte er, und sie fühlte sich verpflichtet, ihn aufzusuchen. Sein Bett war viel zu kurz, wie sie feststellen musste, und er trug einen lachs- oder orangefarbenen Schlafanzug. Halb angeekelt, halb feindlich begegnete sie ihm, obwohl er als Kranker offenbar besser auszuhalten war als in seiner gewohnten Verfassung.

Dann sollte Keyserling zu Vorträgen nach Chile reisen, wünschte jedoch sein Apartment weiter zu behalten. Victoria Ocampo ist empört, zumal er im teuersten Hotel der Stadt residierte. »Die Indianerin mit den vergifteten Pfeilen«, so ließ Keyserling Ricardo Seeber, den Präsidenten der Sociedad Cultural Argentino-Germana wissen, wolle ihn anscheinend auflaufen lassen. Unterdessen erfuhr Ocampo von Keyserlings Arzt Moner einiges über ihr »Verhältnis« zu dem Grafen.

Moner erzählte mir, dass der »Graf«, wie er ihn nannte, ihm anvertraut habe, dass ich mit ihm in Versailles ein Liebesverhältnis eingegangen sei. Nachdem ich ihn dort animiert, ihn mit meinem Charme eingewickelt und ewige Ergebenheit geschworen hätte, ließe ich ihn hier in Buenos Aires ohne eine weitere Erklärung fallen. Die große Liebe zu ihm sei offenbar in Hass umgeschlagen (ein Vorgang, der Psychoanalytikern vertraut ist). Eifersüchtig auf Goedela Bismarck, seine Frau, hätte ich gewünscht, dass sie sich scheiden ließen, um ihren Platz einzunehmen. Auf all dies ließe mein Verhalten verschiedentlich schließen, zum Beispiel hätte ich bei dem Mittagessen, das ich ihm zu Ehren gegeben habe, ihn nicht zu meiner Rechten sitzen lassen, wie es einem Ehrengast gebührte, sondern ihn am anderen Ende des Tisches, mir gegenüber, untergebracht, als ob er mein Ehemann wäre ... Es stimmt, dass wir diese Plätze eingenommen hatten, nur dass ihre Verteilung andere Gründe hatte. Ich konnte die physische Nähe von Keyserling beim besten Willen nicht ertragen. Ihn gleichzeitig essen und sprechen zu sehen, ging über meine Kräfte. Ich fürchtete den Moment, in dem ich meine Serviette hinschmeißen und den Speisesaal fluchtartig verlassen würde. Wenn wir jemanden verabscheuen, mit ihm jedoch am selben Tisch sitzen müssen, dann reicht es schon, wenn man dabei zusehen muss, wie er das Fleisch schneidet, wie er seine Gabel oder sein Messer hält, wie er trinkt, wie er kaut ... So war es mir bereits mit meinem Mann ergangen, der immerhin anständig gegessen hatte, während Keyserling sich bei Tisch in einen gierigen, tölpelhaften Riesen verwandelte. Kurz: Ich war darum bemüht, zwischen uns die größtmögliche Entfernung herzustellen, um von meiner Kurzsichtigkeit zu profitieren.

Moners Offenbarungen machten mich krank vor Wut. Ich wollte Keyserling auf der Stelle umbringen, ob er sich nun in Bolivien, in Chile oder sonst wo aufhielt. Eine Liebesbeziehung mit ihm war so absurd wie mit dem Großen Lama oder mit Vercingetorix. Gewiss hatte ich ihm leidenschaftliche Briefe geschrieben; jetzt erhielt ich die Quittung für meine einfältige Bewunderung. Ich hätte mir eher den Kopf abschlagen lassen, als mir irgendeine Intimität mit diesem Monster zu erlauben, nicht einmal einen Kuss auf die Wange. Moner versuchte mich zu beruhigen und begriff (das hoffte ich zumindest), dass die Geschichten des Grafen einem interpretatorischen Wahn höchsten Ausmaßes entsprangen. Ein anhaltendes Ekelgefühl befiel mich. Moner riet mir, die Rückkehr des »Grafen« abzuwarten und eine Erklärung von ihm zu verlangen. Schließlich hatte er mich davon überzeugt (was ich noch immer bedaure) und erklärte die Sache mit einem Anfall von Demenz bei Keyserling (oder etwas ähnlichem).

In einem Brief vom 13. August 1929 warf Victoria Ocampo Keyserling seine »Ungerechtigkeit« vor, obschon sie wusste, dass ihm dieses Wort nichts bedeutete. Sie schickte ihm seine Post nach und regelte geschäftliche Dinge für ihn. Plötzlich meldete sich der ihr bis dahin unbekannte Botschaftssekretär von Deutschland, Alexander von Wuthenau, und bat um ein Gespräch – wie sich später herausstellte, war Goedela von Bismarck, Keyserlings Ehefrau, mit ihm verwandt. Victoria Ocampo empfing von Wuthenau noch am selben Tag, am 19. August 1929, abends um zehn Uhr, und musste sich anhören, dass Keyserling ihr unterstellte, ihm nicht alle Briefe nachzuschicken.

Ein wenig unbehaglich erklärte von Wuthenau, dass Keyserling ihm aufgetragen habe, mit mir über seine Korrespondenz zu sprechen. Die Post kam bis zu diesem Zeitpunkt zu mir ins Haus (weil der Graf es in Darmstadt so angeordnet hatte); in Zukunft sollte sie aber an die deutsche Botschaft geschickt werden. Ich versicherte von Wuthenau, dass ich mich darum kümmern und die Post Keyserling nachschicken würde, wohin auch immer er es wünschte; dass ich sie ihm bisher gewissenhaft und mit der größten Eile nachgesendet hätte. Während wir uns unterhielten, fragte ich mich, was dieser Verrückte der Botschaft wohl erzählt hatte. Was bedeutete dieses Manöver? Ich musste es sofort erfahren. Dieser Junge ist ein guter Mensch, dachte ich, auch gerade weil er sich so unbehaglich fühlt. Man sollte offen miteinander reden.

Wuthenau, der um zehn Uhr abends gekommen war, verließ meine Wohnung erst wieder um zwei Uhr morgens. Ich erzählte ihm die Geschichte meiner Bewunderung des *Reisetagebuch*-Autors und der verqueren Situation in Versailles. Er wiederum berichtete von den Maßnahmen Keyserlings gegen mich und von den Gründen, warum sich die Botschaft künftig um seine Post kümmern sollte. Wie ich aus allem verstand, befürchtete Keyserling, dass ihm bei seiner Rückkehr nicht mehr die Zimmer im Plaza zur Verfügung standen. So hatte er den Botschafter gebeten, ihn in der Botschaft unterzubringen, sollte dieser Fall eintreten. Was die Briefe anging, verdächtigte er mich, dass ich sie bei mir zurückbehielt, um ihn zu ärgern oder aus Eifersucht. Wuthenau war peinlich berührt und schlug mir vor, mit dem Botschafter zu sprechen, um von der Botschaft aus etwas zu unternehmen. Aber ich wollte keinen Skandal, mir graute davor. Allerdings bat ich darum, Keyserling zu veranlassen, mir, soweit noch vorhanden, alle Briefe und Telegramme zurückzuschicken, die ich ihm seit 1927 geschrieben hatte. Von Wuthenau zögerte keinen Moment, mir diese kleine Bitte zu erfüllen.

Mit einem Brief aus Chile, datiert auf den 15. September 1929, versetzte Keyserling seiner Beziehung zu Victoria Ocampo den Dolchstoß. Der Graf erging sich zunächst in Gedanken über Recht und Gerechtigkeit, zeigte Verständnis, jedoch nur theoretisch, und fühlte sich aufs Empfindlichste verletzt. Wenige Zeilen später wurde er jedoch deutlich. In Buenos Aires habe Victoria ihr wahres Gesicht gezeigt, den eigenartigen Rhythmus ihrer Natur, den auch ihr Ehemann zu spüren bekommen habe. Keyserling beteuerte, er wolle überhaupt nicht persönlich werden. Er habe das »Abenteuer« gut überstanden und sich daran sogar weiterentwickelt. In Kürze würden sie beide nicht mehr die Jüngsten sein; und mit den Jahren stelle sich sicherlich auch bei ihr eine objektivere und weniger persönliche Sicht auf die Dinge ein. »Ich würde Sie bei meiner Durchreise in Buenos Aires lieber nicht mehr sehen; aber in Anbetracht dessen, was Sie offensichtlich für mich getan haben, sehe ich keine Möglichkeit, Ihnen ein Wiedersehen abzuschlagen, falls Sie es verlangen.«

Victoria Ocampo war hart getroffen, besonders von diesem letzten Satz.

Ich hätte meinen Ekel auf Keyserling erbrechen können, hätte eine Entscheidung treffen wollen, die ich hinterher vielleicht bereute … ›Falls Sie es verlangen‹, nein, nein, ich verlange nichts und werde auch nichts von jemandem verlangen, der meint, keine Möglichkeit zu sehen, etwas abzuschlagen.

Jede weitere Diskussion mit Keyserling erschien Victoria Ocampo nun überflüssig. In ihrem Brief vom 25. September 1929 an den Grafen zog sie gewissermaßen ein Resümee:

Jeder einzelne Satz Ihres Briefes aus Chile, egal welcher, reicht, um mir deutlich zu machen, wie unnütz jede weitere Erklärung ist. Auch werde ich nicht auf Ihre Beschuldigungen in Bezug auf meine Oberflächlichkeit eingehen, die ich Ihnen sowie meinem Ehemann gegenüber an den Tag gelegt hätte. Wozu noch? Ohne Polemik: Wenn Sie mich so schlecht kennen, dass Sie derartiges annehmen, dann ist jede Rechtfertigung überflüssig.

Was in Versailles geschah, ist mir auf das Schrecklichste unvergesslich. Die ganze Hingabe, die ganze Bewunderung, mein ganzer Eifer wurden durch Ihre Haltung zerstört.

Meine große Schuld sehe ich darin, Ihnen nicht auf der Stelle deutlich gemacht zu haben, dass meine physische Abneigung Ihnen gegenüber genauso stark war wie der geistige Enthusiasmus, den ich Ihnen entgegenbrachte. Anstatt diesen kurzen und brutalen Weg zu nehmen, fühlte ich mich aus Liebe zu Ihrem Talent und zu Ihrem Werk verpflichtet, zu schweigen. In gewisser Hinsicht opferte ich mich, war wie gelähmt, weil mein einziger Gedanke war, Sie nicht zu verletzen … Weder durch mein Handeln noch in Gedanken. Für meine Zurückweisung, den Wunsch, uns nur im Geistigen zu treffen, hatte ich Ihnen Gründe genannt. Es waren nicht die einzigen, die ich hätte vorbringen können. Zumal einer der tieferen und hinreichenden Gründe war, dass ich Sie nicht liebte (ich spreche von einer Liebe, wie sie zwischen einem Mann und einer Frau entstehen kann; wenn ich einen Mann geliebt habe, so habe ich mich ihm hingegeben).

Sie hatten nicht bemerkt, wie ich litt und wie Sie – vielleicht ohne es zu wollen – mich quälten. Sie sind, wie viele selbstzufriedenen Menschen, dem anderen gegenüber taub. Und wenn ich während Ihres Aufenthaltes in Buenos Aires hart zu Ihnen gewesen bin, dann weil ich bis auf den Grund von Ihnen verletzt worden war. Ich werde keinen Groll mehr gegen Sie hegen, wenn dieser schmerzhafte Aufruhr besänftigt ist. Sie haben mir in jeder Hinsicht und in diesem Augenblick meines Lebens großes Leid zugefügt; ich bin in einer schlimmen seelischen Verfassung.

Ich weiß, dass Sie über mich gesprochen haben, und obwohl ich nicht an Ihrem guten Willen zweifle, weiß ich auch, dass Sie sich in der unsinnigen Weise, wie Sie mich beurteilen, geirrt haben. Wenn Sie noch an Grundsätze der Loyalität glauben, dann hören Sie bitte auf, über mich zu sprechen. Über Moner habe ich erfahren, dass Sie ihm zu verstehen gaben, wir hätten in Versailles eine *»love affair«* gehabt. Sie wissen sehr genau, dass das nicht stimmt und dass schon allein diese Behauptung mich in Rage versetzen muss.

Ich brachte Ihnen großes Vertrauen entgegen und sprach zu Ihnen, wie ich zuvor nie zu jemandem gesprochen hatte. Sie veranlassten mich, Ihnen Dinge anzuvertrauen, die mich zu erzählen schmerzten. Sie standen für mich jenseits des menschlichen Elends. Ich fühle mich von Ihnen verraten, ich *weiß* mich von Ihnen verraten. Mein Verstand verlangt keine Rache, weil ich glaube, dass Sie – ich wiederhole es – dem Nächsten gegenüber taub sind. Meine Seele kann nur bluten und vergessen. Adios.

Keyserling hielt sich nach seiner Rückkehr aus Chile nur noch drei, vier Tage in Buenos Aires auf. Victoria Ocampo mied ihn, so weit es ging. Sie nahm lediglich an einem gemeinsamen Mittagessen im Jockey Club teil, bei dem man jedoch ebenfalls jeder direkten Konfrontation aus dem Weg ging. Nach dem Zerwürfnis wurden unter Einschaltung der Botschaft von beiden Seiten sämtliche Briefe an ihren Absender zurückgeschickt. Die meisten, die sie aus Darmstadt erreichten, erfüllten Victoria Ocampo mit Schrecken und Entsetzen. Sie vernichtete sie und behielt nur einige besonders aussagekräftige zurück.

Als sie später, nach ihrem Erscheinen in spanischer Übersetzung, die Keyserling'schen *Südamerikanischen Meditationen* las, war sie entrüstet über die Darstellung der südamerikanischen Frau, in der sie sich wiedererkennen musste, sie bezeichnete sie als skandalös und beleidigend. Zunächst versagte sie sich jedoch eine öffentliche Stellungnahme, ließ lediglich in der von ihr gegründeten Zeitschrift SUR zwei kritische Rezensionen abdrucken – und Zeit vergehen.

SUR: Ein kulturelles Ereignis

Vor der Zeitschriftengründung: Le Corbusier, Waldo Frank, Sergej Eisenstein

Allmählich begann Victoria Ocampo sich vom Keyserling-Alptraum zu erholen, umso mehr als Ende 1929 zwei Personen nach Buenos Aires kamen und sie von dem Vorfall ablenkten: Le Corbusier und Waldo Frank.

Schon lange begeisterte sich Victoria Ocampo für die moderne Architektur, vor allem für die neue Sachlichkeit eines Le Corbusier und für den Bauhaus-Stil eines Walter Gropius. 1927 hatte sie nach ihren Vorstellungen ein Haus in Mar del Plata bauen lassen, die Villa Victoria. Das Haus gefiel Le Corbusier. Es war schlicht, einfach, nüchtern und zweckmäßig; es gab nichts Überflüssiges darin. Es stand in einer wenig bewohnten Gegend und war von allen Seiten vom Meer umgeben – das machte seine ganze Schönheit aus.

Nun begegnete sie ihm wieder, dem Erneuerer der Baukunst, einem Menschen, der ihr durch seine besondere Ausstrahlung auffiel. Manisch von seinem Beruf besessen, schien er sich für nichts anderes als noch für die Malerei zu interessieren. In seiner glasklaren Art, immer aktiv in seinem Metier, war er heilsam für Victoria Ocampo in diesem Moment ihres Lebens. Gerade entstand ihr neues Haus in der Calle Rufino de Elizalde, das nach ihren Plänen von Alejandro Bustillo erbaut wurde – Ausdruck ebendieser neuen Funktionalität und Sachlichkeit. Dieses Haus verschaffte ihr ein neues Wohlgefühl. Sie richtete es mit Möbeln und Gardinen aus Paris ein, ordnete ihre Bücher, war fasziniert von der Harmonie, die die ausgesuchten Gegenstände ausstrahlten: kein besonderer Luxus, weiße Wände, grau gestrichene Türen, ein Esstisch aus Mahagoni, Canapés mit zwei Sesseln, ein Klavier, ein paar alte Möbel, und Übriges aus dem Kaufhaus *Printemps.* Victoria Ocampo war keine Sammlerin von Wertgegenständen, von Bildern, Skulpturen oder Teppichen; sie liebte die einfachen Dinge, aber keine Imitationen wie die üblichen falschen Louis XV- und Chippendale-Möbel. Auffallender Schmuck waren nur ein Teppich von Picasso und ein Wandteppich von Léger. Mit einem gewissen Stolz registrierte Victoria Ocampo, dass ihr Haus den vollen Zuspruch von Le Corbusier findet.

Als Victoria Ocampo und der nordamerikanische Schriftsteller Waldo Frank 1929 in Buenos Aires zusammentrafen, kam durch seine Anregung die Idee auf, eine neue Kulturzeitschrift in Argentinien zu gründen. Frank war überzeugter Vertreter eines umfassenden Panamerikanismus, den die USA aus wirtschaftlichen Interessen stark förderten.

1929 war Waldo Frank gerade um die vierzig, Victoria Ocampo beschreibt ihn in ihren Aufzeichnungen so:

Rundes Gesicht, Nase, Mund und Augen klein, von mittlerer Statur, langsam in seinen Bewegungen, empfindlich wie ein Argentinier, egoistisch und großmütig, eine Mischung aus Mystizismus und Sensualität, stolz auf sein Vaterland und zugleich von ihm enttäuscht. Er erweckte in mir das Interesse an den Vereinigten Staaten, an seinen Schriftstellern, an seinen Städten.

Allerdings zögerte sie zunächst, wie von ihm gewünscht, nach New York zu reisen; zu jener Zeit war ihr diese Unternehmung noch allzu groß erschienen.

So fuhr sie am 15. Dezember 1929 erst einmal nach Paris, ein Freund überließ ihr seine Wohnung, Boulevard Flandrin, am Bois de Boulogne, und wieder lernte sie eine Reihe interessanter

Autoren und Künstler persönlich kennen, darunter Strawinsky, Jean Cocteau, Leo Ferrero, Jacques Lacan (den sie nicht sonderlich sympathisch fand, eher überheblich) und Benjamin Fondane, einen französisch-rumänischen Autor. Auch mit Drieu la Rochelle traf sie wieder zusammen, innerlich hatte sie nie mit ihm abgeschlossen, doch missfiel ihr seine Einstellung gegenüber Frauen immer mehr.

Im Frühjahr 1930 besuchte Victoria Ocampo von Paris aus Tagore in Cap Martín, in der Villa von Otto Kahn*. Delia del Carril und Fani begleiteten sie im Wagen. Tagore hatte sich einem neuen Hobby hingegeben, dem Zeichnen und der Aquarellmalerei, und so schlug sie ihm eine Ausstellung in Paris vor – die sie tatsächlich organisierte und für die sie auch Anna de Noailles gewinnen konnte: Die Dichterin verfasste ein Vorwort für den Katalog.

Von Paris aus wagte Victoria Ocampo im Juni 1930 endlich den Sprung nach New York. Waldo Frank wollte sie für all das begeistern, was er als authentisch amerikanisch ansah. Zunächst aber lernte sie im Haus des Millionärs Otto Kahn auf Long Island den bedeutenden russischen Filmregisseur Sergej Eisenstein kennen. Zusammen verbrachten sie einige Tage in Harlem, nahmen an einem sehr bewegenden Gottesdienst mit Schwarzen teil, von dem Victoria Ocampo später noch voller Ergriffenheit ausführlich ihrer Schwester Angélica berichtete. Victoria Ocampo bewegte die intensive Hingabe der Schwarzen an ihre Religion, das Gemeinschaftsgefühl der Gläubigen, in das sie einbezogen wurde, und nicht zuletzt die lebendige, innige Beziehung zur Musik, die sie auf eigene Art zeitlebens selbst ausgezeichnet hat. So begeisterte sie sich bei jenem Besuch in New York auch für den Jazz, und noch in hohem Alter entdeckte sie als eine der Ersten in Argentinien die Beatles. Es war ihre authentische, bis-

* Otto Hermann Kahn (1867-1934), Bankier und Unternehmer in den USA, wurde als Mäzen insbesondere der Metropolitan Opera in New York bekannt.

weilen fast kindlich-überschwängliche Begeisterung für Neues, für das sie immer offen blieb.

Zwischen Ocampo und Eisenstein entwickelte sich während ihres Aufenthaltes in den USA eine Freundschaft, die in Briefen weitergeführt wurde – bedauerlicherweise nicht in dem gemeinsam geplanten Filmprojekt über Argentinien, wie es dann in Mexiko mit einer überwältigenden dokumentarischen Poesie realisiert wurde *(Qué viva México!)*.

Die Rückkehr nach Buenos Aires bedeutete für Victoria Ocampo nicht nur das Wiedersehen mit geliebten Menschen und Dingen. Außerdem stand die Gründung einer Zeitschrift bevor, von deren Notwendigkeit Waldo Frank sie endgültig überzeugt hatte. 1931 wurde SUR aus der Taufe gehoben, und so formuliert es Ocampo auf der letzten Seite im letzten Band der *Autobiografía*:

Ab diesem Moment geht meine persönliche Geschichte mit der Geschichte der Zeitschrift zusammen. Alles was ich sagte, tat oder schrieb, erscheint in SUR und wird auch, solange die Zeitschrift besteht, dort erscheinen. Es wurden mehr als 200 Ausgaben gedruckt, sie schufen mir mehr als 200 Probleme. Und noch mehr Kopfschmerzen. Auch das habe ich innerhalb und außerhalb von SUR gesagt. Ich weiß nicht, ob die Zeitschrift mich überleben wird. Ich weiß auch nicht, ob ich irgendwann diese Erinnerungen weiterschreiben werde. Im Moment jedenfalls nicht.

San Isidro, Frühling 1953.

Die entscheidende Rolle Waldo Franks

Waldo Frank (1889–1967) war US-Amerikaner, Schriftsteller und Kulturkritiker, der zusammen mit Van Wyck Brooks und Bourne die kurzlebige, aber einflussreiche Zeitschrift *The Seven Arts* herausgab. Er gehörte zur Gruppe der *cultural nationalists*, die auf die Entstehung einer genuin amerikanischen Kunst und Kultur im Zeichen der Moderne hofften. Über Waldo Frank lernte Victoria Ocampo auch den Fotografen, Galeristen und Kunsttheoretiker Alfred Stieglitz kennen, der sie interessierte, weil er zu den wichtigsten Personen gehörte, die sich dem Einfluss der europäischen Avantgarde auf die amerikanische Kunst bewusst waren, ihn reflektierten und darstellten.

Waldo Frank war darüber hinaus einer der raren Kenner und Liebhaber Südamerikas, in den Gesellschaften des südlichen Amerikas sah er so etwas wie eine idealistische Vorstufe zum »Maschinenurwald« der USA. Frank hatte bereits das Buch *America Hispana* veröffentlicht und den Gauchoroman *Don Segundo Sombra* von Ricardo Güiraldes übersetzt. Er war die Kraft, die Victoria Ocampo zur Gründung der Zeitschrift antrieb. Auch die Briefe, die er ihr vom Ende des Jahres 1929 bis in das Jahr 1933 schrieb, legen Zeugnis ab von einer treuen und loyalen Unterstützung der Sache, von anhaltender Ermutigung bei Selbstzweifeln und Unsicherheiten, Hilfestellung in praktischen und organisatorischen Fragen. Allerdings wird auch immer wieder deutlich, dass der ursprünglich von Ocampo und Frank vorgesehene panamerikanische Schwerpunkt von Victoria Ocampo zunehmend sichtbar durch ihren persönlichen Fokus auf das europäische Geistesleben ersetzt wurde.

Gründe für Selbstzweifel boten sich genug, praktische und organisatorische Probleme ohne Zahl kamen hinzu, denen Victoria Ocampo nur ihre Entschlossenheit und ihr rückhaltloses Engagement entgegensetzen konnte.

Zunächst gab es ein finanzielles Problem: Victoria Ocampo, die zeitlebens als begütert galt und oft genug als »die argentinische Millionärin« bezeichnet wurde, hatte zwar ihr beträchtliches Erbteil, das ihr nach dem Tod ihres Vaters zugefallen war, miteingebracht; über die Jahrzehnte des Bestehens von SUR bedurfte es jedoch zweier weiterer ererbter Vermögen (das von

Victorias Großtante Vitola und das ihrer Taufpatin), die Victoria Ocampo im Laufe ihres Lebens im Wesentlichen für SUR verbrauchte. Bis auf die Nummer 1, in 4000 Exemplaren aufgelegt und sehr schnell ausverkauft, brachte die allein von ihrer Gründerin finanzierte Zeitschrift in den fast vierzig Jahren, in denen es sie gab, mehr oder weniger nur Verluste. Als Victoria Ocampo wenige Jahre vor ihrem Tod Villa Victoria und Villa Ocampo der UNESCO vermachte, tat sie das auch, weil sie auf Dauer nicht einmal die Steuern mehr bezahlen konnte. So erfüllte sich noch, wenn auch erst nach turbulenten und kulturell höchst fruchtbaren Jahrzehnten, die Prophezeiung von Victorias Vater Manuel Ocampo: Kurz vor seinem Tod erfuhr er von ihren Zeitschriftenplänen und meinte, dass sie sich damit ruinieren würde.

Wie es dazu kam, dass die eigentlich auf diese Aufgabe überhaupt nicht vorbereitete und dafür auch nicht geeignet scheinende Victoria Ocampo die Gründung von SUR wagte – der erste Sitz war in der Calle Viamonte –, darüber legt sie selbst in der ersten Ausgabe der Zeitschrift im Jahre 1931 Zeugnis ab:

Brief an Waldo Frank

Es begann mit einem Spaziergang durch unser Viertel Palermo, an einem Nachmittag im Oktober 1929. In der Luft hingen, gleich einem dichten Nebel, die Schwere eines Gewitters und der Duft von Rosen und Erde; wir bemerkten die Schwüle nicht. Da warfen Sie mir mit aller Heftigkeit mein untätiges Wesen vor. Ich konterte, nicht weniger heftig, dass Sie mich völlig unbegründet bestimmter Tätigkeiten für fähig hielten. Jetzt kam zum ersten Mal auch der Name der Zeitschrift – sie hatte bis dahin noch keinen – zur Sprache.

Schwer beschäftigte Menschen warten manchmal darauf, dass eine unfreiwillige Unterbrechung sie zur Ruhe nötigt. Und die, die nichts zu tun haben, warten manchmal darauf, dass ihnen die Umstände irgendeine Aufgabe oder Pflicht zutragen. Vielleicht hatten Sie, gütiger Freund, erkannt, wie es um mich stand, und haben auf diese Weise entschieden, dieser besondere Umstand zu sein. Nie wäre ich von allein auf den Gedanken gekommen, eine Zeitschrift zu gründen. Und ich glaube, ohne Ihr ständiges Drängen, das meine Zweifel verscheuchte, hätte ich über diese Angelegenheit auch nicht weiter nachgedacht. Wie Sie wissen, handelte es sich hier nicht um falsche Bescheidenheit. Es handelte sich ganz einfach um einen Arbeitsbereich, mit dem ich nur gelegentlich in Berührung kam. Und so konnte ich auch nicht Dinge in Angriff nehmen, an die ich noch nie zuvor gedacht hatte.

Sie warfen mir vor, schüchtern zu sein. Es ist wahr, ich leide unter Schüchternheit. Aber es ist eine Schüchternheit, gegen die ich angehe. Bisweilen kann sie alles zunichtemachen, dennoch hat sie noch nichts Wesentliches verhindert, das heißt, mich meiner Möglichkeiten nicht beraubt, wenn es darum ging, irgendetwas auf meine Art und Weise zu realisieren. Wenn Sie mich gebeten hätten, Gedichte in der Öffentlichkeit zu lesen, wenn Sie mich gebeten hätten, Räume zu dekorieren oder Ihnen zu schreiben, was ich von einem Ihrer Bücher halte, hätte ich keine Schüchternheit gekannt.

Sie wollten mich aber an der Spitze einer Zeitschrift sehen, und das ist etwas ganz anderes. Hier war Schüchternheit auch durch Vernunft und Erfahrung begründet.

In der letzten Woche Ihres Aufenthaltes in Buenos Aires kamen wir immer wieder auf die Zeitschrift zurück. Sie gingen stets in die Offensive; ich leistete passiven Widerstand, welcher der englischen Hartnäckigkeit in Indien bestimmt in nichts nachstand. Es kam der Tag Ihrer Abreise. Noch hatten Sie mich nicht zu einer definitiven Entscheidung bewegen können. Und dennoch, Sie hatten mich mit Gewissensbissen, Skrupeln und Plänen zurückgelassen. Es war die Morgenröte Ihres Triumphes. Ich versprach, dass wir in New

York die Diskussion fortführen würden. Nach Ihrer Abreise blieb ich wie eine Kranke zurück, deren Krankheit zwar noch nicht deutlich ausgebrochen war, doch hätte kein Arzt ihren Ausbruch mehr verhindern können.

Als ich dann nach Europa fuhr, breitete sich der Gedanke an eine Zeitschrift wie ein neuralgischer Schmerz aus, der sich nicht genau lokalisieren lässt, der mal im Rücken und mal im Ellenbogen oder in den Zehen auftritt! Andere, die meist besser über unser Leben im Bilde sind als wir selbst, fragten mich: »Sie werden also eine Zeitschrift gründen?« Ich war völlig verstört, so als ob sie in mein Zimmer getreten wären, ohne anzuklopfen. Ausgesprochen zu hören, was für mich selber noch ein Geheimnis war, traf mich wie ein Schock.

In Paris angekommen, sah ich, dass mir das Zeitschriftenprojekt bereits vorausgeeilt war. Wenn andere es erwähnten und darüber sprachen, erschien es mir unwirklich und absurd. Ein derartiges Zerrbild war auch durch Erklärungen oder Richtigstellungen nicht zu erschüttern. Nur die Zeitschrift würde es korrigieren können. Ich sage absichtlich Zerrbild, denn ich wurde allen Ernstes gefragt, ob meine Zeitschrift Europa den Rücken kehren wollte. Wahrscheinlich, weil ich einmal geäußert hatte, dass es ein Anliegen der Zeitschrift sei, die Probleme, die uns, den Amerikanern, lebenswichtig sind, in Angriff zu nehmen! Europa den Rücken kehren! Halten Sie diese Frage nicht auch für ungemein lächerlich? Natürlich müssen wir, ob wir wollen oder nicht, sowohl äußerlich als auch innerlich einer Sache den Rücken kehren, wenn wir uns anderen zuwenden. Das muss aber doch nicht bedeuten, dass wir uns, im übertragenen Sinne, von allem abwenden. Wenn ich schlafen gehe, lege ich mich mit dem Gesicht nach unten und kehre dem Himmel meinen Rücken zu. Wenn ich mich aber nur ausruhen möchte, strecke ich mich auf dem Rücken aus und kehre ihn der Erde zu. Gott weiß dennoch, wie sehr ich sowohl seinen Himmel als auch seine Erde verehre.

Glücklicherweise konnte ich, als ich mit Freunden darüber lachte, den Ärger über diese Unterstellungen vergessen. Ich erinnere mich an ein Essen in Paris: Ramón machte sich lustig über die Schwierigkeiten, die des unglückseligen Leiters einer Zeitschrift harrten, einer Zeitschrift, wie Sie sie mir vorgeschlagen hatten. Wie soll man Leute miteinander versöhnen, die sich nicht ausstehen können? Wie zum Beispiel die amerikanischen Staaten, die wie Hund und Katze sind. Drieu meinte: »Frank und Victoria sind offenbar imstande, sich von all dem nicht beeindrucken zu lassen. Wie naiv sie doch sind.« *Honni soit qui mal y pense*. Drieu wollte damit wohl sagen, dass wir Amerikaner sind, und dass die Naivität bei uns noch echt ist. Aber genau das ist es ja, was Wunder wirken kann. Ich meine, wenn Amerika jung ist, die Welt aber nicht mehr, gleicht unser Kontinent Kindern, deren Kindheit verwelkt, wenn sie ausschließlich unter Erwachsenen sind. Natürlich glaubt Amerika nicht mehr an Märchen, möchte aber immer wieder welche haben, möchte an sie glauben, und so muss es neue erfinden. Und das wird das Wunder sein.

Ich wollte nach Buenos Aires via USA zurückkehren. Erinnern Sie sich noch an meinen Aufenthalt in New York? Erinnern Sie sich noch, wie enttäuscht Sie waren, dass ich beim Anblick der Wolkenkratzer und beim Rhythmus des Jazz die Zeitschrift ganz zu vergessen schien? Eines Abends, wir aßen im Child's, gingen Sie mit mir hart ins Gericht. Ihre lange Predigt endete mit den Worten: »Wenn Sie die Zeitschrift nur so oberflächlich interessiert und Sie von anderen Dingen so leicht abgelenkt werden können, sollten Sie von dem Projekt ablassen.« Sie sahen, wie sich meine Augen mit Tränen füllten (die dann auf die grünen Bohnen auf meinem Teller fielen). Ich war verärgert und gerührt zugleich. Verärgert über meine eigene Betroffenheit und gerührt über diese Härte und Entschiedenheit, wie sie nur ein Freund auszudrücken vermag. Sie hatten recht. Das heißt, Sie hätten recht gehabt, wenn es so gekommen wäre, wie Sie befürchtet hatten. Noch am selben Abend, nachdem Ihr Zorn verflogen war, gaben Sie allerdings zu, wie sehr Sie mich verstehen konnten, wenn ich von New York so hingerissen war und alles andere dabei vergaß. Wer könnte dies besser verstehen als Sie! Als ich in Brooklyn an Bord ging, waren wir uns beide sicher, dass es die Zeitschrift geben würde.

Sie, Waldo, hatten mir diese Aufgabe auferlegt. Einmal überzeugt, habe ich sie von Ihnen angenommen wie ein kostbares Geschenk. Ich meinte auch wegen der Freunde, die um mich waren und denen ich vertraute, annehmen zu können. Dank Ihrer Hilfe ist alles möglich geworden! Diese Zeitschrift wird nicht meine Zeitschrift sein, sondern die meiner Freunde und die Ihre. Sie wird der Ort sein, an dem wir uns beständig begegnen werden.

Ich weiß nicht, ob Sie zum jetzigen Zeitpunkt schon an einen Namen denken. Er wurde telefonisch, quer über den Ozean, gefunden. Offenbar war die Weite des Atlantiks für diese Taufe vonnöten ... Wir hatten zahlreiche Namen im Kopf, konnten uns aber nicht auf einen einigen. Dann rief ich Ortega in Spanien an. Die Leute dort haben ja ohnehin die Angewohnheit, uns zu taufen ... Ortega zögerte keinen Augenblick. Unter den zahllosen Namen hatte er sofort seine Wahl getroffen: »SUR«, brüllte er aus Madrid durch den Hörer. Mit diesem telefonischen Fischzug hatte ich den Namen; wir verbanden ihn mit dem Pfeil auf dem Titelblatt der Zeitschrift. Und nun ist die Zeitschrift im Druck.

Was wird SUR nun aber sein?

Erinnern Sie sich an Ihren Brief an Copeau und Gallimard, der als Vorwort für *Nuestra América* diente? Darin heißt es zu Beginn: »Dieses Buch ist wahrlich Eures. Und ich werde Euch sagen, warum. Ihr kamt nach Amerika, und wir wurden Freunde. Ihr wolltet verstehen und stelltet mir Fragen über mein Land. Und ich wünschte, es mit Euch zu teilen. Auf seltsame Weise liebe ich es. Ja, ich liebe es auf seltsame Weise, weil sein Wesen, das ich an ihm liebe, noch in ihm verborgen ist. Alles was von Amerika mit schriller Stimme nach außen dringt, verabscheue ich. Amerika ist nicht die köstliche reife Frucht, die lediglich den Gaumenfreuden meiner Freunde gereichen soll. Amerika ist ein verborgener Schatz …«

Kein einziges Wort muss ich hier ändern. Genau das wünschte ich nun, Ihnen zu sagen. Aber auch das Folgende: »Amerika war ein verborgener Schatz. Um ihn zu erobern, mussten wir viele große Worte umstürzen, durch Sümpfe von Lügen waten, viele Mythen zerstören, Dummheiten ausräumen, und es dauerte nicht lange, bis ich begriff, dass Ihr und ich gemeinsam auf der Suche waren. Unsere Gespräche dehnten sich aus und gewannen an Tiefe. Unsere Worte waren nicht einfach nur eine laute Lektüre von beschriebenen Seiten. Die Worte waren unterwegs, sich zu entdecken. Ihr, die Ihr aus Frankreich kamt, und ich, Amerikaner, entdeckten Amerika gemeinsam.«

(…)

Ihr Amerika und meines – lassen Sie uns einfach schreiben »unser Amerika«, denn der verborgene Schatz, den wir in ihm suchen, ist sich gleich und ist sich ebenbürtig. Unser Amerika ist ein Land, das noch entdeckt werden muss, und nichts treibt uns bei dieser Entdeckungsreise mehr an, nichts bringt uns der Wahrheit näher als unser Interesse und unsere Neugier, aber auch die Reaktionen unserer Freunde in Europa.

(…)

SUR bezeugt meine Bewunderung für dieses Buch, mein

volles Verständnis für seine Motive. SUR wird die gleiche Orientierung haben und den gleichen Weg nehmen. Jeder einzelne wird sich nach besten Kräften auf die Suche nach Amerika machen, einem Amerika, das einen Schatz verborgen hält. »Der Mensch neigt dazu, zu verneinen, was er nicht zu bejahen versteht«, sagte ein großer Franzose. Was wir unmittelbar an Amerika bejahen, ist unsere seltsame Liebe zu ihm. Und diese Liebe ist, wie jede große Liebe, eine Prüfung. Eine Prüfung, die ein gleißendes Licht erbarmungslos auf unsere Mängel und Unvollkommenheiten wirft. Diese Liebe richtet sich auf das, was weit über uns hinausgeht, und ein Teil von dem ist, was weit über uns hinausgeht. Es wird heilsam sein, sich ihrer bewußt zu sein und um ihretwillen zu leiden. So lieben Sie, so lieben wir Amerika.

Victoria Ocampo.

Victoria Ocampo: Leiterin, Organisatorin, Mäzenin, Gastgeberin – im Kreuzfeuer von Kritik und Anerkennung

Gegen Ende des Jahres 1931 erschien die erste Ausgabe von SUR, die mit dem zitierten Brief an Waldo Frank aufmachte: 4000 Exemplare in Großformat, exzellentes Papier, stolze 199 Seiten, guter Druck, 24 Seiten Abbildungen. Bis 1935 folgten neun weitere Ausgaben; die Kosten und der Aufwand waren ebenso immens wie die Anlaufschwierigkeiten. Ab Ausgabe 11 kam die Zeitschrift rund zwanzig Jahre lang monatlich heraus, immer mit einem Umfang von etwa 100 Seiten, danach zunächst im Dreimonatsrhythmus, später in unregelmäßigen Intervallen. Auf die Abbildungen wurde bald verzichtet – aus Kostengründen, und weil sich Jorge Luis Borges vehement dagegen wandte; besonders die »kostenkritischen« Landschaftsbilder aus verschiedenen Teilen Amerikas kritisierte er, dabei waren sie eines der Elemente, die noch auf die panamerikanische Gründungsidee verwiesen.

Vieles in der Konzeption von SUR traf sich in Victoria Ocampos Vorstellungen mit Ortegas seit 1923 erscheinender *Revista de Occidente*, so der universalistische, multidisziplinäre Ansatz, die bewusst apolitische Haltung und die Bedeutung des Essays, der zu dieser Zeit in anderen Publikationen gegenüber der Reportage an Gewicht verloren hatte. Andere Charakteristika der Zeitschrift entwickelten sich in der Diskussion, vor allem zwischen Victoria Ocampo, Waldo Frank, Ortega y Gasset und Jorge Luis Borges. Wollte sie ursprünglich nur größere Beiträge berühmter Autoren bringen, bestand der zeitschriftenerfahrene Borges auf der Fülle kleiner, auch aktueller Beiträge zu Theater, Kino, Büchern, Konzerten, Ausstellungen etc. Am Ende kristallisierte sich aus beiden Ansätzen die spezielle SUR-Konzeption heraus.

Dass mit SUR nicht nur irgendeine weitere Kulturzeitschrift entstand, hat indessen hauptsächlich mit seiner Gründerin zu tun: mit ihrer Beharrlichkeit und Stärke, aber auch mit ihrem ganz persönlichen Ansatz. Wenn aus SUR am Ende nicht eine riesige Anthologie, sondern ein »kultureller Prozess«* wurde, lag dies an den von Victoria Ocampo gepflegten Beziehungen und Freundschaften zur internationalen Intelligentia. Auch war sie es, die eine kleine Gruppe von Autoren mit einer eigenen Einstellung zu Argentinien und zur Weltliteratur zusammengebracht hatte, und diese Gruppe blieb, durch sie (zum Teil in sehr persönlichen Beziehungen, wie etwa im Fall von Eduardo Mallea) zusammengehalten, über Jahrzehnte in diesem gemeinschaftlichen Projekt vereint. Mit den Jahren entstand eine relativ geschlossene Gemeinschaft, die mit ihrem hohen literarischen und künstlerischen Anspruch zu einer kulturellen Institution wurde – und damit auch zum Ziel vehementer ideologischer Polemiken.

* John King, *SUR. A study of the Argentine literary journal and its role in the development of a culture, 1931–1970*, Cambridge: 1986.

Zu den frühen und dann langjährigen Mitarbeitern und Beiträgern zählten neben Victoria ihre Schwester Silvina Ocampo, später deren Mann Adolfo Bioy Casares, María Rosa Oliver, ihr Cousin Eduardo Bullrich, der Borges-Antagonist Oliverio Girondo, Eduardo Mallea (gleichzeitig in *La Nación* zuständig für das Literaturressort), Borges und seine Schwester Norah sowie deren Mann, der spanische Chronist der Avantgarde Guillermo de Torres, die »Martinfierristas« Eduardo Gonzáles Lanuza und Leopoldo Marechal sowie der Gelehrte Raimundo Lida, der viele von Victoria Ocampos ursprünglich auf Französisch verfassten Beiträgen ins Spanische übertragen half.

Die gehässigen Gerüchte, sie könne gar kein richtiges *Castellano* sprechen, entbehrten allerdings jeder Grundlage: nur war ihr das Französische die vertrautere Schreib-Sprache. Im ersten Band ihrer *Testimonios* machte Victoria Ocampo in ihren Ausführungen zur französischen Sprache, *Palabras francesas*, deutlich, wie diese aufgrund der damaligen Mädchenerziehung in der Oberschicht ihr Denken und Empfinden in Kindheit und Jugend beeinflusste, ja sie letztlich zu einer »Gefangenen« dieser Sprache gemacht hatte. Auch wurden Stimmen laut, die die SUR-Chefin als herrisch und aufbrausend angriffen. Allerdings standen derlei Vorwürfe im Gegensatz zu den Äußerungen aus Victoria Ocampos näherem Umfeld, die sie als eine zwar impulsive, jedoch sehr warmherzige, enthusiastische und großzügige Person beschreiben. Dort, wo die eigensinnige, autoritäre Art der Argentinierin betont wurde, hatte man offenbar Schwierigkeiten damit, dass Victoria Ocampo sich als Frau in einer Männerdomäne bewegte und durchsetzte.

Kritisiert wurde auch gleich das erste *Comité de Colaboración de* SUR, in dem die Europäer in der Mehrheit waren. Stammte die Kritik daran, dass in den ersten Jahren viel zu wenig Lyrik und fiktionale Texte veröffentlicht wurden, noch aus den eigenen Reihen (Borges, Mallea, Silvina Ocampo, Bioy Casares, José Bianco), so warfen andere ihr in späteren Zeiten vor, eher mittelmäßige argentinische und andere südamerikanische Autoren gekannt, die Verbindung zu den international berühmten aber intensiv gepflegt zu haben. Zwar war die Liste der Europäer beeindruckend, ebenso sind es aber die Namen der in SUR publizierenden Amerikaner aus Nord und Süd*. Interessant liest sich auch das Verzeichnis der deutschsprachigen Beiträger, das in der ersten Nummer mit Gropius beginnt und sich fortsetzt mit Hermann Graf Keyserling (zu kulturgeschichtlichen Fragen), Franz Werfel, Stefan Zweig (»Die Auferstehung von Georg Friedrich Händel«), Ernst Toller (»Pastor Hall«), C. G. Jung, Karl Jaspers, Friedrich Dürrenmatt, Heinrich von Kleist (»Penthesilea«), Ernst Jünger, Herbert Marcuse, Walter Benjamin, Adorno, Horkheimer, Habermas, Hugo Friedrich und Peter Szondi. Darüber hinaus gab es Artikel zu Rilke, Kafka oder z. B. von Walter Mehring über »Die Nivellierung der deutschen Literatur«.

SUR war Victoria Ocampo, und Victoria Ocampo war SUR. Sie finanzierte das Unternehmen nicht nur privat, die ersten Mitarbeiter stammten aus ihrem Freundeskreis. SUR wurde so zu einem Forum, das bedeutenden Persönlichkeiten ebenso gastfrei offenstand wie Victoria Ocampos Häuser. Jorge Luis Borges, dessen Werk über die Zeitschrift und den Verlag SUR Berühmtheit erlangte, hatte Victoria Ocampo durch ihren Freund Ricardo Güiraldes bereits als sehr jungen Mann kennengelernt – damals war Borges noch Redakteur der Zeitschrift PROA gewesen.

* Unter anderem: T. S. Eliot, William Faulkner, Langston Hughes, Lewis Mumford, Aldous Huxley, T. E. Lawrence, Graham Greene (dessen Werke Victoria Ocampo fast sämtlich übersetzt hatte), Evelyn Waugh, José Ortega y Gasset, Rosa Chacel, Rafael Alberti, Maria Zambrano, James Joyce, Virginia Woolf, Vita Sackville-West, Paul Valéry, André Malraux, Jean Paulhan, Paul Claudel, André Gide, Saint-John Perse, Benjamin Fondane, Drieu la Rochelle, Henri Michaux, Roger Caillois, Giuseppe Ungaretti, Ricardo Güiraldes, Ernesto Sábato, María Luisa Bombal, Enrique Pezonni, Alfonso Reyes, María de Maeztu, Henriquez Ureña, Amado Alonso, María Rosa Lida de Malkiel, Susana Soca, Gabriela Mistral, María Rosa Oliver, Octavio Paz, Ramón Gomez de la Serna, Martínez Estrada, Anderson Imbert, Francisco Romero, Sebastián Salazar Bondy, Alberto Girri, José Donoso, Severo Sarduy, María de Villarino.

SUR erschien zu einer Zeit, als es in Buenos Aires durchaus bedeutende Kulturzeitschriften gab. Dazu zählte etwa *Claridad*, inspiriert von Henri Barbusses linksorientierter und sozialer *Clarté*-Bewegung, die allerdings mehr Wert auf politische Aktion denn auf literarische Diskussion legte. Ein anderes, kurzlebigeres Projekt war die Zeitschrift *Nosotros* – finanziert von Elena Sansinena de Elizalde, die zwar über ein vergleichbares Vermögen und Sozialprestige wie Victoria Ocampo verfügte – zumal als Präsidentin der Asociación Amigos del Arte –, sich allerdings mehr der Malerei und Plastik widmete.

Die Gründung von SUR fiel in eine Periode, in der in Buenos Aires ein dynamisches, im Wesentlichen von der Oligarchie mäzenatisch finanziertes Kulturleben existierte. Dies auf der Basis einer scheinbar freien Gesellschaft, die indessen alle radikalen Ansätze einschränkte: Selbst junge Autoren, die sich gegen das System aussprachen, verblieben in der Abhängigkeit von der sozialen Elite des Landes. Diese bestimmte die maßgeblichen Aspekte des kulturellen Angebots, so den mit Spannung ersehnten Kontakt zu ausländischen Intellektuellen, der wie vieles andere durch die von den reichen, traditionellen Familien unterstützten Organisationen ermöglicht wurde: Amigos del Arte, El Ateneo, Conservatorio, Círculo de Prensa u. v. m. Ein insgesamt ruhiges, harmonisches Jahrzehnt war zu Ende gegangen, in dem es zwar noch eine Art neokolonialer Abhängigkeit von Großbritannien gab, aber bis zum Bruch durch die Weltwirtschaftskrise auch eine von der weltweiten Arbeitsteilung begünstigte, relative Prosperität. Der politische Bruch kam mit dem Militärputsch von 1930 durch General Uriburu und das darauffolgende »berüchtigte Jahrzehnt« mit Wahlbetrug und dem Abbau von Demokratie.

In diesen, schon während der 1930er Jahre schwierigen Zeiten versuchte SUR, das sich definitiv als unpolitisch empfand*,

* Prägende Mitglieder wie etwa Borges stammten aus der *Florida*-Gruppe, einer leicht frivolen literarischen Elite; die sich zum Umfeld der rivalisierenden *Boedo*-Vereinigung zählenden Literaten schrieben eher für *Claridad*.

durch sein Beispiel zu zeigen, dass der aus Politik und Gesellschaft verschwundene Liberalismus zumindest kulturell nicht tot war und über der Politik stand. Dahinter erkennt man die Überzeugung, die – bei allen Meinungsverschiedenheiten – Victoria Ocampo und Jorge Luis Borges einte: Die Kunst steht über dem Leben.* So war auch die klare Opposition von SUR gegen den aufkommenden Faschismus nicht im eigentlichen Sinne politisch motiviert, sondern moralisch und ästhetisch. Aus dieser Haltung heraus attackierte die Zeitschrift die Entwicklung von Marxismus wie Faschismus gleichermaßen; 1939 erschien etwa Enrique Anderson Imberts Beitrag »Hitler läuft Amok«, 1940 Ricardo Baezas »Nietzsche und das Nazitum«, und im spanischen Bürgerkrieg unterstützte SUR die Seite der Republikaner – auf der sich allerdings auch die überwältigende Mehrheit der bedeutenden Schriftsteller versammelte.

Ohne Zweifel konnte auch SUR kein politikfreier Raum sein. Victoria Ocampo suchte die beitragenden Autoren und die Mitarbeiter nach Qualität aus – wie sie sie erkannte: Das schloss keineswegs diejenigen grundsätzlich aus, deren Gesinnung ihr nicht lag; ein von ihr für diese Haltung zitiertes Beispiel war Jean Genet, dessen Texte sie trotz persönlicher Vorbehalte präsentierte, weil sie ihr literarisch wichtig erschienen. Da die SUR-Chefin niemanden wegen seiner politischen Position ausschloss, waren in der Zeitschrift im Laufe ihres Bestehens so gut wie alle politischen Spielarten vertreten – und sie selbst wurde aus allen politischen Richtungen attackiert. Kamen die Angriffe anfangs aus der eher schwachen Marxismus-freundlichen Fraktion um *Boedo* und *Claridad*, folgten bald Anfeindungen von allen Seiten, und immer vermischten sich politische Motive mit persönlichem Neid, mit Missgunst, misogynen Anwürfen und Vorurteilen gegenüber dieser starken Frau. Sie richteten sich

* Siehe dazu den aussagekräftigen *Diálogo con Borges* (Buenos Aires, SUR:1969), den Victoria Ocampo mit Borges geführt hat.

- gegen Victoria Ocampos »elitären« Anspruch, den sie selbst gar nicht so gesehen hätte, obwohl ihr bewusst war, dass ihr Grundkriterium »literarische Qualität« nicht populär sein konnte. In diesem Zusammenhang fragt sich Borges, ob »elitär« eine pejorative Qualifikation sein muss, wenn man weiß, dass die kulturelle Weltgeschichte ohnehin das Werk von Eliten ist.
- gegen den von ihr und SUR vertretenen Kosmopolitismus, was in den frühen 1940er Jahren sogar einmal zu einer von irregeleiteten Nationalisten unternommenen Schlägerattacke gegen Waldo Frank geführt hatte.
- von konservativen, machistischen Kreisen gegen ihre weibliche Stärke und ihr Engagement für die Frauenbefreiung, die sich kontinuierlich in entsprechenden Themen und Beiträgen der Zeitschrift spiegelte (so etwa noch 1971, als SUR eine ganze Ausgabe nur dem Thema »Frauen« widmete).
- von reaktionären Katholiken, die nun gerade in der Oligarchin Victoria Ocampo, wie kurioserweise auch in dem sonst deutlich dem konservativen Lager zugerechneten Jorge Luis Borges, eine Sendbotin Stalins sahen. So verhinderten erzkonservative Kirchenkreise Anfang der 1930er Jahre einen Wohltätigkeitsauftritt der SUR-Chefin als Rezitatorin (mit Claudio Arrau am Klavier) in einem öffentlichen Umfeld. Nicht einmal die Intervention des damaligen (konservativen) argentinischen Präsidenten Agustín P. Justo vermochte daran etwas zu ändern. Die Begründung: Victoria Ocampo habe großen Einfluss; sie brauche eine Lektion, denn die Kirchenfeinde Krishnamurti und Tagore seien ihre Freunde, und der Kommunist André Malraux schreibe für sie. Typisch für Victoria Ocampo war, dass sie den Auftritt dann selbst im privaten Rahmen organisierte und allen Widrigkeiten zum Trotz unbeirrt voranschritt.

In späteren Jahren bedauerte Victoria Ocampo ausdrücklich,

dass die Politik letztlich auch bei SUR ihren negativen Einfluss hatte ausüben können. So wollten wichtige Freunde wie Ortega, Drieu la Rochelle oder Ernesto Sábato zeitweise aus der Mitarbeiterliste gestrichen werden, weil sie negative politische Konsequenzen fürchteten. Victoria Ocampo selbst hatte sich von den politischen Angriffen nie beeinflussen lassen. Nicht als sie in den 1950er Jahren, zum Teil anonym, als Kommunistin beschimpft wurde*. Auch nicht, als Pablo Neruda sie aus seiner engagiert linken Position heraus attackierte und sogar in einem Spottgedicht lächerlich zu machen versuchte, auf das sie souverän reagierte. Die Zeit gab ihr recht, denn in späteren Jahren revidierte Neruda seine Meinung und pries die Argentinierin öffentlich für ihre enorme Lebensleistung.

Damit reiht er sich ein in eine Phalanx bedeutender Literaten und Intellektueller aus allen erdenklichen politischen und ästhetischen Lagern, die unabhängig von vielfältigen Differenzen mit dem Kurs der Zeitschrift oder mit deren Spiritus rector die unvergleichliche Bedeutung von SUR anerkannten. Julio Cortázar, der sich relativ früh von dem SUR-Zirkel emanzipiert hatte, betonte dennoch zeitlebens die Leitfunktion, die SUR in den 1930er und 1940er Jahren für die jungen argentinischen Intellektuellen ausgezeichnet hatte. Mario Vargas Llosa bezeugte Ähnliches für Peru, und Octavio Paz brachte es auf den Punkt, als er festhielt, Victoria Ocampo sei die Begründerin eines geistigen Raumes gewesen, weil SUR mehr darstellte als eine Zeitschrift: eine Tradition des Geistes, die Freiheit der Literatur gegenüber den irdischen Mächten.

Wie sehr die persönliche Geschichte Victoria Ocampos mit der Geschichte von SUR zusammenging, ist an ihren eigenen Bei-

* María Esther Vázquez zitiert eine besonders kuriose Sottise Marinettis, der Victoria Ocampo 1936 auf dem internationalen P.E.N.-Kongress in Buenos Aires kennengelernt hatte. »Die reichste und schönste Frau von Buenos Aires, Victoria Ocampo, Königin eines Salons von snobistischem Bolschewismus«. In: María Esther Vázquez, *Victoria Ocampo*, Buenos Aires: 1991, S. 149.

trägen abzulesen. Immer wieder schreibt sie über Autoren, die sie gefesselt und die sie (meist) persönlich kennengelernt hatte (wie u.a. Virginia Woolf), über soziale, vor allem frauenbewegte Themen, Ungerechtigkeiten in den Geschlechterfragen, über ihre Wahrnehmung von Natur, von Musik, über ihre zahlreichen Reisen vor allem nach Nordamerika, Frankreich und England.

Waldo Frank schrieb ihr einmal und gemahnte sie dabei auch an ihren (Süd-)Amerikanismus: »SUR ist Victoria Ocampo und Buenos Aires und Amerika und gute Literatur ... Und Du bist wahrhaftig Amerikanerin, mehr als Du Dir darüber selber bewusst bist.« Besser ist nicht auszudrücken, welchen Platz Victoria Ocampo im Denken, in der Literatur und Kultur Spanisch-Amerikas und Europas eingenommen hat. Nicht nur, dass sie zur weltweiten Anerkennung der lateinamerikanischen Literatur beitrug, sie hat auch die geistigen Werte zahlreicher Länder über Austausch und Freundschaften bewahren und kultivieren können.

Im Jahre 1933 folgte die Gründung des Verlages SUR, dessen erste Publikation Federico García Lorcas *Romancero Gitano* war; zwischen 1935 und 1978 veröffentlichte sie dort die zehn Bände ihrer *Testimonios**, und auch ihre sechsbändige Autobiographie wurde ab dem Jahr 1979, nach ihrem Tod, bei SUR verlegt. Mit Ausgaben der Werke von Mallea, Borges, Sábato, Silvina Ocampo, Adolfo Bioy Casares, Aldous Huxley (erstmals überhaupt auf Spanisch), D.H. Lawrence, Malraux, C.G. Jung, Virginia Woolf (zwei Mal in der Übersetzung von Borges) und vielen anderen verdiente der Buchverlag Geld, das dann für die Zeitschrift verwendet wurde.

Das gesamte Unternehmen SUR war Victoria Ocampos wichtigste öffentliche Aufgabe, daneben fand das umfangreiche eigene Schreiben beinahe privat statt. So wurde Victoria Ocampo vielleicht nicht zur bedeutendsten Schriftstellerin Lateinameri-

* Im drei- bis siebenjährigem Abstand: 1935, 1941, 1946, 1950, 1957, 1963, 1967, 1971, 1975, 1978.

kas, wohl aber zu einer der bedeutendsten Lateinamerikanerinnen der Geschichte. Jorge Luis Borges, der sie besser kannte als fast jeder andere, sagte über sie: »In einem Land und in einer Zeit, da die Frauen vor allem eine Gattung waren, besaß sie die Kühnheit, ein Individuum zu sein. Mit Mut und Anstand hat sie ein eigenes Leben gelebt.«

Virginia Woolf und Victoria Ocampo: eine unvollendete Freundschaft – Gespräche, Impressionen, Verstimmungen, Erinnerungen*

Virginia Woolf und Victoria Ocampo begegneten sich zum ersten Mal auf einer privaten Fotoausstellung über Man Ray am 26. November 1934 in London.

Zuvor war Victoria Ocampo auf ihrer erneuten Europareise in Rom mit Benito Mussolini sowie in Zürich mit Sigmund Freud und C. G. Jung jeweils kurz zusammengetroffen. Mussolini hatte einen starken Eindruck auf die Argentinierin hinterlassen, seine Stimme verfolgte sie permanent – im Radio und aus den Lautsprechern auf den Straßen. Seine Erscheinung stieß sie nicht einmal ab, dennoch war sie erschüttert über seine Machtpolitik, seine Vorstellung zur Rolle und zum Wesen der Frau, und nicht zuletzt sein Verständnis von Dante. Von ihrer Begegnung mit den Psychoanalytikern berichtet sie nicht weiter, was auf eine gewisse Skepsis gegenüber ihren Theorien schließen lässt.

Die Begegnung mit Virginia Woolf war indes kein Zufall: Aldous Huxley und seine Ehefrau Maria Nys, die sich gerade in England aufhielten, hatten Victoria Ocampo zu der Ausstellung eingeladen, und es bestand durchaus die Aussicht, dort auch Virginia Woolf zu treffen. Tatsächlich ergab sich die Gelegenheit, einander vorgestellt zu werden – die beiden Frauen unterhielten sich sogleich sehr angeregt, teils auf Französisch, teils auf

* Die folgenden Zitate von Virginia Woolf entstammen ihren Briefen, vor allem an Victoria Ocampo, und sind entnommen aus: Nigel Nicolson and Joanne Trautmann (Hg.): *The Letters of Virginia Woolf.* Volume Five (1932–1935) Harcourt Brace Jovanovich, New York and London 1979 und Volume Six (1936–1941), 1980.

Englisch. Vierundvierzig Jahre alt war die Argentinierin zu diesem Zeitpunkt, und, so sah sie Virginia Woolf, »sehr reif & üppig … die Farbe einer Aprikose unter Glas.«

Am Tag darauf sprach Virginia Woolf die erste Einladung zu sich nach Hause aus und lud definitiv am folgenden Wochenende zum Tee. Die Eindrücke, die Victoria Ocampo von ihrem Besuch mitnahm, gingen in einen Brief ein, den sie der englischen Schriftstellerin aus Madrid im Dezember desselben Jahres schrieb:

Ein Brief an Virginia Woolf

Tavistock Square, in diesem November. Eine kleine Tür in dunklem Grün, sehr englisch, die Hausnummer akkurat in der Mitte. Draußen der ganze Nebel von London. Drinnen, oben, das Licht und die Behaglichkeit eines *living room*, dessen Wände von einer Frau bemalt wurden; zwei andere Frauen sprechen über die Frauen. Sie schauen einander prüfend an, stellen einander Fragen. Die eine ist neugierig, die andere beglückt. (…)

Als ich am Kamin saß, Virginia, da begann der Nebel, begann die Einsamkeit allmählich zu schwinden. Als ich meine Hände der Wärme entgegenstreckte, stellte sich aus Worten eine Brücke her. Wie reich kam ich mir vor! (…)

Sie hielten es für unbedingt notwendig, dass die Frauen sich ausdrückten, auch schriftlich, und ermunterten sie, Bücher zu schreiben, wie trivial oder wie weitläufig ihr Thema auch sein mochte – *all kinds of books, hesitating at no subject however trivial or how ever vast*. Sie meinten, dieser Rat entstünde aus reinem Egoismus, und erklärten, dass Sie, wie die meisten ungebildeten Engländerinnen, gern läsen und Bücher massenweise verschlingen könnten: *Like most uneducated English women I like reading – I like reading books in the bulk*. Die Produktion der Männer reichte Ihnen nicht aus. In ihren Büchern sei die weibliche Psyche nur wenig berücksichtigt. Sie behaupteten sogar, dass die Bücher aus der Feder von Männern auch nur wenig über die Männer selbst aussagten. (…)

Was mich betrifft, Virginia, möchte ich noch Folgendes hinzufügen und dies auch öffentlich bekennen: Wie die meisten ungebildeten südamerikanischen Frauen, schreibe ich gern. *Like most uneducated South American women, I like writing* … Und dieses *uneducated* meine ich ohne jede Ironie. Mein Ziel ist es, eines Tages als Frau zu schreiben, egal ob mehr oder weniger gut, oder mehr oder weniger schlecht. Wenn ich Aladins Wunderlampe besäße und mit ihrer Hilfe wie Shakespeare, Dante, Goethe, Cervantes oder Dostojewski schreiben könnte, dann taugte sie nichts. Eine Frau kann ihre Gefühle und Gedanken nicht auf männliche Art und Weise ausdrücken, genauso wenig, wie sie mit der Stimme eines Mannes sprechen kann. (…)

Sie sagten, dass Jane Austen im Jahr 1800 das Wunder vollbracht hat, gegen sich selbst als Frau anzuschreiben, ohne Bitterkeit und ohne Hass; ohne gegen etwas zu protestieren und ohne etwas zu predigen. In einer solchen Verfassung habe auch Shakespeare geschrieben, fügten Sie hinzu. Aber ist, abgesehen von den Hürden, die schreibende Frauen zu nehmen haben, das Schreiben nicht auch eine Frage des Charakters? Glauben Sie beispielsweise, dass *Die göttliche Komödie* ohne inneren Aufruhr, ohne eine Spur von Aufregung oder Zorn geschrieben worden ist? Wiederum bin ich, genau wie Sie, davon überzeugt, dass eine Frau erst schreiben kann, wenn sie die eigene Betroffenheit überwunden hat, wenn ihre Werke nicht mehr nur eine verhüllte (oder auch unverhüllte) Antwort auf irgendwelche Angriffe sind, wenn ihre Werke allein ihre Gedanken, Gefühle und Vorstellungen enthalten. Ähnliches kann man in Argentinien bei den Kindern von Einwanderern und den Kindern der schon seit Generationen ansässigen Familien beobachten. Erstere sind überaus empfindlich gegenüber einem wie auch immer gearteten Nationalstolz. Die anderen sind schon so lange Südamerikaner, dass sie gar nicht mehr darüber reden.

Allerdings, Virginia, muss ich gestehen, dass ich mich noch nicht ganz befreit habe von dieser Überempfindlichkeit, was mein Geschlecht angeht. Wo immer sich eine Gelegenheit bietet (und wenn sie sich nicht bietet, provoziere ich sie), erkläre ich mich solidarisch mit dem weiblichen Geschlecht. Die Einstellung einiger Frauen, wie Anna de Noailles, die sich auf die Seite des Gegners geschlagen haben und sich als Ausnahmeerscheinung betrachten und vielfach auch eine privilegierte Stellung eingeräumt bekommen, war mir schon immer zuwider. Diese elegante und bequeme Einstellung teile ich nicht – genauso wenig wie Sie, Virginia.

Über Charlotte Brontë und Jane Austen sagten Sie: »Wie schlimm es für sie gewesen sein muss, nirgendwohin ausweichen zu können! Welches Genie und welche Integrität müssen sie in dieser absolut patriarchalen Gesellschaft gegenüber den vielen Anfeindungen bewiesen haben, um an ihren Ansichten festzuhalten, ohne zu straucheln.« Worte, von denen mir vor allem diese im Gedächtnis geblieben sind: »in dieser absolut patriarchalen Gesellschaft«. In einer solchen Gesellschaft, so wie sie auf Charlotte Brontë und Jane Austen vor mehr als hundert Jahren lastete, habe ich zu leben und zu schreiben begonnen, ähnlich und noch schlimmer, Virginia. Unter diesen Umständen zu leben und zu schreiben, verlangt eine gewisse Stärke. Es verlangt – wenn man nicht gerade unsensibel ist – eine Anstrengung, die einen Gutteil unserer Kraft in Anspruch nimmt.

Die Geschichte von Shakespeares Schwester, die Sie auf so unnachahmbare Weise erzählen, ist die schönste Geschichte der Welt. Diese vermeintliche Dichterin stirbt, ohne auch nur eine Zeile geschrieben zu haben. Sie lebt in uns allen, sagen Sie. Sie lebt sogar in denen, die nur Geschirr spülen und Kinder zu Bett bringen müssen, also keine Zeit haben, sich einen Vortrag anzuhören oder ein Buch zu lesen. Vielleicht wird sie ja eines Tages wiedergeboren und wird dann schreiben. Jetzt ist es an uns Frauen, jene Welt zu erschaffen, in der sie heil und unversehrt leben kann. Ich bin im Abwaschen ziemlich schlecht und muss (wehe mir) keine Kinder ins Bett bringen. Aber (ich will keine Heuchlerin sein) selbst wenn ich Geschirr spülen und Kinder zu Bett bringen müsste, würde ich immer nach Möglichkeiten suchen, etwas zu Papier zu bringen. Und ja, wie Sie es sich erhoffen, Virginia, jede einzelne, noch so unbedeutende Bemühung trifft mit anderen Bemühungen zusammen und bringt neue Ausdrucksweisen hervor, die bisher vielleicht noch kein günstiges Klima fanden. Mögen heute meine Bemühungen mit denen anderer Frauen, bekannter und unbekannter, die auf dieser Welt gearbeitet haben, zusammenwirken.

1929 hatte die Verlegerin Sylvia Beach in Paris Victoria Ocampo mit Virginia Woolfs Essay *A Room of One's Own* bekanntgemacht. Seitdem verehrte Ocampo die englische Autorin, zumal das feministische Gedankengut mit ihren eigenen Erfahrungen und Ideen kongenial zusammentraf. Sie nahm sich vor, Woolfs Werke in Argentinien zu veröffentlichen – realisiert wurden die Ausgaben von *A Room of One's Own* und *Orlando*, in der Übersetzung von Jorge Luis Borges, der selbst kein großer Bewunderer dieser Bücher war. Immerhin handelte es sich um die allerersten Übersetzungen dieser Werke ins Spanische – sie erschienen beide 1937 im Verlag SUR – wobei einzelne Teile von *Un cuarto proprio* bereits zwischen 1935 und 1936 in der Zeitschrift veröffentlicht worden waren.

Auf Victoria Ocampos ungestüme Ausbrüche der Verehrung in den nun folgenden Briefen – »Wenn es jemanden auf der Welt gibt, der mir Mut und Hoffnung machen kann, dann Sie« oder »Ich bin ein sehr begieriger Mensch. Und ich glaube, dass der Hunger alles antreibt. Ich schäme mich nicht, hungrig zu sein. Glauben Sie nicht, dass Liebe unser Hunger nach Liebe ist?« – reagierte Virginia Woolf mit zurückhaltender Gelassenheit. Dagegen hatte sie stets eine Reihe von Fragen an die Argentinierin (»Was machen Sie in Madrid?«, »Was machen Sie in Paris?«, »Wen treffen Sie dort?«, »In welchen Straßen gehen Sie spazieren?«). Auch erwähnte sie bereits die geplante Biographie über den Maler Roger Fry. Etwas säuerlich reagierte sie, als Victoria Ocampo ihr im Überschwang Rosen und Orchideen nach Hause schickte. Ihre missmutigen puritanischen Vorfahren hätten ihr mitgegeben, »unbeschenkt« durchs Leben zu wandeln: »Das kommt davon, wenn man den schottischen Klerus im Blut hat – eine abscheuliche Rasse.« Und so bat sie Victoria inständig, ihr in Zukunft keine Blumen mehr zu schicken. Andererseits spielte Virginia die neue Verehrerin gern gegen ihre Freundin Vita Sackville-West aus, wenn sie ihr berichtete: »Ich bin in Victoria Ocampo verliebt«, oder »Ich muss Victoria Ocampo bremsen, mir weiterhin Rosen und Orchideen zu schicken«. Die Engländerin ließ oft einige Wochen verstreichen, ehe sie auf Victorias Briefe antwortete, und entschuldigte die Verzögerung stets mit ihren vielen Verpflichtungen und ihrer vielen Arbeit: »Halten Sie mich nicht für abweisend, weil ich nicht schreibe.«

In einem Brief vom 22. Dezember 1934 ermunterte sie die SUR-Verlegerin, ihre Autobiographie zu schreiben, und gab im Januar 1935 sogar ihr schriftliches Einverständnis, dass Victorias Brief aus Madrid in den *Testimonios* veröffentlicht werden darf. Dennoch belehrte sie die Argentinierin, dass sie normalerweise nicht gern als Privatperson gedruckt erscheine. Und immer wieder Fragen: »Was machen Sie in Argentinien? Wie sieht das Land aus, wie die Stadt, wie Ihr Zimmer? Schicken Sie mir ein genaues Bild von Ihrem Haus.« Virginia Woolf hatte nur vage, exotische Vorstellungen von Südamerika als »einem Land mit großen Schmetterlingen & riesigen Feldern«, »wildem Vieh und Pampagras«. Dass es dort auch potentielle Virginia-Woolf-Leserinnen geben sollte, erschien ihr unglaubwürdig: »Versuchen Sie nicht, mir einzureden, dass man sich in Südamerika für mich interessiert.«

Einladungen von Victoria Ocampo nach Südamerika musste Virginia Woolf indes immer wieder verschieben: »In diesem Jahr wird es mir nicht möglich sein, nach Argentinien zu kommen«, doch sie freute sich, als sie vom Erscheinen ihres Essays *A Room of One's Own* bei SUR erfuhr. Im Oktober 1935 berichtete sie ihrer argentinischen Freundin, dass zwei Damen, die anonym bleiben wollten, in Hast und Eile und völlig verschreckt ein Paket bei ihr abgegeben hätten. Darin sei ein Glaskasten mit südamerikanischen Schmetterlingen gewesen. In ihrer Verblüffung habe sie vergessen, die Damen hereinzubitten, und zunächst habe sie auch nicht gewusst, wie sie zu dem Geschenk stehen sollte: *»I must say it was an extraordinarily imaginative thought on your part.«* Der Kasten fand seinen Platz schließlich im Treppenhaus, bezeichnenderweise neben den puritanischen Vorfahren, und in der Folge kam Virginia Woolf in ihren Briefen an die argentinische Freundin immer wieder einmal auf jene Schmetterlinge zurück.

Auch die Einladung des Internationalen P.E.N.-Clubs nach Argentinien, hinter der Victoria Ocampo stand, lehnte Virginia Woolf ab – sie fühle sich nicht imstande, Vorträge über Literatur zu halten. Unterdessen hatte Victoria Ocampo im Jahr 1937 ihren Vortrag *Virginia Woolf, Orlando & Cia* in Buenos Aires gehalten, für den sich die Freundin im September bedankte. Im Januar 1939 bot ihr Victoria Ocampo einen Aufenthalt in Paris an, aber auch hier konnte Virginia Woolf nicht zusagen. Ihre Wege kreuzten sich wieder, als Virginia Woolf nach Paris reiste, gerade als Victoria Ocampo nach England aufbrach. Erst viereinhalb Jahre später, am 23. Juni 1939, und nach dem Austausch zahlreicher Briefe trafen beide Frauen wieder in London zusammen. Allerdings war diese Zusammenkunft alles andere als einvernehmlich oder gar harmonisch. Victoria Ocampo war in Begleitung von Gisèle Freund bei Virginia Woolf erschienen, getragen von der Idee, die Schriftstellerin von dieser Künstlerin fotografieren zu lassen. Virginia äußerte ihren Missmut sehr deutlich.

52, Tavistock Square, W.C.I, 26. Juni 1939

Liebe Victoria,

es tut mir sehr leid, dass Sie neulich etwas verdrossen waren und annahmen, dass ich Sie nicht wiedersehen wollte.

Es ist wahr – ich war verärgert. Immer wieder habe ich es abgelehnt, fotografiert zu werden. Zweimal schon habe ich mich entschuldigt, nicht für ein Porträt von Madame Freund zur Verfügung zu stehen. Und dann bringen Sie sie einfach mit, ohne mir vorher etwas zu sagen, weshalb ich auch davon überzeugt bin, dass Sie genau wussten, dass ich nicht für ein Porträt sitzen wollte. Sie zwangen mich sozusagen dazu. Ja, das taten Sie. Es ist schwierig, in seinem eigenen Haus grob gegenüber anderen Leuten zu werden. So ließ ich mich gegen meinen Willen fotografieren, über vierzig Mal, was mich verärgerte. Aber was besonders ärgerlich war, dass ich keine Gelegenheit hatte, mit Ihnen zu sprechen. (…)

Und nun wird es keine andere Gelegenheit geben, bis weiß der Himmel wann. Und nur der Himmel weiß, was der Grund für diese Fotografien war. Ich jedenfalls sehe keinen. Und ich hasse dies. Entschuldigen Sie meine Offenheit; aber da Sie ehrlich sind, bin ich es auch.

Ihre Virginia Woolf.

Wie wütend Virginia Woolf war, geht aus einem weiteren Brief vom 19. August 1939 an Vita Sackville-West hervor: »Ich koche vor Wut. Diese Teufelin Giselle (sic!) Freund ... verd... Fotografien ... wie sie (Ocampo und Freund) geklaut und stibitzt und sich hereingeschmuggelt haben – dieses verräterische Geschmeiß.«

Victoria Ocampo bedauerte diese Verstimmung zutiefst, noch als sie Jahre später einen letzten (nach wie vor romantisch verklärten) Blick auf die Engländerin wirft. 1941 hatte sich Virginia Woolf das Leben genommen. Der Tod der Freundin, über den Ocampo per Telegramm benachrichtigt wurde, bevor sie darüber in den Zeitungen las, war für sie unfassbar und unbegreiflich. Ihre Gedanken und Erinnerungen gingen in einen Nachruf ein, den sie im April 1941 unter dem Titel *Virginia Woolf en mi recuerdo* formulierte.*

Telegramme sind immer vage. Nie weiß man etwas Genaues. Und so weiß ich auch nicht, ob Virginia den Tag oder die Nacht für ihre letzte Reise, für diese *voyage out* gewählt hat. Vielleicht geschah es gerade, als ich dem Gärtner sagte, dass die roten Dahlien in diesem Jahr nicht so schön gewachsen seien wie die gelben, oder als ich ihm vorhielt, nicht genügend gegen die Ameisen zu tun; oder während ich im Casino spielte und meine Jetons dummerweise auf die 11 setzte; oder auch während ich sorgenvoll die Zeitungen las oder mit den Kindern am Strand lachte. Es geschah, als ich an etwas ganz anderes dachte.

In den vergangenen Tagen habe ich zweimal die spanische Übersetzung von *The Waves* im Schaufenster einer Buchhandlung gesehen. Ich hielt inne und schaute sie mir an. Der Einband zeugte von schlechtem Geschmack (grün, mit Wellen und Felsen, um den Titel zu unterstreichen und den Leser anzulocken). »Ich werde ihr schreiben«, sagte ich mir, »aber

* »Virginia Woolf en mi recuerdo«. In: *Testimonios*. Segunda Serie. Buenos Aires: SUR. 1941, S. 415–428.

sie wird zurzeit bestimmt andere Dinge im Kopf haben.« Mein Gott, und was für Dinge! Vielleicht geschah es auch, als ich diesen schrecklich ordinären Bucheinband betrachtete und mir sagte: »Er passt so gar nicht zum Inhalt des Buches (*»… maints diamants d'imperceptible écume«!*) Während ich mir den Einband genauer besah, stellte ich mir ihr ironisches Lächeln vor, wenn sie ihn gesehen hätte.

Oftmals habe ich gedacht: »Sie wird immer schön sein.« Aber ich ahnte nicht, dass dieses strenge und bezaubernde Gesicht, das ich am Vorabend meiner Abreise vor einundzwanzig Monaten geküsst hatte (»Das nächste Mal, wenn Sie nach London kommen, müssen Sie länger bleiben, damit wir einmal richtig miteinander sprechen können – ohne Eile«), dass dieses Gesicht, dessen Bild ich um jeden Preis erhalten wollte (»Sie wissen doch, wie ungern ich mich fotografieren lasse. Wozu?«); dass dieses von Intelligenz und Traum durchzogene Gesicht, dessen Schönheit weder mit den Jahren noch durch Ermüdung verblasste (»Sie machen sich über mich lustig! Wie können Sie so etwas Dummes sagen?«), dass dieses Gesicht schon bald das einer Unbekannten sein würde, die wir zum Abschied nicht mehr zu küssen wagen, aus Angst, sie könnte in unserem Herzen für immer den Platz eines vertrauten Menschen einnehmen: jemand, der mit seinen Blicken unsere Blicke und mit seinem Lächeln unser Lächeln beantwortet, und den wir nie wieder finden werden, außer in uns selbst …

Die Toten sind nicht tot; sie sind es erst, wenn ihre Gesten oder ihre Schritte in niemandem mehr weiterleben. Diese Gesten und diese Schritte mögen denen, die sie nicht geliebt haben, nichts bedeuten. Doch sind es genau diese kleinen Dinge, die in uns fortwirken und uns beinahe das Herz zerreißen. Der Gedanke, dass ein Verstorbener uns bis zur Aufopferung geliebt hat, bleibt abstrakt. Aber die Erinnerung an kleine Sätze (»Legt ihre Serviette hierhin und lasst sie neben mir sitzen; sie ist heute aus Europa eingetroffen«) oder der unverhoffte Anblick seines Spazierstockes genügen, um uns zum Weinen zu bringen.

Solche kleinen Dinge erhalten von uns einen Wert, den Außenstehende nicht erkennen können, da sie nicht mit der gleichen Stärke wie wir diese leidenschaftliche Liebe zu einem bestimmten Menschen geteilt haben. Von diesem Menschen aber so zu sprechen, wie es unsere Gefühle diktieren – würde das nicht den Menschen entweihen? Oder die Gefühle entweihen, die jemand in uns erweckt hat, da sie im Grunde nicht mitteilbar sind? Ist es überhaupt möglich, ohne jede Gezwungenheit von einem Verstorbenen zu sprechen? Wie können wir hohle und abgedroschene Phrasen benutzen, wenn uns alles abstößt, was unsere Gefühle nicht genau trifft? Und wenn wir schweigen – versündigen wir uns dann nicht auch? ...

Soll ich heute wirklich über das Werk von Virginia Woolf sprechen? Es ist ja nicht das Werk, das unsere Welt verlassen hat. Als man mir heute morgen am Telefon sagte: »Virginia Woolf ist gestorben«, dachte ich auch nicht an ihr Werk. Später, als ich die Zeitungen las, in denen ein Fluss in der Nähe von Lewes (Sussex) erwähnt wurde, fiel mir wieder ein, dass Virginia in dieser Gegend ein kleines Haus besaß. Und dann hörte ich sie sagen: »Los, kommen Sie. Ich zeige Ihnen meinen Garten. Doch seien Sie gewarnt, ich koche selber. Es macht Ihnen nichts?« Ich nahm mir damals keine Zeit hinzufahren, weil ich dachte, dass ich noch genug Zeit haben würde. So habe ich diesen Fluss, von dem jetzt in den Zeitungen die Rede ist, nie gesehen. Damals sagte ich mir: »Das nächste Mal ...« Und jetzt wird es kein nächstes Mal mehr geben. Niemals.

Und dennoch: Wie sie die Treppe ihres Hauses am Tavistock Square hinuntergeht (»Sehen Sie mal, hier habe ich Ihre Schmetterlinge aufgehängt. Jedesmal, wenn ich vorbeigehe, schaue ich sie mir an«); wie sie beim Tee am Tisch sitzt (»Das Mädchen hat ein krankes Kind zu Hause; die Masern. Ich bin allein: Sie müssen mich entschuldigen, wenn ich Ihnen einen schlechten Tee serviere«, und alles war köstlich); wie sie mir ihre Zimmerwände zeigt (»Das sind Malereien von Vanessa«); wie sie neben mir sitzt und raucht, während der Lärm von London leise zu uns dringt (»Seit drei Tagen stehen sie in dieser Vase, und sehen Sie nur, wie frisch sie noch sind. Trotzdem bin ich dagegen, dass Sie Ihr Geld so verschwenden. Sie sollten es lieber für Ihre Zeitschrift und Ihre Bücher aufheben. Wissen Sie eigentlich, dass wir von der Hogarth Press leben? Natürlich schaue ich gern auf diese Rosen in meinem Zimmer. Aber ich werde böse, wenn Sie mir weiterhin welche schicken«).

Zum Glück, Virginia, habe ich Ihnen nie versprochen, keine mehr zu schicken. Denn wenn ich heute in meinem Garten, den Sie nicht kannten und der doch auf Sie wartete, Blumen pflücke, schicke ich sie Ihnen, auch wenn sie in meinen Vasen, auf meinen Tischen in Südamerika stehen.

»Mrs Dalloway, die Arme voller spanischer Wicken, trat ans Fenster und sah hinaus, die Stirn fragend in Falten gelegt …« So würden Sie jetzt auch mich beobachten, wenn Sie von dem Ort aus, an dem Sie sich verbergen, alles noch genauso sehen könnten wie vor Ihrer Tür am Tavistock Square – mit dieser leidenschaftlichen und unvoreingenommenen Neugier, mit diesem Fragen, das wie Eis brannte und alle verwirrte, die Ihnen zum ersten Mal begegneten. Ihre Tür am Tavistock Square (Nummer 52), wo wir immer noch für ein paar Abschiedsworte stehenblieben, wo wir uns im Juni 1939 für immer verabschiedeten, ohne es zu ahnen.

Sie hatten mir damals vorgeworfen, dass ich in Begleitung von Gisèle Freund gekommen war, die Sie fotografieren sollte. Sofort danach schrieben Sie mir, dass Sie überhaupt nicht fotografiert werden wollten. Und ich hatte Ihnen diese

Unannehmlichkeiten bereitet. Und so wurden diese Stunden, die unsere letzten sein sollten, mit Diskussionen vergeudet. Denn obwohl ich mich darüber freue, dass die schönsten Bilder gemacht wurden, die ich von Ihnen besitze, frage ich mich, ob ich sie nicht zu teuer bezahlt habe. Aber ich ahnte ja nichts. Es wäre für mich so einfach gewesen, Sie in ein paar Monaten wiederzusehen und unser Gespräch wieder aufzunehmen.

Und nun bin ich hier, allein mit Ihren Büchern. Allein und weit weg von diesem Himmel über Westminster, in dem Ihre Clarissa Dalloway etwas von sich selbst zu finden glaubte. Es war ein aufgewühlter Himmel in diesen Tagen, so dass Sie mir schrieben: »Im Moment steht das Haus noch.« Vielleicht steht es noch immer da, unversehrt, für mich aber zerstört. Sie müssen diese wunderlichen Häuser, auf die man nicht zählen kann, leid geworden sein, diese Häuser, die über Nacht verschwinden. Diese Häuser, die plötzlich keine Träger und keine Balken mehr haben, »ni poutres ni chevrons«, wie das von Cadet Roussel. Auch das Leben bietet keine sicheren Garantien, es ist wie ein Haus von Cadet Roussel.

Und nun bin ich hier, allein mit Ihren Büchern.

»Während alles andere weiterging«*, ließ ich Virginia an einem Sommertag in London zurück. Virginia, sehr schlank, in Schwarz, ohne Puder, ohne Rouge, ohne Schmuck: unendlich schön, in ihrem Gesicht die Spuren ihrer Träume (»Das nächste Mal, wenn wir uns treffen ... Aber Sie haben immer so wenig Zeit, wenn Sie in London sind ...«). Ich verließ sie, als sie gerade an Roger Fry arbeitete (»Es ist so schwer, über einen verstorbenen Freund zu schreiben ...«). So schwer! Man hat solche Angst, ihm nicht gerecht zu werden und seine geheimsten Wünsche zu verraten!

* Victoria Ocampo bezieht sich hier auf *Mrs Dalloway* (1925) von Virginia Woolf, auf die Gedanken Clarissa Dalloways nach dem Selbstmord des Septimus Warren-Smith.

Mit dem Tod Virginia Woolfs konnte sich Victoria Ocampo nur schwer abfinden. Dennoch begriff sie ihn nicht als etwas Endgültiges – und damit meinte sie nicht das große Werk, das überleben würde. Dieses war jedem zugänglich. Victoria Ocampo versuchte mit ihren Erinnerungen die Person Virginia Woolf ins Leben zurückzuretten. Ebenso wie mit ihren späteren Beiträgen oder denen anderer Autoren in SUR – etwa von Hugo Manning, Raymond Mortimer, Jaime Rest, Vita Sackville-West (über *Orlando*) und Ana M. Berry.

Nach der Veröffentlichung bei SUR von *Un cuarto propio / A Room of One's Own* (ab Dezember 1935) publizierte Ocampo 1937 dort auch den Artikel *Virginia Woolf, Orlando y Cia* sowie 1941 *Virginia Woolf en mi recuerdo* und 1954 *Virginia Woolf en su Diario*. In ihren *Testimonios* (1962–1967) erschienen *Self-Interviews (sobre Virginia Woolf)* sowie 1971/1974 ihr *Reencuentro con Virginia Woolf*. 1947 war Virginia Woolf noch einmal im Verlagsprogramm von SUR mit ihren *Gedanken über den Frieden* während der Luftangriffe vertreten.

Hitler-Deutschland: Erlebnisse, Beobachtungen und Betrachtungen im Umfeld des Nationalsozialismus

Ein Besuch bei Hermann Graf Keyserling 1939 in Darmstadt

Zehn Jahre nach dem Aufenthalt Hermann Graf Keyserlings in Buenos Aires besuchte Victoria Ocampo ihn im Januar 1939 in Darmstadt, auf Einladung seiner Schwester, der Baronin von Ungern-Sternberg. Sie traf die, wie sie sagte, eindrucksvolle und äußerst sympathische Aristokratin in Paris und erfuhr, dass Keyserling unter Hitler seinen Reisepass eingebüßt hatte und er weder in Deutschland noch im Ausland Vorträge halten durfte. Seine Schriften wurden nicht mehr gedruckt, der Verkauf seiner Bücher war verboten. Die »Schule der Weisheit« musste geschlossen werden. Beinahe flehentlich bat die Baronin Victoria Ocampo um einen Besuch. Die Argentinierin kam dieser Bitte umgehend nach und ließ sich mit dem Auto von der französischen Hauptstadt aus nach Darmstadt fahren, in den Prinz Christiansweg 4, wo sie den von Nazis Drangsalierten allein vorfand – seine Frau frühstückte in Hamburg mit Hitler, um zu erreichen, dass der Graf seinen konfiszierten Pass zurückerhielt. Eine Nacht lang beschrieb Keyserling die Schikanen, denen er und seine Familie ausgesetzt waren*:

Ich kam spät am Abend in Darmstadt an. Keyserling wollte mich sofort sehen und suchte mich in meinem Hotel auf. Er schien jede Vorsichtsmaßnahme vergessen zu haben, so lautstark, wie er sich im Foyer benahm, das voller Spitzel war. An

* Nachzulesen in: Victoria Ocampo, *El viajero y una de sus sombras*, S. 80–85.

diesem Abend vermieden wir jede Anspielung auf unseren Zwist; wir sprachen von Hitler, und ausschließlich von Hitler. Wenn ich sage, »wir sprachen«, ist das allerdings übertrieben: Er sprach von Hitler, von zehn Uhr abends bis drei Uhr morgens. Ich hörte ihm zu, denn ich war gefesselt von all den Ungeheuerlichkeiten, die er berichtete. Er erzählte mit so viel Witz und mit einer urkomischen Entrüstung, dass ich manchmal selbst über die düstersten Sachen lachen musste. Auch er lachte; er schien glücklich zu sein, sich einmal Luft machen zu können.

Mit polternder Stimme und viel Getöse ließ er sich über den Führer aus, mal erheitert, mal wütend über diese Person: »Haben Sie noch nicht bemerkt, dass er einem Kofferträger gleicht? Dass seine Uniform immer nach einer Livree aussieht? Ich zeige Ihnen Fotos von ihm. Sie sind zum Lachen. Ich schneide sie aus Zeitschriften aus und sammle sie.« Er erzählte mir, dass er die Handschrift des Führers einem berühmten deutschen Graphologen gezeigt hatte, ohne zu sagen, um wen es sich handelte. Dabei tippte er mit zwei Fingern seiner rechten Hand gegen die riesige Handfläche der linken. Der Graphologe hatte den Selbstmord Hitlers angekündigt. »Der Selbstmord hat schon begonnen«, erklärte mir Keyserling. »Hitler hat seinen besten Freund umbringen lassen. Das ist eine Form des Selbstmords. Er hat sich in der Person seines Freundes bereits umgebracht.« Er spielte auf die Ermordung von Röhm an. In dem Moment nahm er seine Prophezeiungen nicht ernst, erinnerte sich jedoch Jahre später daran, als die politischen Ereignisse ihm recht gaben.

Schließlich berichtete er mir von den Verfolgungen, deren Opfer er geworden war; wann und wie sie begonnen hatten. »Die Kinder (seine beiden Söhne Manfred und Arnold) waren im Internat und wir im Urlaub in den Bergen. Vom Hörensagen wusste ich, dass man mir nicht wohlgesinnt war.

Plötzlich kam mir in den Sinn, dass man womöglich versuchen könnte, meine Söhne zu demütigen. Also bat ich eine Vertrauensperson, sie zu besuchen und sich anzuschauen, wie man sie im Internat behandelte. Der dorthin Gesandte teilte mir mit, dass er nichts Ungewöhnliches beobachtet hätte und sich die Kinder auch über nichts beklagten. Als sie nach Hause kamen, fragte ich sie selber: ›Hat man in irgendeiner geringschätzigen Weise über mich gesprochen?‹ – ›Man hat uns gesagt, dass man dich erhängen würde, Papa‹, antworteten sie. ›Aber wir wollten euch nicht die Ferien verderben und diesen Unsinn weitergeben.‹ – Sie sehen, es sind ganz außergewöhnliche Jungen. Arnold hat einen sehr starken Charakter; es könnte noch schwierig werden, mit ihm zusammen unter einem Dach zu leben. Kurzum: An dem Tag, als die Kinder mir dies berichteten, griff ich zum Telefon und sprach mit den vier oder fünf wichtigsten Leuten in Darmstadt. Ich sagte ihnen: ›Ich komme gerade aus den Ferien zurück und bin in bester Verfassung. Nie habe ich mich in meinem Körper wohler gefühlt. Ich bin 1,89 m groß. Wenn meine Familie und ich spazieren gehen und es jemand wagen sollte, uns auf eine Weise anzuschauen, die mir persönlich missfallen könnte, werde ich ihm mit meiner linken Hand den Hals umdrehen; die rechte ist mir zu schade dafür.‹«

Er sprach in höchster Erregung, aber wie immer war es schwierig zu unterscheiden, wann die Realität aufhörte und die Phantasie mit ihm durchging.

Am nächsten Tag war ich im Hause Keyserling zum Essen eingeladen und stellte fest, dass der Triumph des Nationalsozialismus weder seinem Appetit noch seinem Durst etwas anhaben konnte. Sein Haus mit dem kleinen Vorgarten war sympathisch und sehr deutsch. Man hatte den Eindruck, dass er für dieses Haus viel zu groß war. Das Dienstmädchen verstand nur Deutsch, so dass wir völlig offen reden konnten.

Nach dem Essen führte der Graf mich in sein Arbeitszimmer über eine Treppe, auf der zu beiden Seiten Familienporträts hingen (und wenn ich mich recht erinnere, auch eins von mir). Das Erste, was mir auffiel, als ich den Raum betrat, war ein Ölbild über seinem Schreibtisch: Es zeigte Orpheus mit seiner Leier, umgeben von Raubtieren, im Vordergrund eine Schlange. Ich trat näher an das Bild heran, deutete auf das Reptil und fragte ihn: »Ist das ein Porträt von mir?« Er lachte und sagte: »Es ist keine Anakonda.«

Danach wurde das Gespräch persönlicher. Ich sprach offen zu ihm, versuchte allerdings, ihn nicht in der geringsten Weise zu verletzen. Am Nachmittag unternahmen wir im Auto eine Rundfahrt durch die Stadt und die Umgebung. Es war ein klarer, kalter Tag. Wie scharf und durchsichtig das Licht im Winter in Deutschland sein kann! Wir kamen an Gruppen von Hitler-Jungen vorbei, die singend durch die Straßen marschierten. »Der Mithras-Kult«, sagte Keyserling.

Keyserling erwartete die Rückkehr seiner Frau und seiner Kinder, und so glaubte ich, meine Mission erfüllt zu haben. Die Nazi-Atmosphäre stieß mich zu sehr ab, als dass ich sie länger als nötig ertragen wollte.

Das Wiedersehen in Darmstadt war die letzte Begegnung der beiden gewesen. Keyserling starb am 26. April 1946. Am 11. Dezember 1950 schrieb Goedela Gräfin Keyserling in einem Brief an Victoria Ocampo: »*Everybody (...) thinks that your encounter with Hermann belongs to the great events in the history of literature.*«* Dieses »*encounter*«, das in beiden tiefe Spuren und komplexe Selbstvergewisserungen ausgelöst hatte, würde wohl heute niemand mehr eine literarische Sternstunde nennen. An-

* „Alle (...) sind der Meinung, dass Ihre Begegnung mit Hermann zu den großen Ereignissen der Literaturgeschichte gehört.« Aus dem Hermann-Keyserling-Nachlass (HKN), Landes- und Hochschulbibliothek Darmstadt.

lass für den Brief der Witwe war die Drucklegung des zweiten Bandes von Keyserlings *Reise durch die Zeit*, dessen Schlusskapitel »Victoria Ocampo« hieß. Victoria Ocampo empfand das Porträt, das von ihr darin entworfen wird, als grobe Verzerrung; sie wollte sich weder als »größtes Sinnbild eines männerverschlingenden Urhungers« bezeichnen lassen noch als »*Femme fatale* mit schematisch sich gleichbleibender Routine«. Hermann Keyserling ist in der Philosophie- und Literaturgeschichte nur mehr eine Randfigur, die Argentinierin hingegen zu einer der bedeutendsten Gestalten der südamerikanischen Kulturgeschichte aufgestiegen.

1951 veröffentlichte sie in Buenos Aires ein kleines Buch mit dem Titel *El viajero y una de sus sombras* (zu Deutsch etwa: Der Reisende und einer seiner Schatten), einen ironisch-versöhnlichen Rückblick, der sogar den Beifall der Witwe Keyserling fand, die sich eine deutsche Übersetzung hatte anfertigen und die Meinungen von Freunden hatte einholen lassen. So schrieb ihr etwa Werner Bock, ein in Buenos Aires lebender deutscher Schriftsteller: »Das Buch von Frau Ocampo ist trotz mancherlei Kritik und Richtigstellung durchaus nobel und voller Hochachtung vor der Essenz des Keyserling'schen Werkes. Was aufgeklärt wird, erscheint mir von Seiten Frau Ocampos berechtigt und schmälert in nichts den eigentlichen Sinn der Begegnung Ihres Gatten mit dieser ungewöhnlichen Frau.«

Während Keyserling in der Argentinierin offenbar eine Möglichkeit sah, das eigene proteusartige Wesen in fremder Gestalt wiederzufinden, in der Selbstprojektion das Andere zu entdecken, wurde er für sie zum Prototyp jener Alterität, die der Südamerikanerin einen schmerzhaften Einblick in die Ambivalenz der Europäer vermittelte.

Am 13. September 1938 traf Victoria Ocampo mit dem Schiff aus Argentinien in Neapel ein, von wo aus sie nach Rom und Florenz über Paris nach London weiterreiste.

Im März/April 1938 war der »Anschluss« Österreichs an das Deutsche Reich erfolgt, und die Sudetenkrise, Hitlers Forderung, die sudetendeutschen Gebiete von der Tschechoslowakei abzutrennen und dem Deutschen Reich einzuverleiben, stand im Raum. Am 15. September desselben Jahres flog Chamberlain nach Deutschland und führte, vom 22. bis 24. September, in Godesberg Verhandlungen mit Hitler. Hitler wies einen Lösungsvorschlag, der in der garantierten Unabhängigkeit der Tschechoslowakei bestand, ab; nach seiner Rede am 26. September im Berliner Sportpalast verschärfte sich die Situation. Schließlich vermittelte Mussolini ein Treffen zwischen Chamberlain, Daladier, Hitler und ihm selbst in München; am 30. September 1938 um 1.30 Uhr wird das Münchener Abkommen unterzeichnet, was eine vorläufige Einigung Deutschlands mit den Westmächten bedeutete und letztlich durch eine bedenkliche Appeasement-Politik den Ausbruch des Zweiten Weltkriegs in diesem Jahr verhinderte.

Am Abend des Münchener Abkommens hielt sich Victoria Ocampo in London auf. Die Eindrücke aus diesen Tagen hielt sie nachträglich im Oktober 1939 fest:

Ja, nach Berchtesgaden, Godesberg und München befragten wir unser Gewissen: Hatten wir dieses Geschenk, den Frieden, wirklich verdient? Wir hatten ihm doch wahrhaft nichts weiter als den Raum geopfert? Die neuen Leitmotive Hitlers waren: das Recht der Völker auf Selbstbestimmung, die Frage der nationalen Einheit und auf dieser Basis die Festigung des Friedens in Europa (für diese Schlagworte liefert uns Denis de Rougemont in seinem treffenden Nachwort zum *Journal d'Allemagne* den Schlüssel). Das war im September 1938. Zwar konnte jeder gewöhnliche Leser in der Politik feststellen, dass der Führer schlechte Manieren besaß – Gangstermanieren –, doch man dachte sich, dass solche Manieren wohl zu Diktatoren gehörten. Seine Forderungen glichen denen eines Hitzkopfes oder eines Banditen; nichtsdestotrotz waren es Forderungen.

Am Freitag, dem 30., verkündeten die englischen Tageszeitungen, dass Mr. Chamberlain und Herr Hitler ein Abkommen unterzeichnet hätten, in dem sich das deutsche und englische Volk verpflichteten, *»never to go to war with one another again«*. Der gewöhnliche Leser vertraute gutgläubig darauf, dass dieses Versprechen ernst gemeint war. Er glaubte, dass eine Beilegung zwischenstaatlicher Konflikte, eine Utopie, in greifbare Nähe gerückt wäre und fortan auf verheerende Maßnahmen der Zerstörung verzichtet werden könne. Und ich glaubte es ebenfalls. Ich glaube es noch immer. Nur im folgenden Punkt hat sich mein Glaube geändert: Die Ereignisse haben gezeigt, dass eine friedliche Konfliktlösung nicht möglich ist, solange einige Länder von totalitären Einstellungen beherrscht sind, abgesehen von den damit einhergehenden unheilvollen Auswirkungen auf die Weltwirtschaft. Nun gut, nichts beweist, dass eine solche Sachlage für das eine oder andere Land nicht eine Prüfung sein kann. Tatsache ist allerdings, dass eine solche Prüfung ein wahres Fegefeuer ist und dass wir alle, in unterschiedlichem Ausmaß, unter seinem Gegenschlag leiden. Die Geschichte wird zeigen, wer die Verdammten sind.

Mein Kollege von der Cooperación Intelectual, Ozorio de Almeida, beschreibt in einem sehr schönen, offenen Brief, was ihn in Paris am 18. August 1939, am Tag der allgemeinen Mobilmachung, besonders gefesselt hat. Sein Bericht deckt sich im Großen und Ganzen mit meinen Beobachtungen im September 1938 in London, als der Krieg nur noch eine Frage von Stunden zu sein schien. Diese Tage der Prüfung in der Hauptstadt des Britischen Empires erlebt zu haben, unter ihren Bewohnern, bescheidenen oder aufgeblasenen, bekannten oder unbekannten, haben mich Dinge gelehrt, die ich bis dahin nur zu kennen gemeint hatte. Man kann bewundern, ohne zu lieben. Und man kann sogar lieben, ohne zu bewundern. Ich wusste, dass ich die Engländer aus bestimmten Gründen liebte und aus anderen Gründen bewunderte. Doch im September kamen beide Gefühle durcheinander.

Ich war gerade aus Argentinien angekommen, wo die Atmosphäre, die 1938 und 1939 in Europa herrschte, kaum fassbar und schwer vorstellbar war. Eben hatte ich fast zwei Wochen in Italien verbracht, wo mich Mussolinis Stimme mit ihren starrsinnigen Hasspredigten permanent verfolgte. In der Nähe von Fenstern lag sie einem auf der Lauer, immer bereit, sich vom lauen Wind in die Hallen der wundervollsten Museen oder in die Hotelzimmer tragen zu lassen, in die man sich zur Ruhe zurückzog. Ja, das war dieselbe Stimme, die mich vier Jahre zuvor im großen leeren Salon des Palazzo Venezia verhört hatte. Es war dieselbe, die kategorisch behauptete: »Glauben Sie wirklich, dass Dante seine *Commedia* aus Liebe zu Beatrice geschrieben hat? Er schrieb sie aus Hass, aus Hass gegen Florenz.« Der Mann, der diese Worte formulierte, die mir weder zutreffend noch gerechtfertigt erschienen und die genauso abstoßend sind wie sein Urteil über Dante, war mir trotz allem nicht unsympathisch. In ihm war etwas Unmittelbares, Direktes, Brutales, Massives, Herrisches, das sich auch in seinen Gesichtszügen widerspiegelte. Diese unbestreitbare Kraft war genauso verführerisch wie ein Wasserfall, der uns zwar als Touristen im Vorübergehen verführen mag, doch würde es niemandem in den Sinn kommen, sich an seinem Rand niederzulassen.

Sowohl aus nächster Nähe wie auch vier Jahre später aus der Entfernung, als mich seine Reden in Siena, Florenz und Rom einholten, erschien mir die Eindringlichkeit, mit der der Duce die Fruchtbarkeit des Hasses und die reinigende Kraft des Krieges glorifizierte, wie ein gefährliches Spiel. Ich glaube an die schädliche beziehungsweise versöhnende Kraft von Worten, wenn sie unendlich oft wiederholt werden. In der modernen Welt nennt man so etwas Propaganda, und totalitäre Herrscher sind wahre Meister auf diesem Gebiet. Man könnte auch von der Coué-Methode* sprechen, die in hohem Maße in die Praxis umgesetzt wurde.

Binnen zwei Tagen und zu einer Zeit, in der die Stunden das Gewicht dichter Minuten trugen, war ich von Rom nach Paris und von Paris weiter nach London gereist. In dieser Woche der Krise (wie es allenthalben hieß) habe ich in den Straßen, Restaurants, Kinos, Banken, Läden, Kirchen, Hotels und Parks in das Antlitz des britischen Volkes geschaut, habe seine wahren Feinheiten erkannt, unter Umständen, in denen Gefühle nicht weiter verhüllt werden konnten. In meinem Hotel in der Halfmoon Street habe ich die Reden Chamberlains gehört, war umringt von Engländern aus unterschiedlichsten Gesellschaftsschichten. Ich habe mich unter das Publikum der Wochenschau-Kinos gemischt, in denen der Führer und der Duce auf der Leinwand zu sehen waren. Ich habe mich mit den Kellnern vom Strand Palace und mit den Schlossbesitzern in Devonshire unterhalten, mit den Verkäufern in der Jermyn Street und mit den Intellektuellen von Bloomsbury, mit Taxifahrern, Künstlern und sogar mit Obdachlosen. In jenen Tagen war es leicht, ich würde sogar sagen, unvermeidbar, mit jemandem ins Gespräch zu kommen. Es gab dafür ja einen Vorwand, der eigentlich keiner war, da die zahlreichen Unbekannten durch das gleiche

* Émile Coué (1857–1926), französischer Apotheker, Autor, Hypnotist und Psychotherapeut, der mit der Methode der Autosuggestion arbeitete.

Schicksal und die gleiche Bedrohung verbunden waren: den Krieg.

Während jener denkwürdigen Woche habe ich mich täglich mit Einheimischen getroffen, die ihre Meinungen und Gefühle frei äußerten. Dafür und für den Ton, in dem sie sprachen, schätze ich sie ganz besonders. Keine einzige Stimme hatte ihnen Hass vorgepredigt, keine einzige Stimme wiederholte ihnen, dass der Hass gesund und lebenswichtig sei und es gut wäre, ihn zu schüren und sich seiner Kraft zu rühmen. Wenn in den Kinos (jedenfalls in denen, die ich besuchte) der Auftritt Mussolinis oder Hitlers zunächst mit feindseligem Gemurmel begrüßt wurde, flachte es auch bald wieder ab. Stattdessen erfüllte ein eisiges, entschlossenes und dichtes Schweigen den Saal. Angesichts der Schwere der Ereignisse zeugte dieses Schweigen von einer bestimmten Lebenseinstellung und einer wirkungsvollen Reserviertheit. Ebenso bekundete es einen gewissen nationalen Abscheu gegenüber risikoloser Angeberei und großmäuligem Fanatismus.

Nein. Mit gemeinen Beleidigungen, großem Geschrei und Wutausbrüchen konnten sich die Bewohner der Britischen Inseln im September 1938 keine Erleichterung verschaffen. Das entsprach nicht ihrem Naturell. Genauso wenig können sie es heute, im September 1939. Für all diese Menschen bedeutet der Krieg eine schreckliche Pflicht, die erfüllt werden muss, wenn keine andere, weniger grässliche Lösung bleibt. Eine Vorstellung, die mit dem Glauben verbunden ist, dass ein Volk seine Macht kompromittiert, wenn es seine Ehre aufs Spiel setzt, da Macht ohne Ehre keine Anerkennung verdient.

Am »Abend von München« schlenderte ich mit einem alten englischen Freund, der so unterschiedliche Persönlichkeiten wie Gandhi und Roosevelt zu seinen Bekannten zählt, ziellos durch die Straßen von London. Während wir beobachteten, wie die ersten Flugabwehrgeschütze über die Westminster Bridge zogen, verkündeten die Zeitungsverkäufer auf ihren typischen Aushängeschildern, dass die *Big Four* gerade über das Schicksal Europas entschieden. Die Glocken von Westminster Abbey schlugen ohne jede Eile Viertel nach sechs. Unbeeindruckt von unserer angstvollen Erwartung schlugen sie mit dem sanften, unveränderlichen Ton meines fernen Retiro – Erinnerungen an den Turm mit seinen roten Ziegeln, den Platz mit den Platanen, den Bahnhof mit seinen Zügen, seinem Lärm und seinen Gerüchen stiegen in mir auf. Außer uns hatten noch viele andere diesen Zufluchtsort aufgesucht. Um zu beten, zu träumen, zu hoffen, die Hoffnung fallenzulassen, zu verstummen. Versunken in die gleichen Gedanken, fühlte man einander verbunden. Es war, als ob wir uns gegenseitig stützten, wobei ungeklärt blieb, wer Unterstützung bot und wer sie suchte. Dieses gegenseitige Halten, diese Brüderlichkeit entstand wie etwas, das völlig unabhängig von uns existierte, und trotzdem hüllte es uns verständnisvoll ein. Es war menschliche Solidarität. Und da wir näher zu den Toten hin gerückt waren, fühlten wir uns auch den Lebenden näher. Wir fühlten uns den Toten näher, da die abstrakte Vorstellung vom Tod sich konkretisierte. Und je konkreter diese Vorstellung wurde, desto nachdrücklicher spürten wir unsere Einsamkeit. Und diese Einsamkeit, die wir auch in den anderen erkannten, führte schließlich dazu, dass wir zusammenkamen, ohne uns zusammenzuschließen. Denn es war keine persönliche, individuelle Einsamkeit, die wir empfanden, sondern der gemeinsame Schmerz, der sie verursachte. Und diese stillschweigende Leidensgemeinschaft nahm unserer Einsamkeit die Bitterkeit und das Gift. Steht dieses Gefühl der menschlichen Solidarität nicht dem nahe, was man »Kommunion der Heiligen« nennt und was uns, die wir abseits vom Glauben stehen, mit Nostalgie erfüllt?

Weder das Italien Leonardos noch das Deutschland Goethes oder das Russland Mussorgskis dürfen von dieser Kommunion ausgeschlossen bleiben. Das Italien Mussolinis, das Deutschland Hitlers und das Russland Stalins hingegen sollten es sein, wenn sich diese Länder den neuen Göttern und den Instinkten hingeben, die sie erwecken und befriedigen. Aus diesem Grund können wir ihnen nur eine Niederlage wünschen, die ihnen die Augen öffnet – mit oder ohne Krieg.

Wir Amerikaner beider amerikanischer Kontinente können bei der Wahl des Siegers nicht zögern. Ungeachtet der Fehler und Schwächen von Ländern wie England oder Frankreich – ihre Sache muss heute mehr denn je zu unserer eigenen werden. Sich ihrem Schicksal gegenüber neutral zu verhalten, ist so, als ob wir uns unserem eigenen Schicksal gegenüber neutral verhielten. Das sollte uns bewusst sein. Denn wenn das gesamte Amerika sein Gewicht auf die Waagschale der Gerechtigkeit würfe, könnte es sich schon Gehör verschaffen. Es könnte die Sieger dazu bringen – falls diese zur Vergesslichkeit neigen sollten –, einen Grundsatz zu respektieren, der zwar noch in keinem Gesetzbuch steht, uns aber von einem großen Argentinier mit folgenden Worten vermacht wurde: »Der Sieg verleiht keine Rechte.« Indem ich das sage, wird mir bewusst, dass der Sieg – genau wie die Macht – nicht mehr verleihen kann als Pflichten und Verantwortung. Werden Pflichten und Verantwortung verraten, wenn der Sieg erst einmal errungen ist, wird auch unwichtig, dass am Anfang die Verteidigung der Gerechtigkeit stand.

Wir Amerikaner, die wir denselben Glauben an Respekt vor der Gerechtigkeit und an Humanität teilen, wünschen uns den Triumph für Frankreich und England, da jene diesen Glauben heute noch bewahren. Angesichts des gegenwärtigen Krieges dürfen wir nicht neutral bleiben. Doch der Sieg, den wir uns für Frankreich und England wünschen, der Sieg, zu dem wir beitragen wollen, verleiht keine Rechte, sondern Pflichten und Verantwortung.

Die Nürnberger Prozesse*: bleibende Eindrücke

Im Jahre 1946 kam Victoria Ocampo auf Einladung der britischen Regierung erneut nach England. Während ihres Aufenthaltes suchte sie Schriftsteller auf, die sie für Beiträge in einer der englischen Literatur gewidmeten Sonderausgabe der Zeitschrift SUR gewinnen wollte. Bevor sie den Weg nach Europa antrat, hatte sie in den USA an der ersten, in Brooklyn stattfindenden Sitzung der UNO teilgenommen. Von England aus ging es weiter nach Frankreich und Deutschland**; dokumentiert ist diese ausgedehnte Reise in einer Reihe von bisher unveröffentlichten Briefen an ihre Schwester Angélica, in denen sie täglich berichtete, wie das Alltagsleben im Nachkriegseuropa aussah***. Am 5. und 6. Juni des Jahres 1946 wohnte die Argentinierin den Nürnberger Prozessen bei. In jenen Tagen verhörte man den deutschen General Alfred Jodl (1890–1946), an führender Stelle im Oberkommando der Wehrmacht einer der Vertrauensmänner Hitlers. Jodl hatte am 7. Mai 1945 in Reims die Kapitulation Deutschlands unterzeichnet. Er wurde vom Nürnberger Gerichtshof zum Tode verurteilt und gehenkt.

Abreise aus London: Am 5. Juni brachen wir morgens gegen halb sieben nach Croydon auf. Ein stürmischer Wind fegte durch die menschenleeren Straßen von London. Im Auto, das von einer Frau in Uniform gesteuert wurde, befanden

* Victoria Ocampo: *Soledad Sonora. Testimonios.* Cuarta Serie. Buenos Aires: Ed. Sudamericana 1950.

** Enthalten in: Victoria Ocampo: *Testimonios.* Series primera a quinta, Buenos Aires: Ed. Sudamericana 1999, S. 149–168.

*** Enthalten in *Cartas de posguerra*, im Erscheinen begriffen.

sich zwei Reisende: ein typischer Engländer (jedenfalls, wie wir Südamerikaner ihn uns vorstellen) und ich. Er war von Sherlock-Holmes-hafter Magerkeit, jenseits der fünfzig, trug einen kamelhaarfarbenen, nagelneuen Mantel und hatte einen ebensolchen Koffer bei sich. Noch einmal öffnete ich meine Handtasche, um mich zu vergewissern, ob meine Papiere, und vor allen Dingen mein Reisepass, noch an ihrem Platz waren. So viele Male hatte man mir eingeschärft, nichts zu verlieren, bis man mir schließlich einige Ausreisedokumente in doppelter Ausführung angefertigt hatte, nur für den Fall, dass …

Nunmehr beruhigt, hörte ich der Unterhaltung meiner beiden Begleiter zu. Sie hatten einander schon vorgestellt; beide hatten eine gehörige Portion irischen Blutes in sich, und da ich mit ihnen ins Gespräch kommen wollte, erwähnte ich beiläufig, dass auch ich, obwohl Argentinierin, irische Vorfahren hätte. Das beeindruckte die beiden aber wenig, und sie führten ihr Gespräch fort – wie zwei Erwachsene in Gegenwart eines Kindes, das zwar schon die Wörter, nicht aber den Sinn der Sätze versteht. Einer der beiden hielt die Labour-Regierung für gut, der andere nicht. Nachdem ich ihnen vergebens anvertraut hatte, was mir so wertvoll war (einige Tropfen irischen Blutes), gab ich mich gezwungenermaßen dem Trübsinn eines Selbstgespräches hin. Die Bäume bogen sich unter den Windstößen. Das Wort »gale« (Sturm) fiel von Zeit zu Zeit in der Unterhaltung meiner Begleiter. Auf einmal erschien mir dieses Wort bedrohlich.

Der Flug: Kurz vor acht hatten wir den Papierkrieg ohne Zwischenfälle hinter uns gebracht und stiegen in eine tarnfarbene Dakota, die sonst nur für Truppentransporte eingesetzt wurde. Außer dem kamelhaarfarbenen Herrn und mir war niemand mehr in Zivil an Bord. Das Flugzeug zeigte uns sein grünes Inneres. Es war von Drähten durchzogen und mit mysteriösen kleinen Kästen bestückt. Es roch nach Kampf.

Mit einem dumpfen Schlag wurde die Flugzeugtür zugeworfen. Der Pilot trat aus dem Cockpit und zählte die Passagiere mit den Augen durch. Außer uns beiden Zivilisten waren nur Uniformierte an Bord, die zum Teil das Abzeichen der Royal Air Force trugen. Der Pilot hatte ein weißes Tuch um den Hals gebunden, sehr blaue Augen und einen blonden, bürstenförmigen Schnurrbart. Er sagte so etwas wie: Es gibt zwar schlechtes Wetter, aber dieses Flugzeug hält durch. Ich kenne es in- und auswendig. »*The air is bumpy*«, aber bewahren Sie ruhig Blut. Solange wir nicht ins Wasser fallen, gibt es keinen Grund sich aufzuregen. Und bleiben Sie, bitte, auf Ihren Sitzen. Es wird nichts Schlimmes passieren. Achten Sie darauf, dass Sie gut angeschnallt sind. »*Good luck!*«

Nach dieser offensichtlich an die beiden Zivilisten gerichteten Durchsage entgegnete mein Sherlock Holmes: »*Thank you*«. Diese Geistesgegenwart besaß ich nicht. Die Empfehlung des Piloten, ruhig Blut zu bewahren, war nicht auf taube Ohren gestoßen! Mein Blut gehorchte auf der Stelle. Es wurde eiskalt und schien bei dieser Temperatur gefrieren zu wollen, ohne erst auf eine Notlandung im Ärmelkanal zu warten. Ich beobachtete die Erde durch das kleine durchsichtige Quadrat zu meiner Linken. Ich betrachtete sie »sehnsuchtsumloht«, wie der Gefangene den Himmel in der Ballade vom Zuchthaus zu Reading*. Die Erde wurde für mich zum Himmel, besonders, als ein junger Engländer in R.A.F.-Uniform mir mütterlich in die Mae-West hineinhalf: diese Zwangsjacke, die man rasenden Verrückten anlegt, wenn sie starten, um die Wolken zu durchdringen oder um

* Oscar Wilde, *The Ballad of Reading Gaol* (1898): »Ich wußte nur, welches Gedankengejag / seinen Schritten zu eilen gebot / Und weshalb er sah in den strahlenden Tag / mit Augen so sehnsuchtsumloht.« (Übertragung von Albrecht Schaeffer).

die Ozeane zu durchqueren. Eine ohnmächtige Wut überkam mich. Der schmale Kanal, dem unsere Dakota gleichgültig ihre Nase zuwandte, erschien mir plötzlich furchteinflößender als meine stolzen, schweigsamen Anden, die ich zwei Mal im Flugzeug zitternd überquert hatte.

Der Pilot hatte nicht übertrieben: Die Flugstrecke war voller Luftlöcher. Zum ersten Mal in meinem Leben erwischte mich die Seekrankheit der Lüfte, die mir jegliche Furcht vor einer anderen Gefahr nahm. Der Ärmelkanal und der ganze Rest des Lebens verloren an Bedeutung. Jede Minute mit geschlossenen Augen dauerte eine Ewigkeit. Diesen Flug nach Nürnberg, den mir die Engländer großzügigerweise geschenkt hatten – mit wie vielen Jahrhunderten der Angst würde ich ihn bezahlen müssen?

Der Schutzengel der R.A.F. erschien mehrere Male, um der im Sterben Liegenden sein Mitleid zu bekunden. Genauso mütterlich wie er mir zuvor die Schwimmweste angelegt hatte, fing er mich nun mit seinen Worten ein. Als ich wieder einmal seine Gegenwart spürte, öffnete ich für einen Moment die Augen. Sein Gesicht zeigte den fröhlichen Ausdruck von jemandem, der gute Nachrichten mitbringt. Er deutete mit dem Finger auf die Erde, die geliebte Heimat, und wiederholte einige Male, als spräche er zu einer Tauben: »Dünkirchen! Dünkirchen!« Ich sah in sein lächelndes Gesicht und schaute nicht auf Dünkirchen. Um Dünkirchen zu sehen, hätte ich meinen Kopf drehen müssen, und das hätte mir wiederum den Magen umgedreht. Ich sagte: *»Poor soldiers!«* Er schlug mir vor, die Schwimmweste wieder auszuziehen. Folgsam, da völlig entkräftet, ließ ich ihn gewähren. Er kündigte an, dass die vor uns liegende Strecke nicht so unruhig sein würde. Ich glaubte ihm kein Wort. Aber die Leute von der Royal Air Force lügen nicht. Allmählich ließ das Schwanken und Schaukeln nach, und so kam auch der Pilot, um sich für dieses Tänzchen zu entschuldigen und in aller

Liebenswürdigkeit zu versichern: »Da war nichts zu machen. *The air was very bumpy.*«

»Wem sagst du das«, dachte ich bei mir. Es gelang mir aber nicht, meine Fassung wiederzugewinnen. (...) Der R.A.F.-Schutzengel ging den schmalen Gang auf und ab, Aufseher über den Wolken, und wachte aus den Augenwinkeln über mich. Immer wenn er an mir vorbeikam, fragte er mich etwas oder erzählte etwas, um mich wieder ins Leben zurückzurufen. Ob ich etwas brauchte? Aber was hätte er mir schon anbieten können, abgesehen vielleicht von einem Schluck Wasser? Dieses Flugzeug war ein reines Männerflugzeug. Um sich davon zu überzeugen, musste eine Frau sich nur in den hinteren Teil begeben, wo es so etwas wie eine »Toilette« gab. Ich hatte genug Gelegenheit, über solche und ähnliche Dinge nachzudenken.

In Deutschland: Glücklicherweise dauert nichts ewig im Leben; auch nicht der Moment, der unendlich scheint. Gegen zwölf rollten wir über die Nürnberger Landebahn. Die Sonne schien hell, und als man die Tür unseres fliegenden Käfigs öffnete, schlug uns eine überraschend milde Luft entgegen. Mit einem Mal empfand ich doch Neugier und Verwirrung darüber, plötzlich in Deutschland zu sein. Ich spürte die Nachwehen der jüngst geschehenen Katastrophe bis in die kleinste Dinge. Selbst in den roten Rosen, die an einem Zaun sprossen, sie blühten und dufteten *trotz* der Katastrophe. Und dieses *trotzdem* trat im Glanz und im Duft der Rose mit einer Kraft hervor wie ein Schrei in einem Trauersaal, in dem nur geflüstert wird.

In einer Holzbaracke in der Nähe des Hangars ging der Papierkrieg in die zweite Runde. Ich wartete mit meinen Dokumenten vor der Tür, bis man mich hereinbat, und beobachtete unterdessen zwei Schornsteinfeger mit Zylindern und rußgeschwärzten Gesichtern, die ihre Fahrräder vorbeischoben. Sie erschienen mir so außergewöhnlich wie die Rosen. Zehn oder fünfzehn Minuten später fuhr Captain D. in einem Wagen vor. In seiner Begleitung nahmen wir den Weg durch das, was einmal die prächtige Stadt Nürnberg gewesen war. Vor dem Justizpalast machten wir schließlich Halt. Erstaunlicherweise war dieses Gebäude völlig unversehrt geblieben, inmitten von Ruinen. »Haben Sie Ihre Papiere griffbereit?«, fragte mich Captain D. »Von jetzt an müssen sie immer vorgezeigt werden.«

Die US-amerikanische Polizei hatte überall an der Tür und in den Korridoren Posten aufgestellt. Captain D. war sehr freundlich, gutaussehend, wenig förmlich, ziemlich spontan für einen Engländer und erstaunlich menschlich (was nicht heißen soll, dass die Engländer es nicht wären, nur dass sie es häufig hinter ihrem Anstand verbergen); er nahm mich zum Mittagessen in die dafür vorgesehenen Räume im Gerichtshof mit, wo es recht amerikanisch zuging. Zunächst musste man sich eine Karte kaufen, die zu dem Privileg, hier zu speisen, berechtigte; anschließend nahm man ein Tablett, das in verschiedene Fächer unterteilt war, stellte sich selbstverständlich in einer Schlange an und kam mit Zeit und Geduld schließlich an einen langen Tisch, hinter dem einige Männer in weißen Schürzen postiert waren. Vor ihnen standen Kochtöpfe, Platten, Körbe mit Brot und das Tagesmenü. Die Köche – der Captain raunte mir zu, es seien Deutsche – verwendeten den Schöpflöffel wie der Maurer die Kelle. Wir hielten unsere Tabletts hin, und der erste klatschte mit geübter Hand einen Löffel Kartoffelpüree hinein; der zweite eine Scheibe Fleisch, der dritte Kohl, der vierte Salat, der fünfte irgendeinen Nachtisch (zuerst mochte ich ihnen gar nicht zuschauen und beäugte das Essen mit einem gewissen Misstrauen). Danach setzte man sich an einen der vielen kleinen Tische im Raum und nahm seine Mahlzeit vor einer Geräuschkulisse aus Unterhaltung und Tellergeklapper ein.

Captain D. kündigte an, dass wir nach dem Mittagessen am Verhör Jodls teilnehmen würden. Die hier Versammelten spielten alle eine mehr oder weniger große Rolle in Nürnberg: Es waren Journalisten, Sekretäre, Übersetzer. Außerdem wimmelte es überall nach diesem Krieg von Menschen in Uniform – der Frieden schien sie ebenso zu betreffen wie der Krieg. Merkwürdig.

Es blieb kaum Zeit für zwei oder drei Zigaretten, als unser *guide* uns bat, ihm durch ein Labyrinth von Gängen zu folgen. An den immer gleichen Türen las ich unterschiedliche Namen. Schließlich entdeckte ich einen mir wohl vertrauten – Biddle*: Washington, Alexis Léger**, Mildred Bliss***, MacLeish+!

»Ich würde gerne Biddle sehen«, sagte ich zu meinem *guide*. »Ja, später«, gab dieser höflich, aber ausweichend zurück. Ich war nicht gerade erfreut über diesen Aufschub und verstummte voller Missbehagen. Über eine Treppe, deren Stufen und Geländer mit Metalldraht umzäunt waren – dort entlang gingen die Angeklagten –, erreichten wir eine Tür, die in den oberen, für die Gäste bestimmten Teil des Gebäudes führte. Die amerikanische Polizei, die von einem Jungen mit kindlichem Gesicht und in einer tadellos sitzenden, sauberen Uniform verkörpert wurde, kontrollierte gleichgültig meine geöffnete Handtasche. Ich hätte weiß Gott was darin verstecken können, ohne dass er es bemerkt hätte. Mehrere Male zeigten wir unsere Papiere vor. Und schließlich, als mir diese Reise bereits ewig lang erschien (obwohl sie doch erst

* Victoria Ocampo trifft in Nürnberg auf einen guten Bekannten, Francis Biddle. Der US-amerikanische Richter und Jurist fungierte hier als Anwalt. Er wurde von Präsident Truman zum Mitglied des internationalen Militärtribunals in Nürnberg ernannt. Mit Francis Biddle assoziiert sie Washington und die folgenden Namen.

** Der französische Dichter Saint-John Perse.

*** Mildred Barnes Bliss, Ehefrau des US-amerikanischen Diplomaten Robert Woods Bliss, der in Buenos Aires Botschafter war.

\+ Der US-amerikanische Dichter Archibald MacLeish (1892–1982).

um acht Uhr morgens begonnen hatte), betrat ich den berühmten Gerichtssaal.

Im Gerichtssaal: Wir nahmen unsere Plätze ein – im Theater wäre es der erste Rang gewesen. Außer uns waren kaum andere Gäste bei diesem Verhör anwesend; sie saßen verstreut in den wenigen kurzen, abgestuften Reihen, mein Platz war in der zweiten. Die erste Reihe hatte man für Journalisten reserviert. Ich entdeckte die Angeklagten auf zwei langen Bänken, umgeben von amerikanischen Polizisten. Jodl saß zwischen zwei amerikanischen Soldaten. Zu seiner Rechten hielt sich, dicht gedrängt, eine Schar schwatzender Übersetzer bereit. Der Richterstuhl zur Linken war noch leer, ebenso der Platz der Verteidigung beziehungsweise der Anklage in der Mitte, ihm gegenüber.

Ich ließ meinen Blick durch den Raum wandern, er blieb auf den einundzwanzig Kriegsverbrechern haften. Ein englischer Offizier mit ordensgeschmückter Brust lieh mir freundlicherweise sein Fernglas. Zum ersten Mal in meinem Leben sah ich nun diese berühmten deutschen Gesichter leibhaftig vor mir. Doch kehrten meine Augen immer wieder zu den ersten vier zurück, die am Ende der Bank auf meiner Seite saßen: Göring, Heß, Keitel, Ribbentrop. Vor allem zu dem ersten. Hätte ich, ohne die Stimme zu heben, »Hermann« gesagt, er hätte mich gehört. Er wirkte bleich, unbewegt, in einer Uniform, die seiner früheren Leibesfülle entsprach und nun ihres alten Glanzes beraubt war, und ich meinte, einen ironischen Ausdruck in seinem Gesicht und in seiner Haltung zu entdecken. Er saß ganz vorn und stützte sich auf das Ende der Holzbrüstung, lehnte sich jedoch nicht mit dem Rücken an (auch in den folgenden Tagen änderte er seine Haltung nicht), als wollte er sich eine bessere Sicht auf den Angeklagten verschaffen, der gerade verhört wurde, so dass ich ihn hauptsächlich im Profil wahrnahm. Ein Arm ruhte in ganzer Länge ausgestreckt auf der Rückenlehne und verschwand hinter Heß, den er einrahmte. Der andere ragte, leicht angewinkelt, mit dem Ellenbogen über die seitliche Begrenzung der Bank hinaus. Wenige Zentimeter davon entfernt, stand unbeweglich und teilnahmslos ein kräftiger, junger amerikanischer Soldat. Ich sah ihn von hinten, groß, breitschultrig, mit schmalen Hüften, elegant in seiner enganliegenden Khakiuniform. Das frische Weiß von Helm, Koppel und Gamaschen hob sich vom düsteren Hintergrund des Gerichtssaals ab. Schneereste über einem grauen Tal. Der junge Mann stand aufrecht, die Beine etwas ausgestellt, die Arme auf dem Rücken, in seinen Händen hielt er ein weißes Stöckchen fest umschlossen, wie ein Trapezkünstler seine Trapezstange. Seine ganze Haltung schien zu sagen: »Bleib zurück!« Ich konnte allerdings keine Waffe an ihm entdecken, auch seine Uniform war sehr dezent. Nur wenige Zentimeter von Görings Ellenbogen entfernt, hatte diese stumme jugendliche Präsenz beinahe etwas Feierliches und Symbolisches.

Zwei Personen des Dramas: Da war er also, der mächtige, furchtbare, gefürchtete, harte, grausame, prachtliebende Nazigeneral, bewacht von einem großen Jungen mit einem weißen Stöckchen. Gestern noch hatte dieser Junge in den Prärien von Texas oder an den Ufern des Potomac gespielt, lief den Eichhörnchen im Central Park nach, vergrub seine nackten Füße im Sand des Pazifik. Verkleidete sich vielleicht als Indianer. Jetzt hatte man ihn dazu verpflichtet, sich als Soldat zu verkleiden, und er nahm seine Rolle ernst. Die Deutschen hatten ihn für einen Witz von Soldaten gehalten. Hier stand sie nun, diese Witzfigur, vor Görings Nase. Hätte der Angeklagte seinen rechten Arm ausgestreckt, wäre seine Hand auf diese lebende Mauer von Brust getroffen: auf dieses verachtete Amerika! Was für eine Demütigung! Aber der

Feldmarschall würde seinen Arm schon nicht auf dieser Seite ausstrecken. Ein stilles Drama zwischen einem, dessen Namen weltweit die Zeitungen füllte und der unzählige Leben überschattet hatte, und einem anderen, der Welt Unbekannten. Beide nahmen sie wenig Raum ein, und manchmal verdeckte der eine die Gestalt des anderen.

Ich bewegte das Fernglas zu Heß hin. Er erinnerte mich an ein Äffchen, das sich im Winter verloren an die Käfigstäbe klammert. Eng zusammenstehende Augen, verfrorene Miene. Er gab sich teilnahmslos, geistesabwesend, wie jemand, der aus dem Fenster schaut und sich nur auf die kleinen Kratzer auf der Glasscheibe konzentriert. Alles schien durch seinen Blick hindurchzugehen, *»passe entre ses regards sans briser leur absence«* (Valéry). Er hatte sich eine einfache graue Decke um die Beine gewickelt. Die gleiche Decke lag übrigens auf den Knien des pompösen Göring. Ganz im Gegensatz zu Heß wirkte Keitel, weiter hinten, hellwach und hörte aufmerksam zu, was seine Kameraden sagten. Sein Auftreten war militärisch, seine Gesichtszüge hart, ausgezehrt, unerschütterlich, jedoch nicht abstoßend. Er bewahrte in seiner Haltung die Spuren seines Amtes und eine gewisse Würde.

Während ich schließlich den jämmerlichen Ribbentrop betrachtete, fragte ich mich, was für ein Amt er wohl innehatte. Glänzend mochte er vielleicht in seinen Erfolgsmomenten gewirkt haben – doch davon war ihm in der augenblicklichen Krise nichts mehr anzumerken.

Plötzlich wurde um Ruhe im Saal gebeten. Alle erhoben sich. Die Richter traten ein. Das Publikum wartete ab, bis sie Platz genommen hatten, bevor es sich ebenfalls wieder setzte. Einundzwanzig Leben lagen in den Händen dieser Männer – eine große Bürde; Leben, die eine Doktrin verkörperten, ein Regime, eine ganze Nation.

Das visuelle Schauspiel: Ich griff nach den Kopfhörern, um die Debatte auf Englisch oder Französisch zu verfolgen, wenn die Deutschen oder Russen sprachen. Fast alle taten dasselbe, was der Versammlung einen merkwürdigen Ausdruck verlieh: Als ob sie alle Büroangestellte wären, die Dienst in einer Telefonzentrale hatten. Auch Jodl hatte sich Kopfhörer aufgesetzt. Er saß aufrecht, sein Gesicht war schmal und von einer grünlichen Blässe. Ich fragte mich, ob das an seiner grünlichen Uniform lag oder ob es es seine natürliche Hautfarbe war. Seine Nasenspitze war gerötet, die Nase eines Erkälteten – der einzige lebendige Punkt in einem Gesicht, das ansonsten gut ins Wachsfigurenkabinett von Grevin gepasst hätte. Als Jodl anfing zu sprechen, sich zu bewegen, ohne seine Starre zu verlieren, überraschte mich seine Ähnlichkeit mit jemandem. Nur mit wem? Es fiel mir nicht gleich ein.

Erst als der Naziführer sich seinen unter dem Ansturm des Verhörs verrutschten Kopfhörer zurechtrückte, stieg ein klares Bild in mir auf: Laurel! Diese Geste Jodls wirkte grotesk, erweckte sie doch in einem Moment höchster Dramatik das Bild eines arglosen Telefonisten (man fragte ihn gerade, ob er zu jenem Zeitpunkt von den Verbrechen gewusst habe oder nicht). Ja, Laurel! Der dürre Laurel. Fast wartete ich darauf, dass Jodl sich gleich mit der typischen Verlegenheitsgeste am Hinterkopf kratzte. Aber, nein! Er fasste noch einmal nach dem Kopfhörer, nahm ihn dann ab und legte ihn auf den Tisch. Mit einer kaum merklichen, trotzigen Kopfbewegung schien er, wie Laurel, wenn er Hardy provozierte, zu sagen: »Ich mache die Dinge so, wie es mir passt, und damit basta!« Keine schallende Ohrfeige rief Jodl zur Ordnung, und niemandem war zum Lachen zumute. Der General verstummte. Später erklärte er, dass die Übersetzung so schlecht sei, dass er nichts verstehe oder er sie nicht richtig hören könne.

Es folgten Plädoyers, Fragen, Antworten, aber – ich gebe

es offen zu – für mich waren sie nicht das Wichtigste. Dieses Schauspiel beeindruckte meine Augen mehr als meine Ohren. Was in diesem Saal gesprochen wurde, konnte ich in den Zeitungen nachlesen oder von Freunden erzählt bekommen. Aber nie könnten sie mir vermitteln, was meine Augen in den Gesichtern, in den Gesten und in der Haltung dieser Männer wahrnahmen. Meine Ohren waren eher auf den Tonfall der Stimme gerichtet als auf einzelne Worte. Und so galt meine Aufmerksamkeit bald nicht mehr der Übersetzung, sondern den deutschen oder russischen Sätzen, obwohl ich sie nicht verstand. In Nürnberg, wie sonst auch, zerstörte die Synchronisation etwas Wesentliches.

Allein unter Männern: Alles in diesem Saal bewies mir, dass es sich um reine Männerangelegenheiten handelte. Der Prozess von Nürnberg ließ sich mit meiner Dakota vergleichen, die ausschließlich für den Truppentransport bestimmt war. In beiden Fällen hatte man mit der Anwesenheit von Frauen nicht gerechnet. Dieses Tribunal, jenes Flugzeug – in beiden waren Frauen ›an Bord‹ nicht vorgesehen. Beide wurden gebaut und eingerichtet, ohne dabei an die Frauen mitzudenken. Offensichtlich taugten Frauen nicht zu diesem Männersport, unter dessen Folgen sie aber dennoch zu leiden hatten.

Hitlers Verschwörung war Männersache. Es gab keine Frauen unter den Angeklagten. War das vielleicht der Grund, dass auch unter den Richtern keine Frau zu finden war? Hätten sie aber nicht gerade hier vertreten sein sollen? Wenn die Ergebnisse der Nürnberger Prozesse tatsächlich das Schicksal Europas maßgeblich bestimmten, wäre es dann nicht gerecht gewesen, dass auch Frauen ein Wort mitredeten? Hatte der Krieg nicht auch sie betroffen? Hatten sie sich im Moment der Gefahr als unwürdige Gefährtinnen erwiesen? Würden sie es in einem Moment sein, in dem es um die Zukunft der Welt ging? Die Männer sind bis heute kläglich darin gescheitert, Kriegsverbrechen oder Kriege überhaupt, die immer ein Verbrechen sind, zu verhindern. Die Frauen nach ihrer Meinung in dieser Sache zu fragen, sie daran zu beteiligen, bedeutet keine Gefahr, es könnte, im Gegenteil, unerwartete Vorteile mit sich bringen.

Die nicht mehr wiederzuerkennende Stadt: An diesem Nachmittag erschien mir Nürnberg wie dem Erdboden gleichgemacht. Das einzige und noch bewohnbare Hotel, in dem ich untergebracht war, hatte ebenfalls eine Bombe abbekommen; die Spuren waren noch deutlich zu sehen. Das Personal war deutsch. Nach dem Essen blieb ich noch eine Weile auf der Schwelle zu einem kleinen Saal stehen, in dem ein Orchester Tango spielte. Im rötlichen Dämmerlicht tanzte ein Dutzend Paare voller Hingabe. Dieser vertraute Rhythmus des Tango, die beim Tanzen eng aneinandergeschmiegten Männer und Frauen inmitten einer in Trümmern liegenden Stadt – das alles war, nach einem ganzen Tag im Gerichtshof und meinem Flug in der Dakota, so bedrückend selbstverständlich wie ein Alptraum.

Um acht Uhr abends war es noch immer hell, und so kam mir der Gedanke, noch einen Spaziergang durch die Stadt zu machen. Schon nach zehn Minuten gab ich auf. Ärmlich gekleidete Passanten, barfüßige Kinder, mit Ruß und Staub bedeckt, warfen mir, an einer Brücke, vielsagende Blicke zu. Ich fühlte mich auf Schritt und Tritt von so feindseliger Neugier verfolgt, dass ich umkehrte. Mauern des Hasses schnitten mir den Weg ab. Blicke musterten mein viel zu neues, maßgeschneidertes Kostüm (obwohl ich es schon seit einem halben Jahr trug), meine festen und geschmeidigen Schuhe, meine Handtasche über den Schultern, meinen grauen Filzhut, meine schweinsledernen Handschuhe, meine Nylonstrümpfe, mein Gesicht. Und zwar mit einer solchen Eindringlichkeit, dass ich mir irgendwie sehr unanständig vorkam. Ich ertrug diesen unerträglichen physischen Kontakt mit einer Mischung aus Mitleid, Angst und Rebellion. Ich beschleunigte meinen Schritt in Richtung Hotel mit dem Gefühl, Hindernisse überwinden und ständig drohenden Gefahren ausweichen zu müssen: Sechzigtausend Leichen lagen noch unter den Trümmern, und die Überlebenden – die in Kellern hausten – schienen sie mir in den Weg zu werfen.

Mit einem Mal erschreckte mich meine mehr oder weniger touristische Neugier, und sie erschien mir auch gefährlich. So endete mein erster und einziger Spaziergang allein durch die Stadt. Und so endete auch mein erster Reisetag. Am Hoteleingang musste ich der Polizei mit weißem Helm meine Papiere vorzeigen. Als ich endlich in meinem Zimmer war, öffnete ich das Fenster und lehnte mich hinaus. Hinter einem durchlöcherten Haus zogen blassrosa Wolken vorbei. Die Luft war mild. Ich hätte nicht geglaubt, dass sie in Deutschland so mild sein könnte. Ihre Süße erzeugte ein Wohlbefinden, eine Art körperlichen Optimismus, der meiner Angst ein wenig ihren Schrecken nahm.

Am Vor- und Nachmittag des nächsten Tages wohnte ich einer *cross examination* bei, dem Kreuzverhör von Jodl. Sobald einen die Atmosphäre des Gerichtshofs einholte, verschwand der Rest der Welt.

Mehr als nur eine Stunde der Schande: Nach dem Verhör fuhr man mich zum Gelände des Reichsparteitags, dem berühmten Stadion, in dem Hitler seine Reden gehalten hatte. Das Hakenkreuz war aus den mächtigen Eisentoren herausgerissen, wo es frische Narben hinterlassen hatte; Unkraut wuchs zwischen den Steinen und dem Beton. Dieses riesige, verlassene, melancholische Stadion erinnerte mich entfernt an Teotihuacán. Ich stieg die Stufen hinauf, die zu der Plattform führten, auf der sich Hitler bei den Parteiversammlungen der Nationalsozialisten postiert hatte. Drei Jahre zuvor war ich die aztekischen Pyramiden hinaufgeklettert: die Füße in Lachen von Blut. So viele Herzen aus so vielen Brüsten gerissen! Über sie stolperte ich nun.

Ich suchte Biddle in seinem Büro auf, er veranlasste, dass man mir am nächsten Tag, dem Tag meiner Abreise, die »Filme« aus den Konzentrationslagern vorführte – es war mehr als nur eine Stunde der Schande.

Diese Filme, in einem verlassenen Saal des Justizpalastes von Nürnberg zu sehen, rückten mir empfindlich nahe. Wenn man nur die Wehklagen hörte, wären sie nicht ohne körperliche Schmerzen zu ertragen. Ich sah mir auch den Raum mit den *exhibits* an: Menschenhaut, mit einer auftätowierten Tänzerin, bestimmt für einen Lampenschirm, ist schon Zeichen eines sehr deutschen, schlechten Geschmacks. Aber dann noch dieser unglaubliche Wahnsinn zivilisierter Menschen, auf die Idee zu kommen, sich als Andenken Schrumpfköpfe herzustellen und zu konservieren. Man bot mir an, an der aus menschlichem Fett hergestellten Seife zu riechen, aber meine Nase weigerte sich, meine Augen zu begleiten. Schließlich erfuhr ich noch am eigenen Leib, dass Fotos grauenhafter sein konnten als »Filme« oder hellbraune, in einer Ecke aufgetürmte Menschenhäute.

Die Rückreise: Als ich wieder in die Dakota stieg, die mich nach Croydon zurückbringen sollte, bekam ich beim besten Willen keinen Bissen herunter. Mein Herz regte sich kaum, als ob es sich weigerte, noch etwas zu begreifen. Dafür antwortete mein Magen. Er hatte die Bedeutung dieser ganzen Gräuel ermessen und ihre Sprache verstanden. Mein Herz schwieg, nur mein Magen sprach – auf seine Weise.

Dennoch kehrte mit dem strahlenden Tag, der sich schon am Flughafen zeigte, und mit dem Wohlsein an der frischen Luft etwas Ruhe in mir zurück.

Die Besatzung der Dakota erwartete uns bei offener Tür. Dieses Mal war es eine belgische Maschine. Beim Start wurden keine Reden gehalten, und es gab auch keine Mae-West über dem Kanal. Bei seinem Anblick erfasste mich rückwirkend ein Schauer. Während des Fluges wurde Französisch gesprochen. Es gab auch keine Anweisungen, sich gut anzuschnallen. Die einzigen Zivilisten waren wieder der Sherlock Holmes im kamelhaarfarbenen Mantel und ich. Der Pilot, ein bezaubernder junger Mann (in diesem Beruf gibt es viele Männer, die bezaubern, selbst wenn sie uns, um uns zu beruhigen, erschrecken), zeigte mir Städte und bombardierte Rheinbrücken. Alles schien klein und unbedeutend von unserem Wolkenbalkon aus. Man fühlte sich fast heimisch in dieser Maschine, die ohne Erschütterungen durch den klaren Himmel glitt. Alle Blicke, denen ich begegnete, sprachen von menschlicher Sympathie. Die Sympathie in diesen Blicken tat gut. Wie angenehm, dachte ich und saugte sie wie einen wohltuenden Balsam auf. Obwohl ich in Nürnberg die ganze Zeit von meinen englischen Freunden umgeben und beschützt gewesen war, hatte ich nicht anders gekonnt, als mich versteinert und verkrampft in mich zurückzuziehen, mich wie ein Knäuel zusammenzurollen, bis ich mein Herz nicht mehr spürte. Die Atmosphäre der Stadt drang in alle Poren. Ich hatte mich ihr nicht entziehen, nichts dagegen tun können.

Mit einem Mal schnürte mir das Bedürfnis, über alles zu weinen, was ich gesehen hatte, die Kehle zu. Schon wegen einer Kleinigkeit – dass man mir ein Glas Wasser anbot oder mir den Mantel reichte, weil es sich abgekühlt hatte – hätte ich weinen können. Die kleinste Aufmerksamkeit rief maßlose, stürmische, irrwitzige Gefühle in mir hervor. Ich taute auf. Mein Herz schmolz bei der geringsten Liebenswürdigkeit. Was hätte der junge Pilot wohl gedacht, wenn ich bei der Bemerkung »In zehn Minuten sehen wir den Ärmelkanal« in Tränen ausgebrochen wäre?

Ich beschloss, dass es besser war, die Augen zu schließen und das Fernglas davorzuhalten und so zu tun, als würde man irgendetwas aufmerksam betrachten. Der ganze salzige Ärmelkanal hatte sich bereits hinter meinen Augenlidern angesammelt.

Sieger, Besiegte, Henker, Opfer, Verrat, Folter, Lügen, Heldentum, Ergebenheit, Anklagen, Verteidigung, Vaterländer, Schmerzen, Gerechtigkeit, Grausamkeit, Hass, Ignoranz, Ehrgeiz, Tapferkeit, Fanatismus, Strafen, Widerstand, Entbehrung, Todeskampf, Unrecht ... Was für ein Wortreigen! Er kreiste in meinem Kopf mit einer solchen Geschwindigkeit, dass alle Gefühle und Leidenschaften eine einzige Farbe annahmen: die der Nürnberger Prozesse.

Victoria Ocampo beendet ihre Ausführungen zu den Nürnberger Prozessen mit einer Lehre, die sie für sich aus den Erlebnissen dieser Tage gezogen hatte: Sie erkannte die Notwendigkeit einer internationalen Polizei. Schon 1939, so schreibt sie, waren die Anführer der Nationalsozialisten Kriminelle im eigenen Land. Das Naziregime folterte eine ganze Nation und deformierte sie moralisch – doch niemand griff ein. Eine internationale Polizei, davon ist die Argentinierin überzeugt, hätte den Krieg ab 1939 mit allen seinen Schrecken verhindern können.

Südamerikanische Komplizenschaft: Gabriela Mistral und Victoria Ocampo

Die Freundschaft Victoria Ocampos und Gabriela Mistrals (geborene Lucila Godoy Alcayaga) umspannte mehrere Jahrzehnte. Sie begann 1930, als sich die beiden Frauen zum ersten Mal in Madrid begegneten, und ging bis zum Tod Gabriela Mistrals im Jahre 1957. Es war vor allem eine Freundschaft in Briefen*, die über zwanzig Jahre regelmäßig ausgetauscht wurden. Das Interesse aneinander reichte schon in das Jahr 1926 zurück, doch verpassten sich die beiden immer wieder auf ihren Reisen.

Was verband diese so unterschiedlichen Autorinnen? Die eine aus der chilenischen Provinz, in einfachen sozialen Verhältnissen von nur einem Elternteil aufgezogen, äußerlich unaufwendig, am gesellschaftlichen Leben desinteressiert, mit einem kleinen Einkommen aus dem Lehrerberuf beziehungsweise ihrer Tätigkeit als Diplomatin; die andere aus der *upper class* einer Welthauptstadt, finanziell unabhängig, sozial abgesichert, attraktiv, von Luxus umgeben, kosmopolitisch. Die eine pflegte Vertrauensverhältnisse zu Frauen und war stets bestrebt, den Feminismus aktiv voranzutreiben, die andere ging Liebes-Freundschaften und Liebesverhältnisse mit Männern ein. Beide sind am gleichen Tag geboren, dem 7. April; Gabriela Mistral war ein Jahr älter. Beide waren eindrucksvolle und willensstarke

* Nachdem die Korrespondenz (*Correspondencia 1926–1956*) ursprünglich in englischer Sprache erschienen war (*The Letters of Gabriela Mistral and Victoria Ocampo*, übersetzt und herausgegeben von Elizabeth Horan und Doris Meyer, Austin, University of Texas, 2003), wurde sie vom Verlag El Cuenco de Plata unter dem Titel *Esta América nuestra* im Jahre 2007 auf Spanisch publiziert.

Persönlichkeiten. Vor allem verbanden sie intellektuelle und emotionale Übereinstimmungen: Intelligent, alleinstehend und ohne Kinder, hatten sie sich beide ihr eigenes, unabhängiges Leben eingerichtet, kannten das Gefühl des Ausgeschlossenseins und bewegten sich doch gleichermaßen bewundernswert auf internationalem Parkett. Sie teilten das Interesse an feministischen Fragestellungen, durchschauten die patriarchalische Rollenverteilung. Beide hatten sich vom Katholizismus distanziert und sich weniger dogmatischen Glaubensgrundsätzen zugewandt. Beide waren mit Waldo Frank, José Ortega y Gasset und Alfonso Reyes befreundet. Beide verehrten Dante und Tagore sowie die orientalische Philosophie, beide fühlten sich der Natur eng verbunden, beide liebten – und das war vielleicht das stärkste Band – Amerika. Zentrales Thema ihrer Korrespondenz war denn auch die *americanidad*, die Suche nach der südamerikanischen Identität, nach den neuen Formen des südamerikanischen sprachlichen Ausdrucks.

Im April 1938 kam Gabriela Mistral nach Argentinien und wohnte eine Woche bei Victoria Ocampo in Mar del Plata, danach in Buenos Aires, in der Calle Rufino de Elizalde. Die beiden Frauen tauschten innerhalb des Hauses von Raum zu Raum Briefe und Notizen aus, »gesprochene Briefe«, wie Victoria Ocampo einmal anmerkte. Vierundachtzig Briefe sind insgesamt von Gabriela Mistral, sechsunddreißig von Victoria Ocampo erhalten. Gabriela Mistral war offenbar nachlässiger im Aufbewahren; vor dem Jahr 1942 schien sie sie gar nicht gesammelt oder verloren zu haben. Darüber hinaus war sie durch ihre vielen Reisen und ihren gefühlsmäßigen Einbruch in den 1940er Jahren nach dem Selbstmord ihres adoptierten Neffen Yin Yin (Juan Miguel Godoy) zerstreut und abgelenkt. Doch fand Victoria Ocampo in Gabriela Mistral die beste Korrespondentin und Gesprächspartnerin, was den Austausch über die südamerikanische Sprache und Kultur anging.

Als Gabriela Mistral im Jahre 1945 den Nobelpreis erhielt, nahm Victoria Ocampo dieses besondere, für sie höchst beglückende Ereignis zum Anlass, über die Freundschaft zu sprechen, die sie mit der Chilenin verband*:

So viele traurige Nachrichten haben uns in Mar del Plata seit Kriegsbeginn über das Telefon erreicht: Selbstmorde, Todesfälle – und nun kommt ganz überraschend diese schöne Nachricht. Als eine Stimme mich aus der Ferne fragte: »Hast du schon gehört …?«, war meine erste Reaktion: »Nein, und ich will auch gar nichts hören.« Die Welt ist leer geworden, die Freunde verlassen uns. Schon die geographische Entfernung, die ganz konkrete Schwierigkeit, sich zu verständigen, war oftmals schon eine Probe auf die endgültige Abwesenheit.

Dieses Mal aber erreichte uns eine Mitteilung, die wir mit größter Freude aufnahmen. Allerdings frage ich mich, ob jemand, der nicht das Privileg hatte, einmal länger mit Gabriela Mistral zu sprechen, überhaupt ermessen kann, wie sehr man sich zu dieser guten Nachricht beglückwünschen darf. Im Allgemeinen zeugen die Preise von wenig Feingespür, sie irren sich nicht selten in den Adressaten. Dieses Mal ist es eine glückliche Wahl. Und wenn wir auch mit vollem Recht nicht weniger stolz auf einige andere amerikanische Schriftsteller der spanischen Sprache sein können, deren Bedeutung in der Welt unumstritten ist, sehe ich niemanden, der dieser Auszeichnung würdiger gewesen wäre. Meiner Ansicht nach sollten Auszeichnungen wie der Nobelpreis für Literatur, von Ausnahmen abgesehen, nie nur allein für das Werk eines Autors vergeben werden. Berücksichtigt werden sollte immer auch, was ein Autor darstellt, und damit meine ich, was er als menschliches Vorbild darstellt. Gabriela Mistral erfüllt

* In: Victoria Ocampo: *Testimonios.* Tercera Serie. Buenos Aires: Ed. Sudamericana 1946, S. 171–181.

diese Bedingung; Tagore erfüllte sie ebenfalls. Deswegen finde ich, dass diese Wahl ganz besonders glücklich ausgefallen ist.

Gabriela Mistral hat drei große Lieben: die Dichtung, die Kinder und den amerikanischen Kontinent. Genauer: bestimmte Regionen des Kontinents, nämlich jene, in denen das indianische Blut am stärksten vertreten ist. »Mit fünfzehn Jahren begann ich als Lehrerin auf dem Lande zu unterrichten«, erzählte sie mir. Doch empfand Gabriela dieses »Unterrichten« nicht als einen Beruf, mit dem man seinen Lebensunterhalt verdiente. Für sie war es eine Berufung. Und diese ließ sich glücklich vereinbaren mit ihrer steten Sorge um das Los des hispanoamerikanischen Volkes sowie mit ihrer schriftstellerischen Begabung. Welche der drei Leidenschaften die stärkste ist, wage ich nicht zu sagen. Mit der jeweiligen Intensität, mit der sie alle drei betreibt, kann man sich leicht täuschen. Allerdings scheint mir die Poesie ein ideales Forum auch für die anderen beiden Lieben zu sein.

Ich lernte Gabriela Mistral 1930 in Madrid kennen. Schon einige Male vorher hatten sich unsere Wege in anderen Städten gekreuzt. Die eine kam, als die andere gerade abreiste. Sich zum ersten Mal einem solch außergewöhnlichen Menschen wie Gabriela, einer solch eindrucksvollen Persönlichkeit von Angesicht zu Angesicht gegenüberzusehen, ist ein prägendes Erlebnis. Ich erinnere mich noch an die ersten Minuten dieser Begegnung. Ich saß neben ihr und wurde prüfend betrachtet aus ungewöhnlichen grünen Augen, die aus diesem so schönen, festen und ernsten Gesicht hervorstachen. Ich fühlte mich wie ein Schulmädchen, das gerade bei einem Fehler ertappt wird. Was für ein Fehler? Gabriela hatte noch nicht den Mund aufgetan, als ich schon wusste, dass sie mich eines Deliktes für schuldig hielt, dessen Natur mir allerdings noch unbekannt war und mich beunruhigte. Aber die

Enthüllung ließ nicht lange auf sich warten: 1. Warum war ich in der kosmopolitischsten Stadt Südamerikas geboren? 2. Warum war ich so französisiert? 3. Warum hatte ich mich nicht genügend um X bemüht (eine Autorin, mit der ich rein zufällig einmal zusammentraf)? Völlig verstört von diesen Vorwürfen, die mich urplötzlich trafen, wusste ich nicht, welchen Heiligen ich so schnell anrufen sollte. Wie sollte ich mich dagegen verteidigen, nicht selbst meinen Geburtsort bestimmt zu haben? Meine Französisierung wiederum rührte aus nicht weniger unabsichtlichen Quellen: meine Eltern hatten während meiner Kindheit in Paris gelebt, meine Erziehung war einer französischen Lehrerin anvertraut worden. Und was X angeht, so kam mir nie der Gedanke, dass eine Freundschaft zwischen uns zwingend gewesen wäre. Diese Vorwürfe, die mir Gabriela trotz ihres freundlichen Lächelns in aller Ernsthaftigkeit machte, hätten mich reizen oder treffen können, zumal sie auf den ersten Blick unsinnig und absurd erschienen. Aber es war nicht so. Ich hörte mir geduldig, mit halboffenem Mund, ihre Predigt an und sagte mir, während sie sprach: »Es ist unglaublich, wie eine so großartige Person so ungerecht sein kann. Diese Frau behält selbst in ihrer Ungerechtigkeit noch ihre Würde.« Und ich dankte Gabriela dafür, dass sie mir ihre Vorwürfe zum Geschenk gemacht hatte und mich dieser Vorwürfe für würdig erachtete. Nicht darauf gewartet zu haben, mich kennenzulernen, um erst dann in dieser Weise zu mir zu sprechen. Vorausgesehen zu haben, dass das Einzige, was zwischen uns zählte, die gute Absicht war und nicht ein möglicher Irrtum.

Gabriela hatte sich fest vorgenommen, mir Amerika zu schenken. Solche Vorstellungen hatte sie. Aber sie forderte als Gegenleistung, dass ich Amerika – dürftige Belohnung – meine ganze Person ohne Vorbehalte schenkte. Ich denke, dass es bereits ein Einverständnis zwischen mir und Amerika gab und dass wir uns, genau so, wie sie es sich wünschte, schon angenähert hatten. Hätte ich sie sonst so schnell verstehen können? Ich bezweifle es. Gabriela ließ sich nicht entziffern, ließ sich nicht erklären, ohne den Schlüssel zu diesem Kontinent zu besitzen, der ihrer und meiner war:

> … die Küste, zu der du mich trägst,
> hat liebliche Wiesen und salzig den Wind,
> sie trägt den Atlantik wie eine Pferdemähne
> und die Rinder wie einen Atlantik …*

heißt es in einem Gedicht, das sie hier, in diesem Haus in Mar del Plata, schrieb, wo sie die Bäume so schön fand und in dem sie im Jahre 1937 (sic!; 1938) ein paar Wochen verbrachte. Der April kam mit seinen ruhigen, klaren und frischen Tagen, wie er an dieser Küste häufig auf den Sommer folgt. Und diese wunderbaren, einsamen Herbsttage gehörten auch nur der kleinen Gruppe von anhänglichen Besuchern und den treuen Bewohnern des Badeortes. Gabriela entdeckte den Zauber dieser neuen Landschaft (wir mussten sie geradezu auf die Estancias der Umgebung schleppen, da sie nicht gern das Haus verließ), und ich entdeckte ihren. Einige Tage vor dem 7. fiel uns auf, dass wir am gleichen Tag, wenn auch nicht im selben Jahr, geboren wurden. Und um an dieses denkwürdige Zusammentreffen zu erinnern, widmete sie mir das gerade zitierte Gedicht, dessen mit Bleistift hingekritzeltes Original ich wie meinen Augapfel hüte.

Gabriela erkannte bald, dass ich trotz »meines« Frankreichs auf verlorene und unabwendbare Weise amerikanisch war – wie die unscheinbarste Pflanze oder der gewöhnlichste Vogel in der Region. Bald konnte sie mir meinen Geburtsort verzeihen, und alles, was meine ersten Lehrjahre unauslöschlich in mir hinterlassen hatten. Sie übergab mir ihr Gedicht,

* Gabriela Mistral: »Recado a Victoria Ocampo en la Argentina«. In: *Tala*. Buenos Aires: SUR 1938, S. 265–268.

als ob sie jemandem den Ritterschlag erteilte. Was für eine Erleichterung! Das Stärkste und Dringendste, beinahe eine Obsession war für Gabriela die Sorge um das Land und die Rasse. Gabriela ist stolz auf das indianische Blut, das sich in ihren Adern mit dem spanischen vermischt, ist stolz auf ihre Liebe zu den Indianern, von denen sie abstammt und die heute die Enterbten ihres Landes sind. Die Kinder und die Enterbten sind ihre wahre Heimat.

Auf dem Land von Mitla, an einem Tag
der Zikaden, der Sonne und des Marsches
neigte ich mich über eine Quelle, und es kam ein Indianer,
um mich über dem Wasser zu halten,
und mein Kopf war wie eine Frucht
in seinen Händen.
Ich trank, was er trank,
sein Gesicht gegen mein Gesicht,
und wie in einem Blitz erkannte ich,
dass das Fleisch von Mitla meines Geschlechtes war.*

Gabriela war von dieser Kindheitserinnerung berauscht, berauscht von den beiden Gesichtern, die in diesem reinen Wasser vermischt, von ihm getrunken hatten. Dieser Augenblick umgab sie wie das Meer, in dem sie ganz allein die Insel war. Diese Geste, diesen Durst, diese Sonne, diese Frische lebt sie noch immer. Es ist eine Form von Ewigkeit, die nicht in Frage zu stellen ist. Gabriela ist in diesem, ihrem Bild gefangen. Wie blaue und rote Feigen in einer Schale mit türkisfarbenem Rand. Sie sprach vom Elqui-Tal, von Mexiko, vom Süden Frankreichs. Wir betrachteten zusammen die Linden und Zypressen, deren Grün sich aufs Glücklichste voneinander abhob. Noch immer waren wir in Cannes, wo das

* Zitat aus dem Gedicht *Beber* (Trinken), das nach *Desolación* (1922) und *Ternura* (1924) zum ersten Mal in ihrem dritten Gedichtband *Tala* (1938) bei SUR erschien.

Mittelmeer über ein Balkonzimmer des Hotel Miramar einströmte. Wir waren in Nizza, nahe bei einem Garten, wo man den Wind durch die Palmen streichen hörte.

Ich bin, wo ich nicht bin,
im silbernen Anáhuac …

Verbringen wir nicht auf diese Weise den größten Teil unseres Lebens? Zu sein, wo wir nicht sind. Ist das nicht eine unserer Hauptbeschäftigungen? Mir scheint, als hätte ich nie aufgehört mit Gabriela zu sprechen; ihre Person lebt in mir ungleich stärker als alles, was ich im selben Moment sehe oder berühre. Dennoch bekenne ich mich vor ihr noch immer und immer wieder zu dem dornenreichen Weg, der sich für uns Hispanoamerikaner im Umgang mit dem Spanischen ergibt. Einmal sagte ich zu ihr: Wenn wir mit Spaniern reden, scheinen sie zu denken, dass wir ihre Sprache und ihre Geduld missbrauchen, sobald wir den Mund aufmachen, dass wir als Eindringlinge, als sprachliche Übeltäter, und was noch alles nicht tolerierbar sind! Worauf sie zur Antwort gab: »Ein Spanier hat immer das Recht auf das Geschäft mit der Sprache. Er überlässt sie uns, behält aber immer seine Spitze in der rechten Hand, der geübten, zurück. Was verlangen sie denn von uns? Vieles im Spanischen dient doch schon nicht mehr den Menschen und Gewohnheiten, Pflanzen und Vögeln in unserer Welt; sie unterscheiden sich von denen der Halbinsel. Noch sind wir sprachlich ihre Klientel, doch nehmen viele schon den Überschuss an Wörtern und Begriffen aus der Neuen Welt in ihren Besitz. Sicher wäre es grotesk, neue Wörter erfinden zu wollen; ebenso aber auch von A bis Z zu wiederholen, was aus den Tragkörben kommt. Eines Tages muss ich meinen Kollegen eine Antwort geben auf den gewaltigen Konflikt zwischen Treue und Untreue im sprachlichen Kolonialsystem.« Ich weiß nicht, wie sich Gabriela arrangiert hat, aber mir scheint, dass sie durch ihren eigenen

Umgang mit der Sprache das Problem gelöst hat. Sie sprechen zu hören ist wie ein Wunder. Wir hören Amerika durch sie hindurch. Die Wörter nehmen, wenn sie sie auswählt und ausspricht, eine andere Qualität an. Gabriela *prend son bien où elle le trouve*, sie schöpft, als ob es selbstverständlich wäre, aus allem, was sich ihr gerade bietet, ohne zu zögern und ohne zu schwanken. Die hochtrabendsten und herausgeputztesten Wörter schmecken wie unser täglich Brot, wenn Gabriela sich ihrer bedient und sie sich in ihre Stimme verwandeln.

Gabriela beteuert, dass wir Hispanoamerikaner widernatürlich geboren sind, ohne Kindheit und gleich in die volle Pubertät hinein, und dass uns der Sprung vom Indianer zum Europäer noch die Knochen bricht. Dennoch, wenn wir Gabriela zuhören, ist das nicht wahr, und wir vergessen diese Gefahr. Wir vergessen alles bei diesem heiteren und ungezwungenen Vergnügen, dieses Amerika zu hören, das sie in ihren Reichtum übersetzt. Auch in ihrer Abwesenheit hören wir sie, als ob wir ihre Gedanken denken oder lesen. Sie hat uns einen Rhythmus im Gehör hinterlassen, der sofort entsteht, wenn wir an sie denken. Gabriela kann die spanischsten Wendungen benutzen, ohne dass sie nach der Halbinsel klingen. Von den urwüchsigsten Wörtern erhebt sich ein Tirilieren, das nur aus der Kehle südamerikanischer Vögel kommen kann, zeichnet sich ein Laubwerk ab, das seinen Schatten allein auf amerikanischem Boden ausbreitet: die Halbinsel hat sich unserem Kontinent anverwandelt. Gabriela Mistral kommt auf das sprachliche Problem auf einer ihren letzten Seiten zurück: »Noch einmal befrachte ich euch mit dem Gewicht der sprachlichen Rassenkreuzung. Ich gehöre zur Gruppe jener Unglückseligen, die ohne väterlichen Status geboren wurden, ohne ein mittleres Alter zu kennen; ich gehöre zu denen, die wegen ihrer Verpflanzung im Inneren verstört sind und unregelmäßige Züge tragen; ich zähle mich zu den Kindern dieser verqueren Sache, die sich rassische Erfahrung nennt oder besser gesagt, rassistische Vergewaltigung.« Einige intensiver, andere weniger intensiv, doch letztlich erleben wir alle dasselbe Abenteuer. Allerdings, Gabriela von ihrem Kontinent sprechen zu hören heißt, einen Zweig blühen zu hören – wenn ein solches Fest dem Gehör geweiht wäre, wenn die Sonne sich mit all ihrer Kraft in ihm vertiefte, die Sonne Amerikas, die natürlich auch die Europas ist, und deren Strahlen aus jeder Erde verschiedene Dinge hervorbringen.

> Ich sage dir *adiós* und lasse dich hier,
> wie ich dich fand wie du in den Dünen saßest.*

Die Nachricht über den Nobelpreis, die der Autorin des *Tala* (Holzschlag) verliehen wird, ein Werk, das wir 1938 veröffentlichten, trifft mich nach so vielen Katastrophen am selben Ort. Einen Moment lang habe ich das Gefühl, dass sich seit dem Tag, an dem Gabriela auf diesem Rasen ging, nichts verändert hat. Allerdings sind die Kinder ihres Recado** – »Die Kinder rennen durch Haus und Garten« – jetzt keine Kinder mehr. Sie würde sie nicht mehr wiedererkennen.

Nichts können wir festhalten, zurückhalten, aufhalten. Wir wissen es; Philosophen und Dichter wiederholen es seit Jahrhunderten. Warum kostet es uns immer so viel, es zu verstehen?

Der Duft der Mandelbäume, von dem du sprichst, Gabriela, und der sich trotz allem in jedem Frühling aufs Neue verströmt (»Sind die Mandelbäume schon gekommen?«, fragt eine Stimme aus der Luft), der Mandelbaum blüht nur

* Ebenfalls aus dem »Recado a Victoria Ocampo«, op. cit.

** Gabriela Mistral, *Recados: contando a Chile* (Nachrichten über Chile). Essayistische Prosa, 1957 veröffentlicht.

einmal allein für jeden von uns, aber er wird immer in unserer Erinnerung weiterblühen.

Gabriela: Der Weißdorn, den Proust einatmete und der ihn mit einem unendlichen, ihn überwältigenden Glücksgefühl erfüllte, steht deinen Mandelbäumen nicht allzu fern. Zwischen Combray und deinem Elqui-Tal ist, glaube mir, kein allzu großer Abstand. Mein Herz hat die Entfernung verringert.

In den letzten Jahren vor ihrem Tod hatte Gabriela Mistral ihre Freundin um mehr Briefe und um Besuche gebeten. Als sie 1957 in New York starb, war sie nicht mehr bei vollem Bewusstsein und konnte nicht mehr wahrnehmen, dass Victoria Ocampo bei ihr im Krankenhaus war. Als die argentinische Autorin und Verlegerin im Juni 1977 in die Academía Argentina de Letras aufgenommen wurde, sprach sie von Gabriela Mistral als eine der drei Frauen (neben Virginia Woolf und Emily Brontë), die ihr Leben am meisten berührt hatten.*

Bei aller geistigen Übereinstimmung zeigen sich in den Briefen auch unterschiedliche Gesten: Gabriela Mistral erlaubte sich, Victoria bei ihrem Kosenamen »Votoya« zu nennen und mit ihr etwas spielerisch, wie mit einer kleinen Schwester, umzugehen, wohingegen Ocampo stets kontrolliert und weniger emotional war. Insgesamt erhalten wir mit der meist handgeschriebenen Korrespondenz dieser beiden starken Frauen den authentischen Ausdruck zweier lateinamerikanischer, höchst erinnerungswürdiger Autorinnen. Die zahlreichen Legenden, die sich um die beiden gewoben haben, werden mit den Briefen in eine Realität übersetzt, wie sie zwei Intellektuelle in der ersten Jahrhunderthälfte des 20. Jahrhunderts erfahren haben. Sie führen über den Lebensalltag hinaus in die Gedanken- und Gefühlswelt zweier Autorinnen, die mit der Intelligentia Europas und Amerikas in

* »Mujeres en la Academía«. In: *Testimonios*, Décima Serie. Buenos Aires: SUR 1977, S. 20–21.

Verbindung standen. Schließlich waren die Briefe ein Forum, das unverstellte Vertrautheit zuließ, und so gewähren sie nicht nur manchen Einblick in die eigene Person, sondern auch in das Gegenüber, hinterlassen darüber hinaus aber auch Spuren eines »weiblichen Lateinamerika«.

Keine Freundschaft mit »Evita« – Peronismus und »ehrenvolle Gefangenschaft«

Die 1940er und 1950er Jahre in Argentinien waren für Victoria Ocampo schwierige und frustrierende Jahre. Die Zeitschrift SUR lief gut, doch blockierten der Nationalsozialismus in Europa und ab Ende 1945 der von General Juan Perón begründete Peronismus die weltweite Kommunikation, die sich über Jahrzehnte aufgebaut hatte, und erschwerten die Veröffentlichungen in SUR. Victoria Ocampo bekam die Einschränkungen der Freiheit deutlich zu spüren. Die Propaganda, die Demagogie, die simple Architektur der neuen Ideologie konnte sie nur verachten, denn stets war sie eine überzeugte Gegnerin jeglicher Art von diktatorischer Herrschaft gewesen – zumal als Frau, die sich im Kampf für ihre persönliche Freiheit über Konventionen hinwegzusetzen gelernt hatte.

Leicht hätte es zu einem Pakt zwischen Victoria Ocampo und Eva (Evita) Perón, der zweiten Ehefrau Juan Peróns, kommen können: Sie waren die beiden bedeutendsten und einflussreichsten Frauen im Argentinien des 20. Jahrhunderts, die eine im Literatur- und Kulturbetrieb, die andere als Politikerin, die peronistische Frauenorganisationen leitete und 1947 das Frauenwahlrecht durchsetzte. Beide haben Einfluss auf die nachfolgenden Generationen genommen. So wie Victoria Ocampo in ihrer Schönheit, Intelligenz und Ausstrahlung eine kulturelle Instanz repräsentierte, so war die Primera Dama mit den gleichen Attributen zum Symbol einer volksnahen, sozial engagierten Weiblichkeit geworden. Sie genoss bereits zu Lebzeiten eine

Popularität, die bis zur Verehrung ins Mythische reichte, wozu auch ihr früher Tod 1952 beitrug. Victoria Ocampo dagegen war eine Muse, eine Göttliche, ein Mythos für die selbsterwählten Schriftsteller und Künstler. Beide hatten Macht. Beide kämpften für die Durchsetzung von Frauenrechten. Dennoch konnte es zu keiner Annäherung kommen: Die Literatin Ocampo sperrte sich gegen jede Militanz, jeden Populismus, jede völkische Nivellierung von Literatur und Kultur und befasste sich eher mit Individuen als mit gesellschaftlichen, politischen Prozessen. Für Ocampo waren die Peróns patriotisch im bornierten Sinne, pseudodemokratisch, autoritär, faschistisch. Für Perón war die Intellektuelle aus der agrarischen Oberschicht, wie für viele andere, *extranjerizante* – untreu gegenüber dem eigenen Land, untreu gegenüber dem eigenen Volk. Evita Perón fand zu keinem Zeitpunkt Erwähnung in SUR, auch nicht im Sinne eines Triumphes nach ihrem Tod im Jahr 1952. Der Peronismus, eine Synthese aus Demokratie, Nationalismus, Anti-Imperialismus und Faschismus, bildete gleichsam die Gegenkultur zur aristokratischen, elitären, individualistischen Gesinnung einer Victoria Ocampo. Insofern nahmen Ocampo und Perón als Vertreterinnen zweier konträrer Wertewelten klare Gegenpositionen ein.

Das Redaktionsteam von SUR, darunter auch Jorge Luis Borges und Adolfo Bioy Casares, erklärte sich eindeutig antiperonistisch. Obwohl sich die Zeitschrift nicht politisch gab, wurden Marxismus und Faschismus, den man in Perón personifiziert sah, attackiert. Borges schrieb antiperonistische Gedichte und Essays, 1946 konnte man aus seiner Feder in SUR lesen: »Die Diktaturen fördern Unterdrückung, die Diktaturen fördern Knechtschaft, die Diktaturen fördern Grausamkeit; noch schlimmer ist die Tatsache, dass sie die Dummheit fördern (...).« Victoria Ocampo unterstützte Spruille Braden, Botschafter der USA, der sich 1945 als offizieller Führer der Opposition aufstellen ließ und die Intellektuellen und die Großgrundbesitzer gegen Perón vereinigen wollte, da Letzteren wegen geplanter Verstaatlichungen große Verluste drohten.

Dem Jahr des großen Befreiers und Unabhängigkeitskämpfers San Martín widmete SUR 1950 seine Nummer 190–191. Hier wurden Menschenrechte propagiert, hier wurden die historischen Freiheitsbestrebungen subversiv gegen Perón ins Feld geführt. Auf diese Weise schürte Victoria Ocampo eine konstante, wenn auch indirekte Kampagne gegen das Regime. Wenn es auch keine expliziten Äußerungen gegen Perón gab, machte schon ihre liberale Einstellung die Verlegerin angreifbar. In Briefen an Gabriela Mistral*, die über Dritte aus Argentinien herausgeschmuggelt wurden, sprach Ocampo von Zensur und Bespitzelung. Jede Kritik am »königlichen Paar« galt als ein Verbrechen am Staat.

Am 18. September 1951 schrieb Victoria Ocampo an die Freundin:

Wenn ich Dir sage, dass das Leben in Argentinien sehr unangenehm geworden ist, dann sage ich Dir sehr wenig … Seit etwa zwei oder drei Wochen erscheinen Kreuze auf allen Türen von Leuten der Opposition (die nicht mehr verbrochen haben, als sich dem Peronismus nicht angeschlossen zu haben). Bei mir haben sie zwei Kreuze angebracht. Das zeichnet mich aus. Andererseits ist dies alles andere als angenehm, und da ich allein auf dem Land lebe, benutze ich nur noch das Auto und komme auch erst spät in der Nacht zurück. Manchmal fühle ich mich von diesen heimlichen Bedrohungen ziemlich genervt. (…) Wenn Du wüsstest, was für Schwierigkeiten mit der Zeitschrift entstehen, wegen des Wenigen, das wir unternehmen. Wenn Du wüsstest, was für einen Kampf und wie viele Kopfschmerzen die Arbeit augenblicklich bedeutet! *The world is out of joint.*

* Die folgenden Briefzitate sind entnommen aus: *Esta América nuestra.* Correspondencia 1926–1956. Buenos Aires: El Cuenco de Plata 2007.

Schließlich gehörte Victoria Ocampo zu den etwa eintausend Personen, die während der angespannten Wochen im April und Mai 1953, infolge des Bombenanschlags auf Perón, inhaftiert wurden. Auch der Jockey Club, Symbol der Oligarchie, wurde geplündert und in Brand gesetzt. Man nahm Victoria Ocampo ohne weitere Erklärungen in ihrem Haus in Mar del Plata fest und sperrte sie in das Frauengefängnis Buen Pastor. Diese Maßnahme löste weltweit einen breiten Protest unter ihren Freunden aus. Eine einflussreiche und maßgebliche Stimme war die Gabriela Mistrals, die Stimme Amerikas. Sie intervenierte sehr direkt und richtete ein persönliches Schreiben an Perón, was ihrer Freundin, als sie später davon erfuhr, aus moralischen Gründen gar nicht recht war. Ob sie aufgrund dieses Schreibens oder auf Nehrus diplomatischen Druck hin entlassen wurde – nach sechsundzwanzig Tagen jedenfalls durfte sie ihre Zelle wieder verlassen. Ohne ihren Pass jedoch, den das Regime einbehielt, konnte sie nicht ausreisen. Andererseits wollte sie Argentinien auch nicht kampflos den Rücken kehren. So schrieb sie an Gabriela Mistral im September 1953:

Ich bin jetzt entschlossen, meinen Pass zurückzufordern. Sie schulden ihn mir. Mein einziges Verbrechen ist die Gedankenfreiheit, das werde ich ihnen sagen. Wenn sie ihn mir geben, in Ordnung. Wenn sie aber für dieses Papier einen Preis verlangen, werde ich ihn nicht bezahlen. Ich verkaufe mich nicht für einen Pass.

Zwei Jahre vergingen, bis sie das Dokument zurückerhielt. Ihre Briefe aus dieser Zeit zeugen von einer wachsenden Wut gegen dieses Unrecht und das zunehmende Leiden am Eingesperrtsein. Als Perón 1955 abgewählt wurde, bekundete Victoria Ocampo in einem Brief an Gabriela Mistral, datiert auf den 8. November desselben Jahres, ihre Erleichterung:

Die dunklen Punkte sind der Nationalismus und Klerikalismus einiger Herren, die auf der Kommandobrücke stehen. Aber wir atmen erst mal auf. Man kann wieder sprechen und schreiben. Und aufatmen (…) wenigstens für den Moment.

Doch es sollte nicht viel besser kommen. Einen Monat später, am 20. Dezember 1955, schrieb sie ihr wieder:

Die Regierung Lonardis ebenso wie die Aramburus ist sehr antifeministisch (…), um nicht zu sagen gegen die Frauen überhaupt. Außer einer Richterin (…) gibt es keine einzige Frau, die an irgendetwas beteiligt wäre. Dieses Land ist noch immer nicht reif, und seine Männer verdienten in gewisser Hinsicht solche Frauen wie Eva Perón. Eine Frau, die sie nicht mit Fußtritten behandeln können, zählt für sie nicht. Sie unterwerfen sich den Gesetzen der Stärke, der Gewalt, nicht aber den Verdiensten. Das ist die Wahrheit.

Als SUR den Sturz Peróns Ende 1955 mit der Extranummer 237 *»Por la reconstrucción nacional«* (»Für den nationalen Wiederaufbau«) feierte, konnte Victoria Ocampo zum ersten Mal ihre Erfahrungen im Gefängnis preisgeben. In ihrem Beitrag *»La Hora de la Verdad«* (»Die Stunde der Wahrheit«) schrieb sie:

Was mich persönlich betrifft – es hätte schlimmer sein können –, wurde ich 1953 für 27 Tage eingesperrt, ohne dass man mir einen Grund dafür genannt hätte. Zwei Mal wurde mein Haus durchsucht (ein Mal die Redaktion der Zeitschrift); man protokollierte den Inhalt meiner Schränke und meiner Schubladen, las in meinen Papieren und Briefen. Nichts betraf die Regierung, nichts hatte einen direkten Bezug zur Politik. (…)

Mir wurde klar, dass das Einzige, was sie verfolgten, was sie einsperren und zerstören wollten, meine Gedankenfreiheit war. Und das war umso schlimmer für das ganze Land. In der Tat wurde mir auch während meines Aufenthaltes in El Buen Pastor unter anderem bewusst, dass für Unschuldige das Gefängnis im Konkreten weniger schmerzhaft, moralisch weniger gefährlich ist als das andere Gefängnis; das Gefängnis, das ich in den Häusern und in den Straßen von Buenos Aires gespürt hatte, sogar in der Luft, die ich atmete. Dieses andere, unsichtbare Gefängnis entsteht aus der Angst vor dem Gefängnis, und das wissen die Diktatoren genau. (...)

Ich erinnere mich an eine jener unendlichen Nächte in El Buen Pastor. Da ich nicht schlafen konnte – ich litt unter Schlaflosigkeit wegen dieser unaufhörlichen Schnarchkonzerte –, überlegte ich, wie spät es wohl wäre (wir mussten unsere Uhren gleich am ersten Tag abliefern). Eine meiner Mitgefangenen, die mich im Bett aufrecht sitzen sah, hatte die Güte, zu mir zu kommen und mich zu fragen, ob es mir nicht gutginge. Erinnerst du dich, liebe Nélida Pardo? Dein weißes Hemd von Buen Pastor versammelte für einen Moment die schwachen Lichtstrahlen, die von außen in die Zelle drangen. Du konntest dich kaum meinem Bettgestell nähern, als schon ein Wachposten im Fenster der verschlossenen Tür erschien. Mir blieb nur Zeit, um dir zwischen den Zähnen zu sagen: »Es ist nichts. Es ist das Schnarchen. Geh.« Du tatest jetzt so, als ob du dir eine Tasse Wasser holen wolltest – es gab keine Gläser –, um diesen ungewöhnlichen nächtlichen Spaziergang zu rechtfertigen. Dann gingst du zurück, um dich schlafen zu legen wie ein ungehorsames Mädchen, das sich schuldig fühlt. Und was für eine Schuld! Eine Geste der Humanität, deren Güte ich nie vergessen werde und die mir noch immer die Tränen in die Augen treibt.

Im selben Beitrag, unter dem Motto *»Sobre la Pacificación«* (»Über die Aussöhnung«), proklamierte Victoria Ocampo im Namen der Zeitschrift, dass der Liberalismus im Lande wieder restauriert, dass wieder an die demokratische Tradition angeknüpft und dass gegen jede Ungerechtigkeit und jede rassistische oder politische Verfolgung angekämpft werden müsse – die Verlegerin brauchte sich dabei nur auf das Programm zu beziehen, das sie bereits im Jahr 1937 in SUR ausgegeben hatte.

Jetzt würde SUR wieder ohne Angst vor einer Zensur weiterarbeiten und die internationalen Verbindungen wieder aufnehmen können. Doch hielt die Euphorie nicht lange an. In den folgenden Jahren kam es in Argentinien zu einem steten Wechsel von Regierungen verschiedener Couleur und von militärischen Interventionen, zunächst, im Oktober 1955, zur bürgerkriegsähnlichen Übernahme durch die Unión Cívica Radical (UCR), die Radikale Bürgerunion. Später errichtete General Juan Carlos Onganía bis zur Rückkehr Peróns im Jahr 1973 eine andauernde Militärdiktatur. Während dieser Zeit war SUR bereits nicht mehr regelmäßig erschienen, einerseits aus finanziellen Gründen, aber auch aus dem lähmenden Gefühl der Machtlosigkeit gegenüber jener politischen Radikalisierung am Ende der 1960er Jahre. Es war ein Klima entstanden, das kulturelle Initiativen unterdrückte und das Victoria Ocampo weder verstehen noch mitvollziehen konnte.

Victoria Ocampo ging nach ihrer Inhaftierung in die Hagiographie des Antiperonismus ein – als ein Opfer des Regimes, als Feministin und als Gegenspielerin Eva Peróns. Jorge Luis Borges schrieb in diesem Kontext über Victoria Ocampo: »Sie war zweifellos eine ›gute Argentinierin‹, die jedoch auch mit anderen Ländern mitfühlte; sie erlitt eine höchst ehrenvolle Gefangenschaft.«

Diese »ehrenvolle Gefangenschaft« bedeutete für Victoria Ocampo aber noch mehr: Die Erfahrung nämlich, sich bis aufs Äußerste, auf das blanke Dasein, einschränken zu können, bei kaltem Wasser zum Waschen, kargen Mahlzeiten, angedrohten Elektroschocks, und die Nähe und Solidarität unter völlig unbekannten Frauen auf engstem Raum zu spüren. Es war ein prägendes Erlebnis für ihr weiteres Leben. Eine alte Freundin, Susana Larguía, die wenige Tage später in dieselbe Zelle gebracht wurde, erinnerte sich: »Victoria sah, dass fast alle von uns nähten, stickten oder strickten, und sagte: ›Ich kann mit meinen Händen nichts anfangen, aber ich kann meinen Verstand gebrauchen. Wenn ihr wollt, unterhalte ich euch mit Geschichten und Gedichten.‹ Von diesem Augenblick an erlebten wir durch die Zauberkraft ihrer Worte die Schönheit in vielen Ausdrucksformen. Der *Cántico espiritual* (von San Juan de la Cruz), von Victoria in unserer ärmlichen Zelle vorgetragen, erreichte seine wahre Größe (...).«* Die Mitgefangene Victoria Ocampo spielte Stücke und Filmszenen vor, spielte Szenen aus Theaterstücken und Filmen nach, erzählte Geschichten und Märchen und rezitierte Verse, so dass alle ergriffen waren. Ihre baldige Entlassung empfand sie als ungerecht und unverdient, da sie gegenüber den anderen Frauen keine Privilegien eingeräumt haben wollte. »Ehrenvolle Gefangenschaft«.

* Susana Larguía: »En el prison de las mujeres«. In: *Testimonios sobre Victoria Ocampo.* Buenos Aires: La Fleur – Comisión de Homenaje 1962.

Susan Sontag: Wahltochter. Solidarität und »geschliffener Feminismus«

Auch die Jahre nach dem Sturz Peróns, dem vorläufigen Ende seines Regimes, brachten Victoria Ocampo nicht nur Angenehmes: 1961 legte José Bianco, ihr Freund und überaus geschätzter Mitarbeiter, sein Amt als Sekretär bei SUR nieder. Nur wenige Jahre später,1964, musste sie sich in New York operieren lassen, da man einen Tumor im Mundraum diagnostiziert hatte – das Krebsleiden begleitete sie bis zu ihrem Lebensende.

Andererseits hatte sie inzwischen das Alter erreicht, in dem ihr zahlreiche Ehrungen und Würdigungen zuteil wurden. Nachdem sie 1958 zur Präsidentin des *Fondo Nacional de las Artes* nominiert wurde, erhielt sie 1962, gemeinsam mit Jorge Luis Borges, die Ehrung zum *Commandeur dans l'Ordre des Arts et des Lettres,* 1965 die Ehrung zum *Commander of the British Empire.* 1965 wurde sie mit dem María-Moors-Preis ausgezeichnet, 1966 mit dem Preis der Vaccaro-Stiftung, 1967 folgte der Alberdi-Sarmiento-Preis. 1968 erhielt sie in der indischen Botschaft die Ehrendoktorwürde der Universität Visva Barathi durch die Botschaft Indiens sowie, noch im selben Jahr, die Ehrendoktorwürde der Harvard Universität. 1976 wurde sie zum Mitglied der *Academía Argentina de Letras* ernannt und übernahm dort am 23. Juni 1977 den nach dem argentinischen Klassiker Juan Bautista Alberdi benannten Sitz. Allmählich kam auch die Zeit, in der sie über ihre Häuser weiterverfügen musste, und so beschloss sie 1973 die Schenkung der Villa Ocampo in San Isidro sowie der Villa Victoria in Mar del Plata an die UNESCO.

Nach wie vor fanden auch in den späten Jahren in der Villa Ocampo immer wieder für Victoria wichtige und schöne Begegnungen statt, so 1959 mit dem französischen Schriftsteller André Malraux und 1968 mit Indira Gandhi. Ein besonderes Ereignis war für sie auch das Zusammentreffen mit der nordamerikanischen Kulturwissenschaftlerin und Feministin Susan Sontag in Paris im Jahr 1975*.

Susan Sontag wurde 1933 in New York geboren, war Schriftstellerin, Kritikerin und Regisseurin. Mit zwanzig war sie bereits eine luzide Denkerin – eine ungewöhnliche Frau, deren Lebenshunger und unstillbare Wissbegierde sie aus der Enge der südkalifornischen Provinz erst nach Chicago, später nach Paris und New York brachten. Mit schonungslosem Erkenntniswillen verfasste sie Fallstudien zu einer Ästhetik der Moderne (*Against Interpretation*), eine Untersuchung über die Krankheit als Metapher (*Illness as Metaphor*), Essays zur Kunst und Literatur, zur Fotografie und zum Film, daneben schrieb sie Romane und Kurzgeschichten. Susan Sontag fiel durch kühne Thesen auf, durchkreuzte mit subversiven Kulturtheorien den Kanon der *cultural studies* und provozierte mit ihrem feministischen Selbstverständnis in Gesprächen und Interviews den derzeitig noch wirksamen machistischen Literatur- und Kulturbetrieb.

Ich habe Susan Sontag in diesem Jahr (1975) in Paris kennengelernt. Sie besuchte mich in meinem Hotelzimmer mit Edgardo Cozarinsky. Ihr Name war mir bekannt, doch hatte ich von ihr noch nichts gelesen. Wahrscheinlich hatte sie von meinen Arbeiten auch keine Vorstellung, war aber informiert über meinen »Kampf« (Ortega y Gasset nannte ihn schmunzelnd »dein Kampf«). Heute wissen Frauen voneinander auf diesem Gebiet.

* Der folgende Text basiert auf Victoria Ocampo: *Susan Sontag y una encuesta.* In: *Testimonios. Décima Serie.* Buenos Aires: SUR 1977, S. 30–38.

Susan Sontag gehört zu den Menschen, die sich keine allzu große Mühe geben müssen, um die Leute für sich einzunehmen. Vielleicht eroberte sie mich deshalb so schnell. Es dauerte keine Sekunde, bis ich ihre äußere Schönheit, ohne jede Schminke, erkannte – eine allegorische Figur für einen neuen Michelangelo, dachte ich. Kaum hatte sie mir gegenüber Platz genommen, erschien sie mir wie jemand, dessen Intelligenz den Glanz eines reinen, schön geschliffenen Edelsteins hatte. Unter uns Frauen sind die schön geschliffenen Edelsteine eher selten, gewöhnlich sind sie roh oder fast roh geblieben.

Susan Sontag hatte im Vergleich zu mir sehr viele Vorteile: Als sie zu lernen begann, wurde die Entwicklung von Talenten ganz anders gefördert als zu meiner Zeit. Ich schätzte sie auf knapp vierzig, das heißt, um das Jahr 1955 muss sie etwa zwanzig gewesen sein, so wie ich um das Jahr 1910. Fünfundvierzig Jahre Altersunterschied machen bei den Frauen im 20. Jahrhundert enorm viel aus – in Bezug auf ihre Ausbildungs- und Entfaltungsmöglichkeiten, die gesellschaftlichen Umstände, ihre Erfahrungen, ihre Freiheit. Geschliffener Edelstein und ungeschliffener Stein.

Der Besuch Susan Sontags an einem trüben Winternachmittag im Hotel de la Trémouille war für mich ein Ereignis, das mir die graue Zeit und die Sorgen vertrieb. Sie konnte es nicht wissen, was es bedeutete, im Jahr 1910 zwanzig Jahre alt gewesen zu sein. Ich, die ich Vergangenheit und Gegenwart kannte, war verblüfft über diese unerschrockene, beherzte, durchdringende und wendige Intelligenz, verblüfft wie eine Mutter, die ihre wenige Monate alte Tochter aus den Augen verloren hat und sie nunmehr erwachsen und wie ihren eigenen Traum verkörpernd wiederfindet. Diese Unbekannte, deren Gegenwart mir auf schwindelerregende Weise die Vergangenheit wieder nahebrachte, bedeutete für mich nicht einfach nur eine mögliche neue Freundschaft; sie war die stille Tochter, die sofort als solche erkannt wurde – und das ging über Freundschaft weit hinaus.

Am nächsten Tag suchte ich nach ihren Büchern; es war aber nur eine Essaysammlung aufzutreiben. Die Essays waren genauso anspruchsvoll wie das, was ich am Tage zuvor entdeckt zu haben glaubte. Und dann war ich ganz überrascht, als ich nach meiner Rückkehr aus Europa in meinem Schlafzimmer in San Isidro einige aus den *Temps Modernes* herausgerissene Seiten fand: die Antworten, die Susan Sontag in einem Interview über die Situation der Frauen gab. Sie waren zunächst 1972 in *Libre* erschienen und von Goytisolo ins Spanische übersetzt worden. Sie schienen auf mich zu warten und erklärten letztlich meine spontane Wertschätzung Susan Sontags. Susan Sontag lebte das, was ich, bevor sie noch geboren war, nur denken konnte, war aber auch viel besser ausgerüstet, um diese Gedanken zu vermitteln. Ganz abgesehen von ihren Begabungen. Halleluja!

Die Übereinstimmung zwischen Susan Sontag und sich selbst sah Victoria Ocampo in Briefen begründet, die sie seinerzeit als Jugendliche an Delfina Bunge geschrieben hatte. Was sie damals nur gebrochen, »stammelnd«, wie sie es nennt, hervorgebracht hatte, fand sie jetzt bei Susan Sontag glänzend formuliert und auf den Punkt gebracht. Insofern wird ihr in diesem Moment der Begegnung auch bewusst, dass »die leiblichen Kinder oft nicht so treu in Gedanken sind wie die, die geboren werden, weil wir sie uns so erträumt haben«.

Victoria Ocampo setzte sich mit den Gedanken Susan Sontags auseinander und stellte zahlreiche Parallelen, aber auch kleinere Abweichungen fest. Wenn Susan Sontag den Status der Frauen im Jahre 1972 noch mit dem der Sklaven vor zwei Jahrhunderten verglich, dann konnte sie das zwar nachvollziehen, wollte aber auch die Fortschritte in der Entwicklung nicht verkennen. Ebenso wie die Nordamerikanerin registrierte die Argentinierin die stereotypen Zuschreibungen und Rollenvorgaben für Frauen, und ebenso stimmten beide darin überein, dass ein »Lob« wie »Sie hat den Verstand eines Mannes« im Grunde eine Beleidigung für eine Frau war. Warum es keinen weiblichen Goya, Bach oder Racine gab, führten beide auf den »Sklavenzustand« der Frauen zurück, die unterschiedliche Sozialisation der Geschlechter, die eine Bildung beziehungsweise die Entwicklung von Talent bei Frauen geradezu weitgehend verhindern musste.

Susan Sontag plädierte für schwesterliche Solidarität, was Victoria Ocampo zum Anlass nahm, das Beispiel Anna de Noailles zu kommentieren, der Gräfin rumänisch-griechischer Abstammung, die sich der schriftstellernden Elite voll und ganz zugehörig fühlte und sich – mit vollem Recht – als Ausnahmefrau verstand, gegenüber anderen Frauen jedoch keine Solidarität zeigte. Sontag wie Ocampo glaubten, dass die Anpassung an die Welt der Männer nicht zur Befreiung der Frauen führt. Susan Sontag ging sogar so weit zu behaupten, dass ein Verrat an der Schwester einem Verrat an der eigenen Person gleichkam. Solange Frauen sich noch nicht selbst befreit hätten, seien sie auch nicht imstande, die Männer zu befreien. Da die Männer bislang nicht von ihren Rechten zurücktraten, mussten die Frauen stets die Zweiten bleiben. Dieses Unrecht, so sagten beide, betreffe nicht nur die Frauen, sondern alle Beteiligten; es treffe das Paar, das sich nicht auf gleicher Ebene begegnen kann. Dem Mann zu gefallen, ihn zu verführen, ihm zu schmeicheln, hielten beide für eine lächerliche »Kunst«. Doch beurteilte die Südamerikanerin die Servilität der Frauen unter den Latinos bedeutend krasser als bei den Angelsachsen.

In einem Punkt gingen die Meinungen auseinander. Susan Sontag riet jeder Frau, sich nicht allzu sehr um ihr Äußeres zu sorgen, keinen Fuß in einen Schönheitssalon zu setzen, sich unabhängig zu machen von Mode und Kosmetik; Victoria Ocampo konterte, dass es sich, »wenn man so schön ist wie Susan

Sontag leicht ohne die Hilfe von Elisabeth Arden oder Revlon« auskommen ließe. Die bis ins hohe Alter stets gepflegte, geschmackvoll und teuer gekleidete *Grande Dame* hatte gegen eine Verschönerung durch Kleidung, Eleganz und Maquillage nichts einzuwenden, auch wenn ihr Sauberkeit und Reinheit, die Schönheit mit einfachen Mitteln, die sich jede Frau leisten konnte, besonders imponierte. Auch die Ansicht Susan Sontags, es gebe Situationen, in denen man zu Gewalt schreiten müsse, bewertete Victoria Ocampo kritisch:

Ich verstehe, was Susan Sontag zu dieser Ansicht bringt. Ich hoffe, dass sie darüber nachdenkt. Ich halte sie in Ehren, und mit Vergnügen trete ich ihr den Platz ab. »Dein Kampf«, Susan.

Als Victoria Ocampo knapp zwei Jahre später, am 23. Juni 1977, als erste Frau in die *Academía Argentina de Letras** aufgenommen wurde – Jahre zuvor hatte sie das Angebot noch in den Wind geschlagen –, bevorzugte diese mehrfach ausgezeichnete, auf höchster Ebene anerkannte Autorin noch immer verhaltene, spätviktorianische Gesten. Zwar begrüßte sie mit ihrer Aufnahme den damit manifestierten Abbau von Vorurteilen gegenüber Frauen, rechtfertigte sich in ihrer Rede aber fast dafür, dass sie »nur aus Freude« und als »ewige Schülerin«, als »Autodidaktin« am literarischen Schaffen teilhabe. Die offenkundige Selbstzurücknahme verbarg indes besondere Gaben – und »Geschliffenheit«.

Im Rückblick kristallisiert sich denn auch ihr Feminismus – und sie war eine Feministin: »Ich war und bin eine Feministin. Fünfzig Jahre habe ich einen Zustand abgelehnt, der verändert werden musste … Wir müssen unsere eigenen Probleme lösen:

* Im Folgenden wird aus der Rede zitiert, die Victoria Ocampo anlässlich ihrer Aufnahme in die Akademie gehalten hat: *Mujeres en la Academía.* In: Testimonios. Décima Serie, op. cit., S. 13–23.

Wenn Frauen sie nicht lösen, wird es niemand tun« – als ein moralisches, humanes, nicht aber politisches Anliegen heraus.

Ein roter Faden zieht sich von den Briefen an Delfina Bunge über Gespräche mit Virginia Woolf, ihr Handeln als Verlegerin von SUR bis zu den Beobachtungen im Nürnberger Gerichtssaal. Das Thema Gleichberechtigung – nicht »Gleichheit« – war Victoria Ocampo heilig, auch als sie die zusammen mit ihren Freundinnen María Rosa Oliver und Susana Larguía im Jahr 1936 gegründete *Unión de Mujeres*, die Argentinische Frauenunion, nach zwei Jahren wieder verließ, weil sie von politischen Zielsetzungen wie etwa dem kommunistischen Klassenkampf unterwandert wurde. Immerhin hatte sie sich als Vorsitzende dieser Vereinigung für zivilrechtliche und politische Rechte der Frauen eingesetzt, unter anderem für den Mutter- und Kinderschutz, die kulturelle und geistige Entwicklung der Frauen, den Weltfrieden, die Abschaffung der Prostitution. Sie schrieb Artikel wie »Die Frau und ihr Ausdruck« (1935), »Ein Leben bricht an« (1935), »Die Frau, ihre Rechte und ihre Verantwortung« (1936)*, moderierte eine Rundfunksendung über »Die Frau und ihre Selbstdarstellung«, hielt eine Rede über »Die Frau und das Wahlrecht«. Ihr unmittelbarstes Ziel war eine wachsende Solidarität unter den Frauen aller Nationen. Kompromisslos zeigte sie sich auch während der peronistischen Herrschaft, wollte eher auf eine sogenannte Gleichberechtigung und das Frauenwahlrecht verzichten, als es von einem ungerechten und illegitimen Regime anzunehmen. In dem »göttlichen Paar«, Juan und Evita Perón, hatte sie nur Wahlfänger mit einem rückständig konventionellen Rollenverständnis gesehen.

Victoria Ocampo hatte nie einer Partei angehört, Politik zu machen war ihr fremd; jedoch war sie ihr Leben lang, durch Beobachtung wie durch die eigene Erfahrung, von feministischen

* Alle Beiträge (*La mujer y su expresión; El despuntar de una vida; La mujer, sus derechos y sus responsibilidades*) sind erschienen in: *Testimonios*. Segunda Serie. Buenos Aires: SUR 1941, S. 149–182.

Fragestellungen stark betroffen. Im Juni 1971 wurde eine ganze Ausgabe von SUR den Frauen gewidmet. Warum sie an der Frauenkonferenz im August 1975 in Buenos Aires nicht teilnahm, obwohl sie als Ehrengast eingeladen war und obwohl sie sich in einem Brief an die Veranstalter explizit zum Feminismus bekannte, ist wiederum ihrer klaren Linie, ihrer Unbestechlichkeit zuzuschreiben, nahm sie im Programm der Konferenz doch eine allzu männlich politisierte Sprache wahr.

Ihren »Kampf« führte Victoria Ocampo mit Reden, Beiträgen und Artikeln, aber auch als Vorbild einer unkorrumpierbaren Lauterkeit, eines in seinem humanistischen Ansatz unbeirrbaren und unbeugsamen Feminismus.

Roger Caillois und Victoria Ocampo: ein Roman (1939-1978)

Briefe mit jemandem über mehrere Jahrzehnte auszutauschen ist ein gemeinsames Unterfangen, hinter dem ein starker Wille steckt. Nachsicht und Feingefühl sind erforderlich, wenn Unstimmigkeiten und Missverständnisse auftreten und sich die gegenseitige Übereinstimmung immer wieder bestätigen soll. Aus langer Korrespondenz spricht der Wunsch, einander nahezukommen und nah zu bleiben, sich in seinem ganzen Wesen, seiner ganzen Wahrheit zu verstehen. Einander lange zu schreiben heißt auch, etwas Gemeinsames zu etablieren, Gemeinsamkeiten zu entdecken, gemeinsam fortzuschreiten. Ein dauerhaftes Verhältnis kann sich ergeben, solange Meinungen geteilt werden und sich das Interesse am anderen nicht verliert. Es ist eine Kunst, die beherrscht und gepflegt sein will. Victoria Ocampos und Roger Caillois' brieflicher Austausch* währte fast vierzig Jahre lang, von 1939 bis 1978, bis zum Tode von Caillois. Die miteinander Befreundeten wollten sich gegenseitig entdecken, miteinander weitergehen; sie verletzten sich so manches Mal, räumten Unstimmigkeiten wieder aus und verhinderten, dass die Abwesenheit, die verstreichende Zeit sie auseinanderbringen konnten.

Nachdem Victoria Ocampo in Paris von Jean Paulhan** zum

* Victoria Ocampo, Roger Caillois: *Correspondencia* (1939–1978). Buenos Aires: Ed. Sudamericana1999, woraus im Folgenden zitiert wird.

** Jean Paulhan (1884–1968) war von 1925–1940 Chefredakteur der *Nouvelle Revue Française*. Mitbegründer der Résistance-Zeitschrift *Les Lettres Françaises*. Essays zu literatur- und sprachkritischen Fragen.

ersten Mal vom Collège de Sociologie sprechen hörte, wollte sie es kennenlernen und besuchte am 13. Dezember 1938 einen Vortrag von Georges Bataille*. Sie traf dort mit namhaften Pariser Intellektuellen der Zeit zusammen. Wenig später, zu Beginn des Jahres 1939, während eines gemeinsamen Essens bei dem franko-uruguayischen Lyriker Jules Supervielle**, richtete sie das Wort an Roger Caillois, zu jener Zeit noch ganz und gar Dandy, keine sechsundzwanzig Jahre alt, also dreiundzwanzig Jahre jünger als sie.

Roger Caillos arbeitete bereits seit 1935 für die *Nouvelle Revue Française*, die berühmte französische Literaturzeitschrift, und war Mitbegründer des Collège de Sociologie sowie der antifaschistischen Gruppe Contre-Attaque***. Caillois bewegte sich zwischen Literatur und Politik, wenn auch der Literatur sein eigentliches Interesse galt. 1948 erschien *Babel*, sein literaturkritischer Essay in drei Büchern. Der Anti-Romantiker, der sich an der französischen Klassik orientierte, verurteilt darin die literarische Exzentrik seiner Zeit. Die Situation der modernen Gesellschaft vergleicht er mit dem alttestamentarischen Turmbau zu Babel. Die Sprachverwirrung bedeutete für ihn Verwirrung in ethischer, moralischer und gesellschaftlicher Beziehung, den Beginn einer Zersplitterung der Menschheit in Völker, Sprachgruppen und Weltanschauungen. Caillois glaubte, in der modernen Literatur jenen babylonischen Hochmut wiederzuerkennen. In *Pierres* (1965) stellte er poetische Betrachtungen über die Steine an. Phänomene der Abweichung, des Irregulären, des Phantastischen haben den Autor immer wieder und auf ver-

* Georges Bataille (1897–1962). Französischer Schriftsteller und Essayist. Zentrales Thema seiner Werke (u. a. *Der heilige Eros*) ist das dialektische Verhältnis von Tabu und Übertretung.

** Jules Supervielle (1884–1960) schrieb phantasievoll-poetische Vers- und Prosadichtungen. Von Symbolismus und Surrealismus beeinflusst.

*** Während seines Aufenthaltes in Argentinien (ab 1939) engagierte er sich gegen das Naziregime, u. a. in den von ihm ins Leben gerufenen *Les Lettres Françaises*.

schiedenen Gebieten wie der Literatur, der Bildenden Kunst, der Ethnographie und der Mineralogie fasziniert.

Victoria Ocampo verliebte sich auf der Stelle in Roger Caillois, sie erkannte sofort seine Intelligenz, seine literarische Begabung und lud ihn nach Argentinien ein, wohin er ihr im Juni desselben Jahres, also 1939, auch folgte.

Im März 1972, als über Achtzigjährige, schrieb Victoria Ocampo im Rückblick auf die erste Begegnung mit dem jungen Franzosen und im Angesicht seiner ehrenvollen Aufnahme in die Académie Française am 20. Januar 1972*:

In jener Zeit, Ende 1939 (sic!; Ende 1938), war er ein auffallend schlanker junger Mann, mit scharf geschnittenem Profil. Sein Gesicht, durch und durch Intelligenz und von asketisch-literarischem Ernst, machte nur ein einziges Zugeständnis an so etwas wie Unordnung: eine kastanienbraune Haarsträhne (Erbe des entfernten Barrès?), die ihm ständig über das linke Auge fiel. Er schob sie, unnötigerweise, ständig wieder zurück. Wüstenlandschaften zogen ihn an, ebenfalls Steine (damals schon), *la matière qui se résiste*, das Widerständige. Trotz seiner Staatsangehörigkeit war er gutem Essen gegenüber gleichgültig. Diese Strenge verlor sich allmählich vor den heiligen ländlichen Eintopfgerichten, den Langusten, die in Mar del Plata serviert wurden, und anderen unschuldigen lokalen Speisen. Auf Rindfleisch zu verzichten war unmöglich im Jahre 1939, die Langusten überschwemmten den Hafen. Man benötigte wirklich nicht das Vermögen eines Onassis, um sie sich täglich leisten zu können.

Er hatte bis zu diesem Zeitpunkt noch keine Reisen unternommen. Welcher Franzose brauchte auch Reisen, um Gaumenfreuden zu entdecken? Dieser Franzose war eine Ausnahme, in dieser und in manch anderer Hinsicht. Auch der

* Victoria Ocampo: »*Roger Caillois y el intercambio cultural*«. In: *Testimonios*. Novena Serie. Buenos Aires: SUR 1975, S. 27–32 (März 1972).

Erdkunde gegenüber verweigerte er sich nicht, wie Drieu von seinen Landsleuten behauptete. Seine Lust auf die vier Himmelsrichtungen war groß; bald zündete eine Reise die nächste. Auf diese Weise hatte er, als er die (bestimmt willkommenen) Aufträge der UNESCO wahrnahm*, schon fast die ganze Welt bereist.

Er war fünfundzwanzig Jahre alt**, als ich in einem Pariser Herbst geradewegs auf seine Intelligenz stieß, die so offenkundig war wie seine Schlankheit. Im Collège de Sociologie hielt er Vorträge, denen lange Diskussionen folgten. Ich hörte sie mir an.

Zum ersten Mal trafen wir im Haus von Supervielle zusammen. Danach in meinem Appartement in der Rue Raynouard (der Straße Balzacs). Wir unterhielten uns viel über Bücher, Reisen, Schriftsteller. Seine Arbeit nahm ihn sehr gefangen. Er reiste zwischen Paris (er lebte mit seinen Eltern in Vitry-sur-Seine) und einer Provinzstadt hin und her; an ihren Namen erinnere ich mich nicht mehr, er unterrichtete dort.

In jenem Winter zog es mich in die Sonne von Cannes. Gabriela Mistral hielt sich gerade in Nizza auf. Da er ein paar Tage frei hatte, kam er an die Küste nachgereist. Ich stellte ihn Gabriela vor, deren Lyrik er später, als er Spanisch gelernt hatte, übersetzen sollte – ebenso wie Werke von Borges, Neruda und Porchia. Wir unternahmen gemeinsame Ausflüge ins Landesinnere. Dieses andere Gesicht der Alpes Maritimes und des Var gefiel uns fast noch besser als die prachtvollen Corniches: Herb, bergig, abwechslungsreich, verführten sie die Touristen weniger als der Blick auf das mediterrane Blau.

Eines Tages schlug er vor, die Wüste von Caussol (so wurde sie genannt) zu besuchen. »Eine Wüste, hier?«, fragte ich ungläubig. Wir fuhren hin. Es war in der Tat ein einsames,

* Nach 1948

** Im Dezember 1938. Im März 1939 wurde Caillois 26 Jahre.

steiniges Gelände, mit unterschiedlich hohen Felsen und einem schmalen Weg von etwa sieben Kilometern, der dort hindurchführte. Ein Weg aus Erde und Steinen. Eine außergewöhnliche Stille umgab uns, ich habe nie etwas Vergleichbares erlebt. Und so durchquerten wir diese Miniatur-Wüste. Etwas abseits vom Weg – wir verließen ihn manchmal mit äußerster Vorsicht –, sammelte er einen Ammonit-Stein auf. Er gab ihn mir, und ich nahm ihn an mich. Wir gingen weiter und diskutierten – worüber, weiß ich nicht mehr. Ärgerlich schleuderte ich das, was ich in Händen hielt, den Ammonit, so weit weg wie ich konnte. Der Stein schlug gegen einen Fels – und entschwand unserem Blickfeld. Ich weiß nicht, ob wir noch am gleichen Nachmittag oder am Tag darauf unsere Schritte zurückverfolgten, um den Stein zu suchen. Es war nicht leicht zwischen so vielen grauen Steinen. Doch ich fand ihn und bewahre ihn seither auf dem Kamin meines Zimmers in San Isidro auf. In jenem Moment dachte ich, abergläubisch wie ich bin, dass es eine Vorsehung war. Der Ammonit war das Zeichen einer gerade entstehenden »Allianz des Fortschritts« und durfte keinesfalls in der »Wüste von Caussol« liegenbleiben! Caussol gab mir den Stein zurück, in seiner glänzenden, reinen Spiralförmigkeit. (…)

Caillois nahm meine Einladung an, erhielt eine Aufenthaltsgenehmigung und kam im Juni 1939 nach Buenos Aires, mit Vorträgen in der Tasche, und ich erwartete ihn mit der Pampa und den Anden in der meinen. Ich glaube, er hatte nicht die geringste Vorstellung von dem, was ihn erwarten würde, als er die Schiffstreppe hinunterstieg, brachte aber eine riesige Lust auf … irgendetwas mit sich. Seine Lust war so riesig, dass man ihn nicht anders sättigen konnte, als mit ihm unser ganzes Land zu durchschreiten, und ganz Lateinamerika noch dazu. Bevor es allerdings zu den ausgiebigen Ausflügen kam, blieb er fast vier Jahre in unserer Hauptstadt, mit gelegentlichen Reisen in die Provinz. Auf einer Estancia in Córdoba wollte er um jeden Preis auf ein Pferd steigen, stürzte und brach sich die Knochen. In Mar del Plata erschien er eines Tages kahlgeschoren. Ich hatte ihn schon so oft mit seiner Haarsträhne gehänselt, dass er den heroischen Entschluss gefasst hatte, sich eine Weile von diesem Kopfschmuck zu befreien.

Ich weiß nicht, ob ich ihn zur feierlichen Aufnahme in die Académie Française begleitet hätte, aber ich weiß aus einem Bericht des Betroffenen, dass es zu pittoresken Vorfällen kam: Stromausfall, Heizung und Mikrophone funktionierten nicht, ein Wandschirm stürzte ab, mitten in einer Rede, mit ziemlichem Getöse und großem Schrecken allerseits (wie ich annehme). Sämtliche Reden wurden bei Kerzenlicht vorgetragen, wie zur Zeit Richelieus. Das neue Mitglied der Académie meinte, dass ich mich bei diesem Spektakel köstlich amüsiert hätte. Wahrscheinlich wie seinerzeit, als er kahlgeschoren in den Flur meines Hauses trat. Auf seinen Wunsch hin hatte man das »Kreuz des Südens« in das Schwert eingraviert, das zum *habit vert*, zum Frack der französischen Akademie-Mitglieder gehörte.

Doch das alles sind Nebensächlichkeiten – der Sturz vom Pferd, die geschorenen Haare, der Stromausfall etc. Rufen wir uns lieber die Aufgaben in Erinnerung, denen Roger Caillois während seines Argentinien-Aufenthaltes nachging: Vorträge, Seminare. Das Instituto Francés de Estudios Superiores schuldet ihm Inspiration und Motivation. Er setzte sich nicht nur mit unseren Schriftstellern in Verbindung, sondern mit ganz Südamerika. Er veröffentlichte eine herausragende literarische Zeitschrift, die *Lettres Françaises*. Diese Zeitschrift, bestes Papier, wurde von englischen Fliegern in das von den Nazis besetzte Frankreich geschleust.

Ihm verdankt sich auch die Reihe *La porte étroite*, die in Frankreich und Buenos Aires mit Spenden aus Argentinien zum Wohl des Comité Francés de Socorro a las Víctimas de la Guerra* gedruckt wurde. Hier erschienen die vier längsten Gedichte von Saint-John Perse (der im darauffolgenden Jahr den Nobelpreis erhielt) und ein anonymer Bericht, welch wertvolles Dokument, über die Résistance. Als der Krieg zu Ende war, unternahm Caillois, nachdem er alles getan hatte, um sein Land in unserem bekannt zu machen, das Umgekehrte und tat alles, um unser Land in seinem bekannt zu machen – darauf weist Wladimir d'Ormesson, Exbotschafter Frankreichs in Argentinien und ebenfalls Mitglied der Académie Française, ausdrücklich hin. Unter dem Titel *La Croix du Sud* veröffentlichte Caillois bei Gallimard eine Reihe von Werken, die von Argentiniern, Mexikanern, Uruguayern, Peruanern, Brasilianern, Kubanern, Paraguayern, Venezolanern, Guatemalteken, Ecuadorianern, Costa-Ricanern verfasst worden waren. Und dieses »Kreuz des Südens« glänzte nicht nur in Paris unter französischen Lesern, sondern genoss allgemeine internationale Anerkennung, wie Wladimir d'Ormesson in *La Revue des Deux Mondes* deutlich machte. Er berichtete, dass de Gaulle ihm einmal wörtlich gesagt habe: »Das 20. Jahrhundert wird das Jahrhundert Lateinamerikas sein.«

Er hat sich, fürchte ich, im Jahrhundert geirrt, doch diese Feststellung hat einem Caillois sicher nicht wenig zu verdanken. (…)

Von seiner letzten Reise nach Argentinien brachte mir Caillois einen rosafarbenen Stein aus einer der von ihm besuchten Provinzen (Salta und Catamarca) mit: einen Rhodochrositen. Ich habe ihn neben den Ammonit aus Caussol gelegt.

* Dt.: Französisches Komitee zur Unterstützung der Kriegsopfer

Unsere Freundschaft entstand aus der Leidenschaft für Bücher – heute eine unsichere Sache (werden sie bald von Bildern und Tönen ersetzt?). Roger Caillois glaubte nicht daran: »Heilige Schrift! Es gibt keinen Ort auf der Welt, in dem Zeichen in Marmor eingraviert, in Bronze gegossen, in jeden widerstandsfähigen oder kostbaren Stoff eingeschrieben, ihm nicht eine heilige Ewigkeit verliehen hätten. So bezeige ich in jeder Hinsicht die gleiche Ehrerbietung gegenüber einer Literatur, die sich über einen Text gezeigt und erhalten hat.« Das ist das Glaubensbekenntnis eines neuen Mitglieds der Académie Française.

Wann das Liebesverhältnis zwischen Victoria Ocampo und Roger Caillois begann, ist nicht genau zu sagen; jedenfalls zeugen die Briefe bis zu seiner Ankunft in Buenos Aires im Juni 1939 lediglich von einem Gedankenaustausch über Bücher, über gemeinsame Bekannte, über politisches Geschehen, Begebenheiten, Eindrücke, Ansichten. Nur unterschwellig lassen sich Sympathien und ein Interesse aneinander ablesen. Erst in Argentinien gingen sie zum »Du« über und wurden vertrauter.

Rufino de Elizalde 282 D (vermutlich im April 1940)

Roger, ich wollte noch auf Dich warten, um Dir gute Nacht zu sagen. Aber morgen haben wir viel zu erledigen, so dass ich jetzt schon gegangen bin. Wenn es nicht diese Stunden auf dem Land gäbe, wüsste ich nicht, wie ich körperlich (ohne die Zuversicht und die Ruhe zu verlieren) den vielen Eindrücken und der Erbitterung widerstehen könnte, in die mich meine lieben Mitbürger tauchen. Verzeih mir, so schwach zu sein, ich, die ich so viele Privilegien genieße.

Umarmung. V.

Roger Caillois blieb sechs Jahre, von 1939 bis 1945, in Argentinien. Gemeinsam bereiste er mit seiner großzügigen Gastgeberin das Land, das ihm bis dahin völlig unbekannt war, ebenso wie seine Sprache. Caillois war begeistert vom Reichtum der argentinischen Literatur und von Lateinamerika überhaupt. Als er 1941 beschlossen hatte, eine junge Französin zu heiraten, erlebte die Geliebte und weiterhin Mäzenin dieses künftigen großen Stilisten und Organisatorin seiner Vortragsreisen eine große Krise.

Villa Victoria. Mar del Plata. Tel.: 504 (März 1941)

Ich kann Dir nicht schreiben. Ich habe alle Briefe zerrissen. Fani meint, dass ich mich »auch noch« mit der Verschwendung an Papier ruinieren werde. Alles, was mich umgibt, erscheint mir stupide. Stupide mein Vertrauen, stupide meine Zuversicht. Ich bin in einem Tunnel gefangen. Wenn ich sage, »alles, was mich umgibt«, meine ich damit alle »Beschäftigungen, denen ich nachgehe«, die Probleme, für die ich die beste Lösung suche. Sich auf und davon zu machen, bereitet keine Probleme. Also? Warum mich beunruhigen? Ich weiß nicht, was aus unserer Beziehung werden soll. Ich weiß nicht, wie wir die Zeit verbringen werden, Du, indem Du die Gelegenheiten nutzt (die Kurse, wie Du sagst), ich, indem ich Zeit mit belanglosen Aufgaben verliere – wenn das nicht schlimmer ist. Was für ein Schwindel! Wenn Du glücklich bist, sage es mir.

V. Ich bin im Tunnel.

22. März (?) 1941

Ich war nicht ungerecht. Was ich Dir vorwarf, war, dass Du Dir nicht die Zeit genommen hattest, mir nach unserem

Telefongespräch etwas mehr als fünf Zeilen zu schreiben. Meine Ungerechtigkeit besteht darin, von Dir zu erhoffen, dass Du einer Regung des Herzens folgst, die Du allerdings nicht verspürst oder auch nicht einmal zum Ausdruck bringen kannst (was aus der Distanz das Gleiche zu sein scheint). Insofern handelt es sich nicht um Ungerechtigkeit, vielmehr um eine blödsinnige Starrsinnigkeit, etwas von Dir zu erwarten, was Deine Natur weder fühlen noch ausdrücken kann. Und so kannst Du auch nicht wissen, wie die Reaktionen, ja wie die Gefühle jener sind, die an Deiner Seite leben. Du bist von Geburt aus blind. (…)

Die Missverständnisse zwischen uns beiden rühren nicht von einer Ungerechtigkeit meinerseits, sondern eher von einer starrköpfigen Hoffnung, die ich mir in Bezug auf Deine Gefühle bewahrt habe. Jedes Mal, wenn diese Hoffnung enttäuscht wird, fühle ich mich mutlos und versucht zu glauben, dass überhaupt nichts mehr wichtig ist, wenn die Gefühle nicht mehr existieren sollten. (…) Noch einmal, es ist töricht, mit Dir über Dinge zu sprechen, die Dir so fremd sind wie die Musik. Klage mich wegen Dummheit an, nicht aber wegen Ungerechtigkeit. Die Tatsache, dass Du es »Ungerechtigkeit« nennst, beweist, wie Du gewisse Mechanismen ignorierst. (…)

Doch zeigte sie bald Verständnis und Großherzigkeit. Sie finanzierte die von ihr mitinitiierte Zeitschrift *Lettres Françaises*, die der Sache eines freien Frankreichs diente, und half dem jungen Paar beim Kauf und der Einrichtung seiner Wohnung. Der Schmerz legte sich allmählich; die junge Ehefrau und die argentinische Mäzenin freundeten sich an und blieben verbunden.

Die weit über dreihundert Seiten starke Korrespondenz zwischen Victoria Ocampo und Roger Caillois legt Zeugnis ab von einem sehr ehrlichen, aber immer behutsam bleibendem Austausch zweier außergewöhnlicher Menschen, die auf beiden Seiten des Atlantiks für die Kultur des anderen eintraten und auf diese Weise einen kulturellen Dialog zwischen Europa und Südamerika in Gang setzten. Die Briefe sprühen vor Leben, Leidenschaft, Humor und Anekdotischem, während sie von Seiten Roger Caillois' zuweilen auch von schroffer Sachlichkeit, Härte und Intoleranz bestimmt sind. Immer aber drücken sie eine gegenseitige Faszination aus, um nicht zu sagen Hörigkeit, die beide allerdings nicht wahrhaben wollten – schon gar nicht der latent misogyne und sich bisweilen sehr gefühlskalt gebende Caillois. Aus den späteren Briefen des Franzosen sprechen Einsamkeit, Nostalgie und Sehnsucht nach Victoria Ocampo – sie bekunden eindrucksvoll, bis zu welchem Grad die Zuneigung oder Liebe des Autors für die südamerikanische Freundin ging.

Abgesehen von den persönlichen Irrungen und Wirrungen sind die Briefe ein wertvolles Dokument über das internationale Intellektuellen-Leben und den kulturellen Austausch zwischen Europa, Frankreich und Südamerika, Dokument zumal über die Entwicklung der Literatur und Kultur während des Zweiten Weltkriegs und in der Nachkriegszeit.

Diese Korrespondenz ist aber noch mehr: Sie bedeutet ein Leben-Schreiben, das zu einer gemeinsamen Komposition, ja zu einem Roman geführt hat. Weder Victoria Ocampo, die Essayistin, Memorialistin, Übersetzerin, noch Roger Caillois hatten ihn zu schreiben beabsichtigt. Doch ist ihr beinahe vierzigjähriger Briefwechsel zu einem mehrstimmigen, gemeinsam verfassten »Kunst-Werk« geworden, in dem feinsinnige *Éducation sentimentale* betrieben und Einblicke in komplexe Leben sowie literarische und kulturelle Ereignisse vermittelt werden. Es ist beider Roman, entstanden aus Sensibilität, aus menschlichen Stärken und Schwächen, der durch persönliche Erfahrungen geformt wurde. Ein Roman aus Fleisch und Blut, aus Leidenschaft und

Leid, aus Alltäglichem und übermenschlichen Gefühlen, aus der beständigen Liebe bis hin zum Tod.

Am 6. Januar 1978, Victoria Ocampo ist fast achtundachtzig Jahre alt, reagierte Roger wie ein enttäuschter Liebhaber, als sie sich während eines Kolloquiums in Buenos Aires nur kurz begegneten und Victoria nicht auf sein Angebot, er könne auch etwas länger in San Isidro bleiben, einging. Ihre Absage machte ihm zu schaffen:

Ich habe es sehr bedauert, Dich nur so kurz während des Kolloquiums gesehen und von Dir keine Aufforderung bekommen zu haben, doch etwas länger zu bleiben. Ich bin Deinetwegen gekommen, weit mehr als wegen des Kolloquiums. Ich hatte Dir vorher noch geschrieben und gefragt, ob ich vor oder nach dem Kolloquium in San Isidro bleiben könnte. Du hast Dich entschuldigt. Während des ganzen Kolloquiums haben wir uns kaum gesehen, um ein paar Worte zu wechseln. Erst am letzten Abend sagtest Du mir, dass ich einige Tage bleiben könne, wenn ich wolle. Das war wohl nur aus Höflichkeit oder aus einer Verpflichtung heraus gesagt, die nach einer negativen Antwort verlangte. Ich hatte Dir geschrieben, wie gern ich mit Dir über mein neues Buch sprechen würde. Du bist überhaupt nicht darauf eingegangen (...).

Caillois wusste, als er seine Enttäuschung äußerte, noch nicht, wie stark die Freundin bereits an einem Tumor in der Mundhöhle litt. Dennoch muss sie auf dem Kolloquium trotz ihrer schlechten gesundheitlichen Verfassung einen starken Eindruck hinterlassen haben. Caillois schrieb in dem oben zitierten Brief weiter:

Du selber warst perfekt, nicht nur wegen Deiner Kommentare, inhaltlich, sondern auch aufgrund des Tonfalls: ausgeglichen, ohne Übertreibungen, ohne falsche Bescheidenheit und gleichzeitig unwiderlegbar, wie etwas, was sich wie von selbst als offenkundig erweist. Alle blieben erstaunt zurück und haben mir Gleiches bestätigt. Allgemein wurde bemerkt, dass Du Dich ganz verwirklicht und Dich selbst getroffen hast.

So trat sie noch in hohem Alter auf: würdevoll, mit einem Selbstverständnis, das nur die Reife des Lebens und die Erfahrungen vermitteln.

Wie treffend, wenn Roger Caillois mit seinem Brief vom 11. Februar 1978 begriff, dass sie ihre großen Schmerzen wie ein Kapitän Hatteras trug, den sie als Kind so sehr verehrt hatte. Ihre Anmerkungen zu *Le fleuve Alphée*, seinem neuesten Buch, kommentierte er so:

Mir scheint, dass Du Dich (darin) ein wenig wiedergefunden und gesehen hast, wenn auch mit einigem Verzug, dass Dein Einfluss auf mich stärker war als Du Dir je vorgestellt hast.

Er beteuerte ihr, zuletzt in seinem Brief vom 12. September 1978, wie radikal anders dieses Buch gegenüber allem Vorausgegangenen sei und wie sie ihn im Denken und Fühlen beeinflusst habe.

Es ist das Buch, in dem ich mich Deiner Sensibilität am nächsten gefühlt habe (...). Ich habe die, vielleicht abwegige, Hoffnung, dass *Le fleuve Alphée* uns noch sehr viel näher bringt und Du Dir über die Folgen bewusst wirst, die Dein Einfluss und Dein Vorbild auf mich ausgeübt haben.

Dieses Buch – und nicht nur die Korrespondenz – war also gewissermaßen zu einem »gemeinsamen« Werk geworden.

Victoria Ocampos letzte Antwort am 5. Juli 1978 zeugt noch immer von der Suche nach dem Dialog mit ihm:

Werde ich Dich noch einmal sehen? Wer weiß. Ich wünschte, dass Du noch bliebest, um mit Dir sprechen zu können.

Am 21. Dezember 1978 starb Roger Caillois. Victoria Ocampo starb einen Monat später, am 27. Januar 1979.

Nachwort

Leben – Schreiben

1890 wurde Ramona Victoria Epifanía Rufina Ocampo in die großbürgerlich-aristokratische Oberschicht Argentiniens und deren überbordenden Wohlstand hineingeboren, in ein Land alles beherrschender Großgrundbesitzer, ehemaliger Kolonialherren, in eine Stadt, die sich rasant zu einer Weltmetropole entwickelte, in eine Mentalität, die noch ganz dem patriarchalischen und dem viktorianischen Denken verpflichtet war, in eine Familie, die, wenn auch mit großer Liebe, so doch unerbittlich die althergebrachten Werte vermittelte.

Schon die junge Victoria empfand den Weg zur damenhaften Existenz des Müßiggangs als zu eng. Immerhin boten mehrjährige Aufenthalte der Großfamilie in Paris, aber auch die Hauslehrerinnen für Französisch, Englisch und Klavier, die ausgiebige Lektüre klassischer Literatur sowie frühe Opern- und Konzertbesuche einen Ausweg aus der moralischen Enge und gaben ihr Gelegenheit, sich über ihre Vorstellungswelt insgeheim eigene Lebenswelten zu erschaffen.

Ausgebildet wurde sie zur heiratsfähigen Lady. Doch für die junge Frau entpuppte sich die Metropole als Ort gänzlich anderer Bildungserlebnisse. Mit ihrer Schwester Angélica, mit Freundinnen wie Delfina Bunge entdeckte sie die Lust an der Seelenfreundschaft, und sie begann innerlich zunehmend gegen die Fesseln aufzubegehren, die ihr viktorianische Sittenstrenge, Lektüre-Zensur und Katholizismus auferlegten. Ihren Berufswunsch, Rezitatorin oder Schauspielerin zu werden, vermochte sie dennoch aus Liebe zu ihren Eltern nicht durchzusetzen. Ihren Ehemann allerdings, den sie vor der Eheschließung mit zweiundzwanzig Jahren kaum kennengelernt hatte, verließ sie – innerlich schon nach ein paar Monaten, faktisch nach einigen qualvollen Ehejahren. Zu stark war ihr Drang (sie würde es »Hunger« nennen) nach Freiheit, nach geistig-seelischem Austausch, nach Liebe und gleichzeitig nach intellektuellem und künstlerischem Erleben – nicht auf einer abstrakten Ebene, sondern vermittelt über Menschen, ihre Stimmen, ihre Bücher und ihre Sprachen. Doch das Absolute lässt sich nur begrenzt erreichen und muss in ständigem Aufbruch und drängendem Verlangen nach dem zu weit Entfernten immer wieder neu gesucht werden. *»Cor meum inquietum, dum requiescat in te«* (»Mein Herz ist ruhelos, bis es ruht in dir«) – das hatte Victoria Ocampo wohl nur bei Julián Martínez gefühlt.

Im Jahr 1952 begann Victoria Ocampo ihre *Autobiografía* zu schreiben. Man hätte im Lebensrückblick der über Sechzigjährigen einen breiten, gleichmäßigen Themen- und Erinnerungsfluss erwarten können. Doch so ist es nicht. Empfindungs- und Gedankenassoziationen sprudeln hervor und gehen über die Kindheitserinnerungen hinaus ins Feld der Anekdoten und szenischen Darstellung. Die sechs Bände sind auf Kindheit und Jugend, auf das Leben in den Stadthäusern in Buenos Aires, in der Villa Ocampo in San Isidro, auf der ländlichen Estancia beim Großvater sowie auf die Städte Paris und London fokussiert. Es folgen die Ehe und die Jahre mit Julián Martínez, der großen Liebe ihres Lebens, sodann die Erinnerung an die für sie so bedeutsamen Begegnungen u.a. mit Rabindranath Tagore, Ernest Ansermet, José Ortega y Gasset, Hermann Graf Keyserling, Pierre Drieu la Rochelle und an das Jahr 1931, in dem sie ihre über vierzig Jahre erscheinende und weltweit herausragende Zeitschrift SUR gründete. Die Fülle des geistigen und beruflichen Lebens, von der ihre Autobiographie zeugt, prägte auch die Essays, Artikel und Rezensionen, die Victoria Ocampo zwischen 1935 und 1977 verfasste. Nachzulesen sind ihre Zeitzeugnisse in den zehnbändigen *Testimonios*, aber auch in den kleineren Werken (siehe Werkverzeichnis) und zahlreichen Beiträgen in SUR. Alles, was Victoria Ocampo schrieb, sei es über Virginia Woolf, die Nobelpreisträgerin Gabriela Mistral, den Peronismus, die Nürnberger Prozesse, Roger Caillois oder Susan Sontag, alles ist in gewissem Sinne autobiographisch. Dennoch rekonstruierte sie in keinem ihrer Texte ihre eigene Geschichte. Sie war in erster Linie eine gute Beobachterin und gute Zuhörerin, die in der Schilderung anderer Menschen allerdings nicht wenig von sich selbst preisgab. Ob es die Familie, die Lehrerinnen, das Hauspersonal, die ersten Freunde waren oder die Intellektuellen, das literarische oder künstlerische Milieu, Musik, Landschaften, ob Paris, London, New York, das Meer oder überhaupt die Natur – all diese Motive und Impulse fing Victoria Ocampo in scharfsinnigen und hingebungsvollen Beschreibungen ein, die zuweilen auch als Seelenprotokolle lesbar sind.

Die Symbiose von *»cabeza y corazón«*, von Kopf und Herz, ist ein Gedanke, der sich in ihren Texten immer wieder findet und auch für sie selbst zu gelten scheint. Insofern ist ihre intellektuelle Neugier nicht nur analytisch, aber auch nicht nur subjektiv erfühlt. Beides, *»esprit géométrique«* und *»esprit de finesse«*,* wirken bei ihren Beobachtungen zusammen, gerade auch wenn sie sich anscheinend in Nebensächlichkeiten ergeht: Wie adrett Drieu la Rochelle gekleidet ist, wie gepflegt seine Hände sind, wie der ehemalige Nazigeneral Hermann Göring im Nürnberger Gerichtssaal seinen Ellbogen lässig über das Geländer legt, welche undefinierbare Farbe der Schlafanzug des kranken Hermann Graf Keyserling hat, wie Charles de Gaulle mit diplomatischem Charme über das ihm völlig unbekannte Buenos Aires

* Das befindet sie über Soledad Ortega y Gasset, die Tochter des Philosophen, in einem Brief vom 13.8.1962 an Angélica, Pancha und Fryda. Enthalten in *Cartas a Angélica y otros.* Buenos Aires: Ed. Sudamericana 1997, S. 133.

und Südamerika spricht oder wie sich Roger Caillois überflüssigerweise ständig eine Haarsträhne aus der Stirn streicht. Hier hat sich das Leben, auch das kleine Leben, in authentische Literatur verwandelt. Und nicht nur das. Aus dem scheinbar Unbedeutenden entfaltet sich das Zeitgeschichtliche, aus dem Detail das Allgemeine. Außerdem, so formulierte es Victoria Ocampo einmal: »Von sich selbst sprechen heißt, von allen sprechen.« Was sie an anderen autobiographischen Schriften oder an Briefen, wie etwa denen von John Keats, bewunderte, strebte sie ebenfalls an: Wahrhaftigkeit – da die Wahrheit, das unverkennbar Echte und Authentische, Schönheit in sich birgt. So hielt sie auch das Flüchtige des Lebens fest, das stets auf tiefere Gründe und Hintergründe verweist. Wie zufällig wirken die Kompositionen, die Aperçus, Aphorismen, Bilder, atmosphärische Eindrücke und physiognomische Miniaturen in sich einschließen. Sie stellen eine Kunst des Porträtierens unter Beweis, die mit eleganten, leichten und sparsamen Strichen einen Charakter, eine Landschaft oder eine Szene festzuhalten weiß.

Als SUR-Herausgeberin, als Gastgeberin (sie beherbergte bedeutende Autorinnen und Autoren wie Rabindranath Tagore, Stefan Zweig, André Malraux, Albert Camus, Graham Greene, Roger Caillois, Gabriela Mistral sowie hohe Politiker, genannt seien hier nur Jawaharlal Nehru und Indira Gandhi), als Freundin und Gesprächspartnerin von prominenten Persönlichkeiten in Europa und in den USA wie auch als Gast bei mächtigen Politikern (Benito Mussolini, Charles de Gaulle), bei Wissenschaftlern (Sigmund Freud, C. G. Jung) oder als Beobachterin bei den Nürnberger Prozessen – stets stellte Victoria Ocampo unter Beweis, dass sie eine außergewöhnliche Zeitzeugin und Kulturvermittlerin zwischen fernen Ländern und Sprachen und den unterschiedlichsten Kulturschaffenden und Intellektuellen war.

Über die seismographische Wahrnehmung dieser außergewöhnlichen Frau lernen wir das 20. Jahrhundert anhand einer Fülle von Menschen und Landschaften, von literarischen Werken und kulturellen Ereignissen kennen; ein Jahrhundert, das – ob in Lateinamerika, Europa oder den USA – in seinen literarischen und kulturellen Entwicklungen von einer Vielfalt faszinierender Strömungen, Schulen und Bewegungen durchdrungen war. Victoria Ocampo traf sowohl die Repräsentanten des Futurismus (Marinetti), der »Schule der Weisheit« (Keyserling), der modernen Musik (Strawinsky), der Architektur (Gropius, Le Corbusier), der Lyrik (Valéry, Borges), der Zwischenkriegsliteratur (Drieu la Rochelle), des Surrealismus (Jean Cocteau), der Phantastik (Jules Supervielle), des Feminismus (von Virginia Woolf bis Susan Sontag), des Existentialismus (Albert Camus, wobei sie keinen engeren Kontakt zu Simone de Beauvoir suchte, wegen ihres derzeit »unbeugsamen Kommunismus und ihrer scharfen Aggressivität«*). Die Reihe ließe sich endlos fortsetzen. Victoria Ocampo hinterließ auf diese Weise der Nachwelt ein schriftliches Vermächtnis von stets intensiv und sympathisierend erlebten Begegnungen.

Und doch hat sie sich nie als professionelle Schriftstellerin gesehen, eher als eine Autodidaktin, eine ewige Schülerin, die sich im Schreiben immer nur versuchte. Schon früh hatte sie beschlossen, dass ihr das Fiktionale nicht lag, obwohl zahlreiche Essays und Textstellen sich wie Belletristik lesen, z.B. die wundervolle Liebes-Ehe-Geschichte über Johann Sebastian und Anna Magdalena Bach, ein Besuch mit Jean Cocteau bei einer großen Sängerin in New York oder das Erlebnis eines Gottesdienstes gemeinsam mit Sergej Eisenstein in Harlem. Immerhin legte sie zwei fiktionale Texte vor: 1922 verfasste sie *La laguna de los nenúfares* (Der Seerosenteich), eine szenische Fabel, die sich an den estnischen Märchen inspirierte, die Victoria Ocampo in ihrer Kindheit gelesen hatte. Allerdings baute sie den Schluss

* So schreibt sie an ihre Schwester in den *Cartas a Angélica*, S. 171. Ihre Reserve war allerdings auch darauf zurückzuführen, dass sie von Albert Camus und André Malraux, deren negative Einstellung gegenüber Simone de Beauvoir sie kannte, beeinflusst war.

völlig um: Das Kind, das im Original sterben musste, weil es die unsichtbaren Feen gesehen hatte, lässt sie weiterleben und entdecken, dass die unsichtbaren Feen in den Gedanken der Menschen leben. 1958 schrieb sie den Text zu einem Licht- und Klangspiel: *Habla el algarrobo* (Der Johannisbrotbaum erzählt): Der titelgebende, uralte Baum auf Pueyrredóns Villengrundstück in San Isidro, den sie als Kind bestaunt und bewundert hatte, spricht hier über die Menschen, deren Geschichten er jahrhundertelang gelauscht hatte.

Bei aller Selbstzurücknahme: Victoria Ocampos Element war doch immer ganz das Schreiben. Allerdings hielt sie nie irgendwelche Gattungen ein. »Wenn ich einen Brief schreibe, ist darin ein Artikel enthalten, und wenn ich einen Artikel schreibe, wird daraus ein Brief. Das ist wohl auch der Grund, warum ich beides schlecht schreibe.«* Artikel, Essay, Zeitzeugnis, Brief, Porträt, Erinnerungen, Gedanken, Beschreibungen, Reflexionen – Victoria Ocampo sprengte die einzelne Form und bannte ihre Welterfahrung in die Ausschnitthaftigkeit und Flüchtigkeit eines spontanen Niederschreibens.

Wie empfänglich Victoria Ocampo für Literatur, Theater, Kunst, Musik und Natur war, wie passioniert sie sich die Welt der großen Bedeutsamkeiten, wie sie nur die Kunst und die Natur gewähren, eroberte und mit Erkenntnis zu durchdringen bemüht war, wie bewunderungsfähig, erfüllt und hingabefähig sie aufblicken konnte, davon zeugen alle ihre Aufzeichnungen. Vielleicht war Bewunderung ihre stärkste Kraft, und nicht selten wurde sie zur Quelle ihrer Liebe. Von Kindheit an bis ins hohe Alter waren die Eindrücke, die sie empfing, von Staunen, Hochachtung und Enthusiasmus gekennzeichnet; erst in den letzten Lebensjahren begleiteten sie auch Distanziertheit, Kritik und Skepsis.

* So schreibt sie an Tota und Pepe am 28.8.1946 aus der Normandie, wobei sie sich zu Betrachtungen über Kirchen, Christentum und Religion hinreißen lässt. Enth. in *Cartas a Angélica*, S. 71.

Zeit ihres Lebens hatte Victoria Ocampo um ihre Freiheit zu kämpfen und darum, dass den Menschen, vor allem auch den Frauen, Gerechtigkeit widerfuhr. Als Jugendliche wehrte sie sich gegen die von der Familie auferlegten Fesseln und strengen Auflagen, die bis zur Verheiratung mit dem ungeliebten Ehemann reichten. Ihre nervenaufreibenden Bemühungen um die Scheidung zogen sich über Jahre hin. Dem intellektuell bewunderten Hermann Graf Keyserling konnte und wollte sie nicht die erwünschte Kurtisane sein, musste sich befreien von einem Anspruch, der in Verleumdungen und Verletzungen ihrer Person mündete. Am extremsten wurde sie von der Regierung Perón bedrängt, die ihr Gedankenfreiheit nicht gewähren wollte, die sie beobachten ließ, ihre Briefe zensierte und sie 1953 schließlich fast vier Wochen lang gefangensetzte – mit anschließendem Entzug des Reisepasses.

Auch ihre kleine persönliche ›*République des lettres*‹, ihre Zeitschrift, war keineswegs ein sorgenfreies Paradies. Etliche Mitarbeiter von SUR sahen ihre Arbeit, ihre Auswahl der Autoren kritisch und lernten sie dabei als autoritär, gebieterisch und jähzornig kennen, was bisweilen mit regelrechten Wutausbrüchen verbunden war (die sie hinterher meist bereute). Normalerweise, so beschreibt es Alicia Jurado, war sie in Gesprächen ruhig und zurückhaltend, ging wenig aus sich heraus. Wenn ein Thema sie allerdings packte, ließ sie niemanden mehr zu Wort kommen.

Der große, erklärtermaßen links stehende chilenische Dichter Pablo Neruda griff »*Madame Charmante*« und ihre nichtkommunistische, für ihn insgesamt verräterisch unamerikanische Zeitschrift SUR offen in seinem Gedichtband *Las uvas y el viento* (1954) an, in dem Gedicht *Ahora canta el Danubio.* Von Kind an begleiteten »*La Infanta*«, die Prinzessin (wie sie ein Diener im Hause Ocampo scherzend nannte), Bezeichnungen, die eine Frau aus der Upperclass mit intellektuellem Anspruch treffen sollten: *»Prima Donna«*, *»Embajadora de la Argentina«*, *»Señora Cultura«* oder auch, negativ konnotiert, *»Luchadora feminista«*, feministische Kämpferin.

Der aus Rumänien stammende Autor C. Virgil Gheorgliu skizzierte Victoria Ocampo in seinem autobiographischen Roman *L'homme qui voyagea seul* (1954) als eine lächerliche, dümmliche Figur mit bedenklichen Vorstellungen von Rumänien. Die Szene konnte sich nur auf die Freundschaft zwischen Victoria Ocampo und Benjamin Fondane (1898–1944) beziehen, einem Lyriker und Essayisten rumänisch-jüdischer Herkunft. 1939 bat Fondane Victoria Ocampo in Paris, in einer seltsamen Vorausahnung, um die Aufbewahrung von Briefen und Dokumenten. Sie nahm alles an sich und bemühte sich um ein Visum für ihn, hatte aber keinen Erfolg. 1944 wird Fondane in Paris verraten, nach Auschwitz deportiert und ermordet. Gheorgliu, der zur gleichen Zeit in Buenos Aires im Schutze Peróns lebte, mit dem Auftrag, dessen Biographie zu schreiben, verfasste eine völlig verdrehte, verfälschende und die Person Victoria Ocampos sehr verunglimpfende Szene, worauf sich freilich die Angegriffene zur Wehr zu setzen wusste und in *Así se escribe la Historia* (1954), enthalten im sechsten Band der *Testimonios*, in klaren Worten darauf antwortet.

Derartiges konnte die freiheits- und gerechtigkeitsliebende Victoria Ocampo jedoch nicht dauerhaft von ihrem Weg abbringen. Ihre *»inborn power of attraction«* (diese Formulierung hatte eigentlich sie für ihren Geliebten Julián geprägt), ihre *»aristocracía innata«* (so der langjährige Redaktionssekretär von SUR, José Bianco, über sie), die weltweite Verehrung, die unzähligen großen Freundschaften zu den berühmtesten Menschen ihrer Zeit, die Summe ihrer literarischen und kulturellen Leistungen und Verdienste ergeben das Bild einer außergewöhnlich starken, souveränen und kultivierten Frau. Vergleichbar war sie mit kaum einer anderen, vielleicht am ehesten – bei aller Verschiedenheit der Charaktere – noch mit der Jahrhundertfrau Simone de Beauvoir; in gewisser Weise auch mit Autorinnen internationalen Ranges wie Virginia Woolf und Gabriela Mistral. Als Kulturvermittlerin mit dieser einzigartigen, alle Grenzen sprengenden Breitenwirkung hat sie allerdings weder ein weibliches noch ein männliches Pendant.

Der hier vorliegende Text umspannt bei weitem nicht die Thematik der gesamten sechs Bände Autobiographie, der zehn Bände Zeitzeugnisse sowie der zahlreichen kleineren, in Verlag oder Zeitschrift SUR publizierten Schriften. Auch ihre reiche Korrespondenz ist damit noch nicht erfasst. So liegen weite Themenfelder noch brach:

Victoria Ocampo und die Musik – ihre Beiträge zu Claude Debussy, Ravel, Strawinsky, Johann Sebastian Bach, ein Besuch des *Parzival* in Bayreuth, Stefan Zweigs Beitrag in SUR zur *Wiederauferstehung des Georg Friedrich Händel.*

Victoria Ocampo und die Literatur – ihre Beiträge über Schriftsteller und ihr Werk, etwa Emily Brontë, D.H. Lawrence, T.E. Lawrence, John Steinbeck, Virginia Woolf, Graham Greene, Paul Valéry, Jacques Rivière, Jules Supervielle, Anna de Noailles, Albert Camus, André Malraux, ihre Schwester Silvina Ocampo, Jorge Luis Borges, Eduardo Mallea, Aldous Huxley.

Victoria Ocampo und Kunst und Architektur – ihre Kommentare zum Bauhaus, zur Konzeption ihrer eigenen Häuser, zu Erich Mendelsohn, Gropius, Le Corbusier, zu Malern wie Pedro Figari.

Victoria Ocampo und Theater, Oper und Film – ihre Eindrücke über *Phaedra*, Sherlock Holmes, Sergej Eisenstein, Visconti, das Theater der Avantgarde, das Boulevard-Theater in London, New York, Paris, immer wieder über Filme (von Truffauts *Die Geschichte der Adèle H.* bis zu den Beatles).

Victoria Ocampo und der Feminismus – seine humanistische

Begründung in zahlreichen Schriften und Reden, ihre Vorstellung vom gleichberechtigten Paar, ihr lebenslanges Engagement, das sie schließlich (nach mehreren Absagen) dazu bringt, die Aufnahme als erste und einzige Frau in die argentinische *Academía de Letras* (1977) zu akzeptieren*.

Victoria Ocampos bewegende Begegnungen, u. a. mit Paul Valéry, Virginia Woolf, Saint-John Perse, Albert Camus, Sergej Eisenstein, Ravel, Braque, Aldous Huxley, García Lorca, Man Ray; Victoria Ocampo auch als Korrespondentin mit weltberühmten Persönlichkeiten, darunter Rabindranath Tagore, Drieu la Rochelle, Gabriela Mistral, Roger Caillois.

Und nicht zuletzt Victoria Ocampo auf Reisen – ihre Beobachtungen in Städten und Landschaften wie New York, Paris, London, Eindrücke aus Berlin, die Pampa, Yosemite, San Isidro, Mar del Plata. Eine weitere Aufzählung von Themen und Begegnungen würde Seiten füllen.

Auch konnten auf engem Raum nicht die zahlreichen ihr nahestehenden Personen wie ihre Eltern, Großeltern, Großtanten, ihre fünf Schwestern, vor allem Angélica, Pancha und Silvina angemessen gewürdigt und in ihr Selbstbild eingeordnet werden. Mit Angélica, die ein Jahr später als sie geboren war und ein Jahr später als sie starb, verband sie ein beinahe symbiotisch zu nennendes Verwandtschaftsverhältnis. Die *Cartas a Angélica*, die sie bis zu ihrem Lebensende schrieb, bezeugen es. Die Beziehung zur nächstfolgenden Schwester Pancha, an die sich ebenfalls viele ihrer Briefe richteten, war gleichermaßen herzlich und einvernehmlich. Mit Spannung erwarten darf man die Herausgabe der *Cartas de posguerra*, der achtzig bisher unveröffentlichten Briefe zwischen Victoria, Angélica und Pancha nach 1946.

Das Verhältnis zur schriftstellernden, um dreizehn Jahre jün-

* Siehe das Kapitel *Susan Sontag: Wahltochter. Solidarität und »geschliffener« Feminismus*, das auf ihre feministischen Aufsätze, Reden und Beiträge nur kursorisch verweisen kann.

geren und vielseitig künstlerisch talentierten Silvina Ocampo (1903–1993), die für Jorge Luis Borges als »eine der größten Autorinnen spanischer Sprache« galt, war nicht annähernd so eng.

Silvina Ocampo stand zunächst im Schatten der älteren Schwester, dann im Schatten ihres Mannes Adolfo Bioy Casares, der neben Jorge Luis Borges zu den bedeutendsten argentinischen Autoren zählte, schließlich im Schatten auch von Jorge Luis Borges selbst. Nicht nur im Rahmen der von allen dreien kultivierten phantastischen Literatur (sie brachten u. a. gemeinsam eine *Antología de la literatura fantástica* heraus) hat sie jedoch ihre eigene Stimme gefunden und bewahrt. Ihre Bücher *Autobiografía de Irene* (1948), *La furia y otros cuentos* (1959; ins Deutsche übersetzt in *Die Furie*, 1992) sowie *Los dias de la noche* (1970) erfuhren international Ruhm und Anerkennung. Da Silvina zunächst ihrem unstreitbaren Talent als Malerin den Vorrang einzuräumen schien, wollte die ältere Schwester sie für die Illustration ihrer Kindheitserinnerungen gewinnen. Dazu kam es jedoch nicht. Die Jüngere fing bald an zu schreiben, und ihr literarischer Rang war sofort unverkennbar. Allerdings nicht, zumindest nicht uneingeschränkt, für Victoria Ocampo: Die SUR-Herausgeberin rezensierte die ersten Texte der Schwester, den Erzählband *Viaje Olvidado* (1937), mit bisweilen gönnerhaft anmutender Herablassung und manch kritischem Einwand (in SUR No. 35, 1937). Als die Ältere fand sie nicht das Gleichgewicht zwischen Stolz und Selbstwertgefühl, so auch, wenn sie amüsiert berichtet, wie sie, die »Zweitwichtigste bei der Taufe«, das Wiegenkind »mit ihren Tintenfingern« über das Taufbecken gehalten habe. Damit war unmissverständlich klargestellt, wer dem Nachwuchs eigentlich das Dichtergenie mitgegeben hatte. Über die Zeitschrift SUR und den 1933 ebenfalls von Victoria Ocampo gegründeten SUR-Verlag kam es mit gewisser Regelmäßigkeit zur Zusammenarbeit der ungleichen Schwestern, auch zur Veröffentlichung von Texten Silvina Ocampos (wie auch von Bioy Casares) bei SUR. Dennoch hatte Silvina den reinen Schwesternkult nie mitvollzogen und den innigen Zugang zur intellektuellen Triade Victoria, Angélica und Pancha weder gesucht noch gefunden. Zudem hätte ohne jeden Zweifel die Erstgeborene niemals ihre Vorrangstellung gegenüber dem Nachkömmling aufgegeben.

Victoria Ocampo nahe stand beispielsweise die Autorin und Lehrerin María de Maeztu.* Beide gehörten zu den *Amigos del Arte*, beide verband die Frauenfrage. Doch waren sie im Wesen sehr verschieden und konnten auf Dauer nicht recht zusammenfinden. Mehr und mehr schien sich Victoria Ocampo innerlich von María de Maeztu zu distanzieren. María Rosa Oliver** wiederum zählte Victoria Ocampo zu ihren engen Vertrauten: Mit Eduardo Mallea und José Bianco gehörte sie zu den ersten und beständigsten Mitarbeitern von SUR, mit ihr gründete Victoria 1936 die *Unión de Mujeres Argentinas*. Die große Freundschaft trübte sich allerdings ein, als sich María Rosa Oliver dem Kommunismus zuwandte. Zu einem zeitweiligen Bruch kam es gar, als diese 1958 den Premio Lenin de la Paz erhielt***. Die Richtung, die der kommunistische Kampf für den Frieden nahm, konnte Victoria Ocampo, die stets ein pazifistisches, gewaltloses Vorgehen vertreten hatte, nicht begreifen. Von den SUR-Mit-

* María de Maeztu (1881–1948), gebürtige Spanierin, erwarb 1915 den Doktortitel in Philosophie und betrieb nach englischem College-Muster maßgeblich die Ausbildung in der *Residencia de Señoritas de Madrid*. 1926 besuchte sie zum ersten Mal Buenos Aires, 1937 kam sie wieder und blieb in Argentinien. Dort veröffentlichte sie auch ihre Bücher.

** María Rosa Oliver (1898–1977), Schriftstellerin in Buenos Aires. Von 1938-1943 war sie Vizepräsidentin der *Unión Argentina de Mujeres*, leitete von 1938 bis 1942 das *Teatro Experimental La Cortina*. Verfasste *Geografía infantil* (1939), *Lo que sabemos hablamos*, *La vida cotidiana* und postum erschien *Mi fe es el hombre*.

*** María Rosa Oliver hatte ab dem Jahr 1948 (bis 1962) im Consejo Mundial de la Paz mitgewirkt und erhielt diesen Preis, der seit 1949 (bis 1991) existierte, als eine der Persönlichkeiten, die zur Erhaltung und Festigung des Friedens zwischen den Völkern beigetragen hatten.

arbeitern hielt allerdings José Bianco die Freundschaft zu María Rosa Oliver aufrecht. Im Zusammenhang mit dem Lenin-Preis für die Kollegin hatte Bianco eine Notiz verfasst, die von der SUR-Direktorin einer »Korrektur« unterzogen, das heißt vollständig getilgt wurde. María Rosa Oliver zog daraufhin ihre Mitarbeit in einem persönlichen Schreiben zurück, worauf ihr Victoria Ocampo – unpassender- und verletzenderweise – öffentlich in SUR antwortete: Sie verunglimpfte María Rosa Oliver als dem kommunistischen »Imperium« angehörig. Mit Fryda Schultz de Mantovani*, die ab 1949 bei SUR mitarbeitete und 1963 eine Monographie über Victoria Ocampo verfasste, blieb sie lebenslang freundschaftlich verbunden.

Über Fani (Estefanía), die 1908 als Kindermädchen in das Haus der Ocampos kam und die Familie über vierzig Jahre als Hausdame und graue Eminenz begleitete, schrieb Victoria Ocampo, nach Meinung von José Bianco, eines ihrer schönsten und anrührendsten Porträts. Den Tod dieser generösen, noblen, verständnisvollen Seele konnte die Erstgeborene der Ocampo-Schwestern nicht verschmerzen.

Victoria Ocampo war Kosmopolitin, aber eine Kosmopolitin mit Heimatadresse. Sie nahm das Eigene im Fremden wahr – die *Sturmhöhe* der Emily Brontë hatte sie mit den Regengüssen, peitschenden Winden und Schreivögeln der Pampa erlebt, eine Grille, die im winterlichen Berliner Tiergarten zirpte, gemahnte sie an ihr eigenes Überleben, die Glocken der Westminster Abbey erinnerten sie an den Retiro in Buenos Aires. Die Weitgereiste, die es immer wieder in die Welt hinausdrängte, war aufs Engste mit ihrem Land verbunden, vor allem mit San Isidro und Mar del Plata. Vom herkömmlichen Tourismus distanzierte sie sich; stets reiste sie in dieselben Städte, dieselben Landschaf-

* Fryda Schultz de Mantovani (1912–1978), argentinische Schriftstellerin und Essayistin. Verfasste *Canto ciego* (1949), *Sobre las hadas* (1959), *Genio y figura de José Marti* (1968).

ten, die für sie wie Menschen waren, wie Freunde, die man immer wieder sehen, treffen und in allen Stimmungen erleben möchte.

Über die Jahrzehnte haben es mittlerweile zahlreiche Autoren und Autorinnen unternommen, Victoria Ocampos Biographie zu schreiben.* Unübertroffen ist meines Erachtens die seinerzeit auch ins Deutsche übersetzte Darstellung von Doris Meyer: In *Gegen den Wind und die Zeit* (1979) erhalten wir ein Porträt von Victoria Ocampo, das im Detail abgesichert ist und zugleich ein lebendiges Bild dieser bedeutenden Frau vermittelt. Doris Meyer hat Victoria Ocampo noch persönlich gekannt. Sie war mit ihr seit 1962 befreundet, hat Victoria Ocampo in den vielfältigen, schwierigsten und schönsten Lebenssituationen verstanden.

Nach Victoria Ocampos Tod im Jahr 1979 wurde sukzessive bis 1984 ihre *Autobiografía* veröffentlicht, in zweiter Auflage im Jahr 2005 und 2006. Die zehn Bände *Testimonios* erschienen bereits ab dem Jahr 1935 in relativ kontinuierlicher Abfolge bis zum Jahr 1977, eine Auswahl in zweiter Auflage im Jahr 1999 und 2000. Entsprechend den vielfältigen Facetten von Person und Werk ist mittlerweile eine schier unüberschaubare Sekundärliteratur entstanden – mit Interpretationen und Analysen über ihr gesamtes Werk, ihr Gefühlsleben, ihre Schreibweise, ihre Korrespondenzen, Vergleiche zu Virginia Woolf oder mit ihrer Schwester Silvina, über ihre Zeitschrift, ihren Feminismus und vieles mehr. Auch haben keine Geringeren als Jorge Luis Borges, José Bianco, André Gide, Alicia Jurado, Alejandra Pizarnik, Beatriz Sarlo, Julio Cortázar, nordamerikanische, südamerikanische und europäische Autoren und Literaturwissenschaftler sie mit ihren Beiträgen gewürdigt. Ein nicht nachlassendes und in

* Siehe die anhängende Bibliographie, die nur eine Auswahl an biographischen Arbeiten enthält. Zudem wurden Monographien, wissenschaftliche Abhandlungen und Aufsätze in großer Zahl verfasst; ihre Auflistung würde den hier vorgegebenen Rahmen sprengen.

den letzten Jahren noch ansteigendes biographisches und literaturwissenschaftliches Interesse lässt sich schon allein an der Zahl der anwachsenden Veröffentlichungen feststellen. In den letzten Jahren ist Victoria Ocampo auch von den sich zunehmend an den Universitäten etablierenden Kulturwissenschaften entdeckt worden: die Bedeutung einer Frau, die zwischen zwei und mehreren Sprachen, Kulturen und Welten stand, die es miteinander zu vereinbaren galt, die Bedeutung einer globalen Kulturvermittlung. Die Zeit ist gekommen, an den kulturellen Austausch zwischen Argentinien, Ibero-Amerika insgesamt, Europa und den USA wieder anzuknüpfen. Hören wir zum Thema der *Terra incognita* noch einmal Victoria Ocampos Stimme aus ihrem Vorwort zur argentinischen Ausgabe von *Wuthering Heights* der Emily Brontë aus dem Jahr 1938:

Eine Seele lässt sich nicht an einem Ort einschließen; die Seele schließt den Ort in sich ein und verleiht ihm seine Kraft. Emily Brontës Seele überschreitet die Landkarte und bringt uns ihr Land dadurch näher. Die Konflikte dieser Menschen mit ihnen unbekannten Mächten sind auch unsere. Deshalb gehört *Wuthering Heights* auch uns. Und weil das so ist, gehört uns, wie durch ein Wunder, auch Yorkshire, wo wir noch nie gewesen sind. Auf diese Weise lassen uns die Schriftsteller unser Land in ihrem finden. Und so vermischen die am stärksten mit ihrer Heimat Verwurzelten auch ihr Land mit anderen Ländern der Erde. Vielleicht habe ich nie besser verstanden, was mir der scharfe Wind der Pampa mit seinen schreienden Vögeln bedeutet, als in dem Moment, in dem ich den heulenden Wind in *Wuthering Heights* hörte …

Berlin, im Mai 2010
Renate Kroll

Victoria Ocampo – Lebensdaten

1889 Hochzeit von Manuel Ocampo und Ramona Aguirre (genannt *La Morena*)

1890 7. April: Geburt von Ramona Victoria Epifanía Rufina Ocampo

1891 Geburt von Angélica Ocampo. Einweihung von San Isidro

1894 Geburt von Francisca (Pancha) Ocampo

1896–1897 Erste Reise der Großfamilie nach Paris, wo Rosa Ocampo geboren wird

1898 Geburt der fünften Schwester Clara Ocampo

1903 Geburt der jüngsten Schwester Silvina Ocampo

1906 Beginn der Freundschaft (in Briefen) mit Delfina Bunge de Gálvez

1907 Luis Bernardo de Estrada (Mónaco), ihr späterer Ehemann, tritt in Erscheinung.

1908–1911 Zweite Reise der Großfamilie nach Paris, wo Victoria Vorlesungen und Kurse an der Sorbonne und im Collège de France (Seminare bei Henri Bergson; Vorlesungen über Dante bei Henri Hauvette) besucht; Fani (Estefanía) wird Kindermädchen und Hausdame bei den Ocampos, sie begleitet Victoria bis zu ihrem Tod im Jahre 1950.

1909 Paul Helleu fertigt in Paris Porträts (Federzeichnungen) von Victoria Ocampo an. Reise mit Lieblingsschwester Angélica und den Onkeln Urquiza nach England und

Schottland; Freundschaft mit Maurice Rostand (Sohn Edmond Rostands). Die geliebte Tante Vitola stirbt in Paris.

1910 Dagnan-Bouveret malt Porträts von Victoria Ocampo.

1911 Tod der Schwester Clara Ocampo

1912 Dezember: Hochzeit mit Luis Bernardo de Estrada (Mónaco) und anschließende Hochzeitsreise nach Europa (Paris, Italien)

1913 In Paris: Besuch der Aufführungen von Igor Strawinsky und des Ensembles *Ballets Russes* von Sergei Pawlowitsch Djaghilew. Begegnung mit Ricardo Güiraldes und seiner Frau Adelina del Carril. Fürst Trubetzkoy fertigt nach einem Porträt eine Skulptur von Victoria Ocampo an.

1913 Rom, 4. April: Erste Begegnung mit Julián Martínez

1914 Rückkehr nach Buenos Aires. Victoria Ocampo bezieht mit ihrem Mann ein großes Haus in der Calle Tucumán. Lektüre des Gedichtbandes *Gitanjali* von Rabindranath Tagore, in der Übersetzung von André Gide

1916 Über Ángel de Estrada lernt Victoria Ocampo José Ortega y Gasset in Buenos Aires kennen.

1920 4. April: Veröffentlichung von Victoria Ocampos erstem Artikel (*Babel*), in *La Nación*; endgültige Trennung von Mónaco Estrada; Bezug eines Domizils in der Calle Montevideo

1921 Victoria Ocampo verfasst *De Francesca a Beatrice*, eine Schrift zu Dantes *Divina Commedia*, die 1924 in Ortega y Gassets *Revista de Occidente* veröffentlicht wird.

1924 Rabindranath Tagore in Buenos Aires; Beginn einer tiefen Freundschaft zwischen dem bengalischen Dichter und Victoria Ocampo

1924 Beginn der Zusammenarbeit mit Ernest Ansermet im Teatro Colón

1925 Victoria Ocampo übernimmt die Rolle der Erzählerin im Oratorium *Le Roi David* von Arthur Honegger in Buenos Aires (Dirigent: Ernest Ansermet).

1926 Victoria Ocampo lernt María de Maeztu kennen; Freundschaft mit dem argentinischen Dirigenten und Komponisten Juan José Castro; Aufführungen zeitgenössischer Musikstücke mit der Asociación del Profesorado Orquestral des Teatro Colón unter der Leitung von Ernest Ansermet

1927 Lektüre von Hermann Graf Keyserlings *Reisetagebuch eines Philosophen*. Beginn einer intensiven Korrespondenz mit dem baltendeutschen Philosophen. Bau des ersten Hauses in Mar del Plata

1929 Einweihung eines zweiten Hauses in der Calle Rufino de Elizalde in Palermo (Buenos Aires); Reise nach Paris, wo die erste Begegnung mit Keyserling stattfindet; Bekanntschaft mit der Comtesse Anna de Noailles, der Fotografin Gisèle Freund, dem Maler Joan Miró, den Schriftstellern Paul Valéry, Pierre Drieu la Rochelle, Jules Supervielle und Benjamin Fondane; erste Lektüre verschiedener Werke von Virginia Woolf; Reise nach London, wo Victoria Ocampo Bekanntschaft mit George Bernard Shaw, H.G. Wells und John Galsworthy macht; Rückkehr nach Buenos Aires zur Vorbereitung von Keyserlings Besuch in der argentinischen Hauptstadt; erste Begegnung mit Waldo Frank, Eduardo Mallea und Le Corbusier in Buenos Aires

1930 Tod des Vaters Manuel Ocampo; Reise nach Paris; Organisation einer Ausstellung der künstlerischen Arbeiten von Tagore; Bekanntschaft mit Jean Cocteau, Jacques Lacan, Ramón Gomez de la Serna, Leo Ferrero, Francis Poulenc; Reise nach New York, dort begegnet Victoria Ocampo Sergej Eisenstein, mit dem sie in enger Freundschaft verbunden bleibt.

1931 Gründung von SUR in Buenos Aires; Reise nach Spanien

1932 Beginn der Freundschaft mit André Malraux; Drieu La Rochelle hält sich zu Vorträgen in Buenos Aires auf; Guillermo de Torre verlässt SUR.

1933 Gründung des Verlages SUR, das erste Buch: *Romancero Gitano* von Federico García Lorca

1934 Reise nach Europa mit Eduardo Mallea (SUR); Empfang bei Benito Mussolini im Palazzo Venezia; Victoria Ocampo hält Vorträge in Italien; Besuch bei Sigmund Freud; erste Begegnung mit Virginia Woolf in London; Rezitatorin in *Persephone* von Igor Strawinsky im Teatro Colón (weitere Aufführungen werden 1936 in Rio de Janeiro, 1938 in Florenz gegeben)

1935 Tod der Mutter Ramona Aguirre; Publikation des ersten Bandes der *Testimonios*

1936 Internationaler P. E. N.-Club-Kongress in Buenos Aires; Zusammenkünfte bei Victoria Ocampo in der Calle Rufino de Elizalde: u. a. mit Jules Romains, Benjamin Crémieux, Jacques Maritain, Henri Michaux, Alfonso Reyes, Stefan Zweig; Beginn des spanischen Bürgerkriegs; Gründung der *Unión de Mujeres Argentinas*, des argentinischen Frauen-Verbandes

1937 José Bianco tritt die Nachfolge von Eduardo Mallea als Sekretär von SUR an.

1938 April/Mai: Gabriela Mistral zu Besuch in der Villa Victoria, Mar del Plata, und in Buenos Aires (Calle Rufino de Elizalde); Reise (mit Eduardo Mallea) nach Europa

1939 In Paris: Besuch des Collège de Sociologie mit Jean Paulhan; Bekanntschaft mit Georges Bataille, Michel Leiris und Roger Caillois, den Begründern ebendieses Collège de Sociologie; Beginn einer »Freundschaftsliebe« zu Roger Caillois, der Victoria Ocampo im selben Jahr nach Buenos Aires folgt und dort bis 1945 bleibt.

1941 Selbstmord von Virginia Woolf

1943 Reise nach New York

1945 Selbstmord von Drieu la Rochelle; Nobelpreis für Gabriela Mistral; Reise nach Europa

1946 5. und 6. Juni: Besuch der Nürnberger Prozesse

1950 *Gran Premio de Honor* der SADE (Sociedad Argentina de Escritores)

1951 Reise nach Europa

1952 Tod von Delfina Bunge de Gálvez; Victoria Ocampo beginnt mit der Niederschrift ihrer Autobiographie.

1953 8. Mai: Hausdurchsuchung und Gefangennahme durch die Peronisten in Mar del Plata; bis zum 2. Juni sitzt Victoria Ocampo im Frauengefängnis El Buen Pastor ein.

1955 *La Revolución Libertadora* führt zur Befestigung der peronistischen Herrschaft

1958 Nominierung zur Präsidentin des *Fondo Nacional de las Artes*

1959 André Malraux zu Besuch in der Villa Ocampo, San Isidro

1961 José Bianco legt sein Amt als Sekretär bei SUR nieder

1962 Ehrung von Victoria Ocampo und Jorge Luis Borges – zum Commandeur dans l'Ordre des Arts et des Lettres

1963 Reise nach Paris

1964 Victoria Ocampo muss sich einer Operation unterziehen, sie leidet an Mundkrebs. Reise in die USA

1965 Verleihung des María-Moors-Cabot-Preises an Victoria Ocampo und Jorge Luis Borges und Ehrung zum Commander of the British Empire

1966 Verleihung des Preises der Vaccaro-Stiftung an Victoria Ocampo

1967 Verleihung des Alberdi-Sarmiento-Preises an Victoria Ocampo; Tod ihrer Schwester Pancha am 28. 12.

1968 Besuch von Indira Gandhi in der Villa Ocampo, San Isidro; Auszeichnung mit der Ehrendoktorwürde der Universität Visva-Barathi (durch die Botschaft Indiens); Tod ihrer Schwester Rosa am 22. 6.; Auszeichnung mit der Ehrendoktorwürde der Harvard-Universität

1973 Victoria Ocampo verlässt die Stiftung *Fondo Nacional de las Artes*; Schenkung der Villa Ocampo und der Villa Victoria an die UNESCO

1975 Begegnung mit Susan Sontag in New York

1977 Ernennung zum Mitglied der *Academia Argentina de Letras*; am 23.6.1977: Übernahme des nach Juan Bautista Alberdi benannten Sitzes; im November: Tagung des *Diálogo de las Culturas* in der Villa Ocampo

1978 Übersetzung und Publikation der *Ode jubilatoire* von Paul Claudel

1979 27.1.1979: Victoria Ocampo erliegt ihrem Krebsleiden, sie stirbt um 9 Uhr morgens in der Villa Ocampo in San Isidro.

1980 Tod der Schwester Angélica Ocampo

1979–1984 Postume Veröffentlichung der sechs Bände der *Autobiografía*

Auswahlbibliographie

Werkverzeichnis Victoria Ocampo

De Francesca a Beatrice (con un prólogo de Ortega y Gasset). Buenos Aires: SUR 1963 (Madrid: Revista de Occidente 1924)

La laguna de los nenúfares (fábula escénica). Madrid: Revista de Occidente 1926

Supremacía del alma y de la sangre. Buenos Aires: SUR 1935

Domingos en Hyde Park. Buenos Aires: SUR 1936

La mujer y su expresión. Buenos Aires: SUR 1936

Emily Brontë. Terra incognita. Buenos Aires: SUR 1938

El camino de América. Buenos Aires: SUR (69) 1940

San Isidro. Con un poema de Silvina Ocampo. Buenos Aires: SUR 1941

338171 T. E. (Lawrence de Arabia). Buenos Aires: SUR (Lettres Françaises) 1942

Le vert paradis. Buenos Aires: SUR (Lettres Françaises) 1945

Henry V y Laurence Olivier. Buenos Aires: SUR 1947

El Hamlet de Laurence Olivier. Buenos Aires: SUR 1949

Lawrence de Arabia y otros ensayos. Prólogo de Guillermo de Torre. Madrid: Aguilar 1951 (Colección Crisol, No. 332)

El viajero y una de sus sombras. Keyserling en mis memorias. Buenos Aires: Ed. Sudamericana 1951

Virginia Woolf en su diario. Buenos Aires: SUR 1954

La hora de la verdad. Buenos Aires: SUR (237) 1955

Habla el algarrobo. Buenos Aires: SUR 1959

Tagore en las barrancas de San Isidro. Buenos Aires: SUR 1961

Juan Sebastián Bach. El hombre. Buenos Aires: SUR 1964

La Belle y sus enamorados. Buenos Aires: SUR 1964

Diálogo con Borges. Buenos Aires: SUR 1969

Diálogo con Mallea. Victoria Ocampo – Eduardo Mallea. Buenos Aires: SUR 1969

Roger Caillois y la Cruz del Sur en la Academía Francesa. Buenos Aires: SUR 1972

Testimonios

Testimonios. Primera Serie (1920–1934). Madrid: Revista de Occidente 1935. Buenos Aires: SUR 1981

Testimonios. Segunda Serie (1937–1940). Buenos Aires: SUR 1941

Testimonios. Tercera Serie (ohne Jahreszahlen). Buenos Aires: Ed. Sudamericana 1946

Soledad Sonora. Testimonios. Cuarta Serie (ohne Jahreszahlen). Buenos Aires: Ed. Sudamericana 1950

Testimonios. Quinta Serie (1950–1957). Buenos Aires: SUR 1957

Testimonios. Sexta Serie (1957–1962). Buenos Aires: SUR 1962

Testimonios. Séptima Serie (1962–1967). Buenos Aires: SUR 1967

Testimonios. Octava Serie (1968–1970). Buenos Aires: SUR 1971

Testimonios. Novena Serie (1971–1974). Buenos Aires: SUR 1975

Testimonios. Décima Serie (1975–1977). Buenos Aires: SUR 1977

Testimonios. Series primera a quinta. Selección, prólogo y notas: Eduardo Paz Leston. Buenos Aires: Ed. Sudamericana 1999

Testimonios. Series sexta a décima. Selección, prólogo y notas: Eduardo Paz Leston. Buenos Aires: Ed. Sudamericana 2000

Autobiografía

Autobiografía I: El archipiélago. Buenos Aires: SUR 1979

Autobiografía II: El imperio insular. Buenos Aires: SUR 1980

Autobiografía III: La rama de Salzburgo. Buenos Aires: SUR 1981
Autobiografía IV: Viraje. Buenos Aires: SUR 1982
Autobiografía V: Figuras simbólicas. Medida de Francia. Versailles-Keyserling, Paris-Drieu. Buenos Aires: SUR 1983
Autobiografía VI: SUR y Cía. Buenos Aires: SUR 1984

El archipiélago; El imperio insular. 2. ed. 2005. Buenos Aires: Ed. Fundación Victoria Ocampo
La rama de Salzburgo; Viraje. 2. ed. 2005. Buenos Aires: Ed. Fundación Victoria Ocampo
Figuras simbólicas; Medida de Francia; SUR y Cía. 2. ed. 2006. Buenos Aires: Ed. Fundación Victoria Ocampo

Korrespondenz

Reyes, Alfonso y Victoria Ocampo. *Cartas echadas. Correspondencia 1927–1959*. Mexico 1983.

Dos Argentinas: Arturo Jauretche – Victoria Ocampo. Correspondencia inédita. Sus vidas – sus ideas. Hg. von Norberto Galasso. Rosario: Homo Sapiens Ed. 1996

Cartas a Angélica y otros. Edición, prólogo y notas: Eduardo Paz Leston. Buenos Aires: Ed. Sudamericana 1997

Correspondencia Victoria Ocampo – Roger Caillois (1939–1978). Prólogo, selección y notas de Odile Felgine. Buenos Aires: Ed. Sudamericana 1999 (1997 in französischer Sprache)

Esta América nuestra. Correspondencia 1926–1956. Gabriela Mistral – Victoria Ocampo. Buenos Aires: El Cuenco de Plata 2007

Cartas de posguerra. Centro de Documentación de Villa Ocampo. Buenos Aires: SUR. Mit Anmerkungen von Eduardo Paz Leston. Etwa 80 bisher unveröffentlichte Briefe zwischen Victoria, Angélica und Pancha. Im Erscheinen begriffen.

Übersetzungen von Victoria Ocampo

Albert Camus: *Calígula*. Buenos Aires: Revista SUR, no. 137–138. 1946

Colette y Anita Loos: *Gigi*. Buenos Aires: SUR 1946

Dostoievsky-Camus: *Los poseídos*. Buenos Aires: Losada 1960

William Faulkner-Albert Camus: *Réquiem para una reclusa*. Buenos Aires: SUR 1957

Graham Greene: *El cuarto en que se vive*. Buenos Aires: SUR 1953; *El que pierda gana*. Dto. 1957; *La casilla de las macetas*. Dto. 1957; *El amante complaciente*. Dto. 1959; *Tallando una estatua*. Buenos Aires: Revista SUR, Juni 1965; *La vuelta de A. J. Raffles*. Buenos Aires: SUR 1976

Lanza del Vasto: *Vinoba*. Buenos Aires: SUR 1955

T.E. Lawrence: *El troquel*. Buenos Aires: SUR 1959

Dylan Thomas: *Bajo el bosque de leche*. Buenos Aires: SUR 1959

Jawaharlal Nehru: *Antología*. Selección y prólogo de Victoria Ocampo. Buenos Airen: Revista SUR, Dezember 1966

Mahatma Gandhi: *Mi vida es mi mensaje*. Buenos Aires: SUR 1970

Paul Claudel: *Oda jubilar*. Buenos Aires: SUR 1978

Bildbände zu Victoria Ocampo

Berjman, Sonia. *La Victoria de los jardines. El paisaje en Victoria Ocampo*. Buenos Aires: Papers Ed. 2007

Bordelois, Ivonne et al. *Villa Ocampo. Escenario de cultura*. Buenos Aires: Ed. Sudamericana 2006

Facio, Sara. *Victoria Ocampo en fotografías*. Buenos Aires: La Azotea Ed. Fotográfica 2006

Bibliographien

Adam, Carlos. *Aproximaciónes a la obra de Victoria Ocampo* Bio-bibliografía. In: BCA (Boletin Capilla Alfonsina) 29 (1974), 38–67

Foster, David William. *Bibliography of Writings by and about Victoria Ocampo (1890–1979)*. In: Inter-American Review of Bibliography, XXX (1980), 51–58

Fundación Interamericana de Bibliotecología Franklin: Indice de la Revista SUR (1931–1966). Inklusive Zeitungsartikel, Vorträge und Übersetzungen. Buenos Aires: SUR 1966/67

Tuninetti, Beatriz. *Contribución a la bibliografía de Victoria Ocampo*. Buenos Aires: Universidad de Buenos Aires 1962 (Guías bibliográficas; 6)

Monographien (Auswahl)

Arambel-Güinazú, María Cristina: *La escritura de Victoria Ocampo: memorias, seducción, collage*. Buenos Aires: Collage 1993

Ayerza de Castilho, Laura; Felgine, Odile: *Victoria Ocampo*. Paris: Éditions Criterion 1991 (in französischer Sprache)

Basaldúa, Héctor, et al. (Hg.): *Testimonios sobre Victoria Ocampo*. Buenos Aires: La Fleur-Comisión de Homenaje 1962

Bocchino, Adriana A. (comp.); Hermida, Carola et al.: *V. O.* Mar del Plata: Estanislao Balder 2006

Cozarinsky, Edgardo: *El pase del testigo*. Buenos Aires: Ed. Sudamericana 2001

Delgado, Josefina: Victoria Ocampo. *Criolla gigantesca*. Buenos Aires: Aguilar 2006

Dyson, Ketaki Kushari: *In Your Blossoming Flower-Garden. Rabindranath Tagore and Victoria Ocampo*. Neu-Delhi: Sahitya Akademie 1988

Gálvez, Lucía: *Delfina Bunge. Una biografía*. Buenos Aires: Planeta 2000

Iglesia, Cristina: *Islas de la memoria*. Buenos Aires: Ed. Cuenca del Plata 1996

King, John: *SUR. A study of the Argentine literary journal and its role in the development of a culture, 1931–1970.* Cambridge: Cambridge University Press 1986

López, María Pia: *Victoria Ocampo. Memorias y viajes.* Buenos Aires: Facultad de Filosofía y Letras 1998

Mantovani, Fryda Schultz de: *Victoria Ocampo.* Buenos Aires: Ed. Culturales Argentinas 1963

Matamoro, Blas: *Genio y figura de Victoria Ocampo.* Buenos Aires: Eudeba 1986

Meyer, Doris: Victoria Ocampo. Contra viento y marea. Buenos Aires: Ed. Sudamericana 1981; dt.: Victoria Ocampo. Gegen den Wind und die Zeit. Eine Biographie. Frankfurt a. M.: Fischer 1982

Obieta, Adolfo de: *Victoria Ocampo.* Buenos Aires: Corregidor 2000

Omil, Alba: *Frente y perfil de Victoria Ocampo.* Buenos Aires: SUR 1980

Ospina Garcés de Fonseca, Helena: *Arte o sanidad? El drama interior de Victoria Ocampo.* San José: Promesa 2006

Ottino, Mónica: *Evita y Victoria.* Buenos Aires 1990

Owen Steiner, Patricia: *Victoria Ocampo. Writer. Feminist. Woman of the World.* Albuquerque: University of New Mexico Press 1999

Pezzoni, Enrique: *El texto y sus voces.* Buenos Aires: Ed. Sudamericana 1986

Sarlo, Beatriz: *La máquina cultural: Maestras, traductores y vanguardistas.* Buenos Aires: Ariel, 2ed, 1998

Sitman, Rosalie: *Victoria Ocampo y SUR: entre Europa y América.* Buenos Aires: Ed. Lumiere 2003

Vásquez, María Esther: *Victoria Ocampo. El mundo como destino.* Buenos Aires: Seix Barral 2002

Dies.: *Victoria Ocampo.* Buenos Aires: Planeta (Collección: Mujeres argentinas) 1991

Viñuela, Cristina: *Victoria Ocampo. De la busqueda al conflicto.* Mendoza: Ed. de la Universidad Nacional de Cuyo 2004

Woolf, Virginia: *The Letters of Virginia Woolf.* Volume Five (1932–1935), Volume Six (1936–1941). Hg. von Nigel Nicolson u. Joanne Trautmann. New York and London: Harcourt Brace Jovanovich 1979 u. 1980

Register

ERNESTO MALLO
Der barfüßige Polizist
von der Calle San Martín
Aus dem argentinischen Spanisch
von Matthias Strobel
240 Seiten. Gebunden
ISBN 978-3-351-03325-5

»Ein großartiger Krimi.« LE MONDE

Buenos Aires, Anfang der 1980er Jahre. Die Diktatur ist vorbei, alles boomt: Banken, Geschäfte, Korruption. Eduardo Miranda, genannt »El Topo«, ein Gangster alter Schule, dreht ein letztes Ding, bevor er sich zur Ruhe setzen will. Doch der Coup geht schief, Miranda befindet sich mit einer Millionenbeute auf der Flucht. Comisario Lascano soll den Bankräuber zur Strecke bringen, dabei hat er mehr mit dem Ehrenkodex des alten Topo gemein als mit seinen Auftraggebern. Dennoch nimmt er die Suche auf, denn er hofft, mit dem Lohn dafür Eva zu finden – die Frau, die er einmal geliebt hat.
Verdichtet in einer packenden Kriminalgeschichte erzählt Ernesto Mallo von Verletztheit, Aufbruch und Gewalt.

Mehr Informationen erhalten Sie unter www.aufbau-verlag.de
oder in Ihrer Buchhandlung

aufbau

GUNNA WENDT
Franziska zu Reventlow
Biographie
317 Seiten. Gebunden
ISBN 978-3-351-02660-8

Die anmutige Rebellin

»Ein selbstbestimmtes Leben, mal Himmelfahrt, mal Höllensturz«, so DER SPIEGEL über die Schriftstellerin, Lebenskünstlerin, alleinerziehende Mutter, Adlige und Königin der Boheme. Gunna Wendt erzählt es in einer mitreißenden Biographie. Die eigenwillige und künstlerisch begabte Tochter erscheint ihren Eltern schon früh als schwer erziehbar. Die Widerspenstige entzieht sich ihrer Zähmung und entdeckt für sich eine Fluchtlinie, die ihre lebhafte Phantasie anregt und ihr gleichzeitig Sicherheit verleiht: das Schreiben. Sie entwickelt die Utopie einer erotischen Kultur, lebt radikal, souverän und unverhohlen einen subtilen und individuellen Lebensstil. Doch es gibt Schattenseiten: die permanente Geldnot, die Einsamkeit und die Selbstzweifel. »Ich zerbreche nie, bin der prädestinierte Phönix«, notiert sie in ihr Tagebuch. Gunna Wendt ist bekannt für ihre sorgfältig recherchierten und unterhaltsam geschriebenen Künstlerbiographien prominenter Frauen des 20. Jahrhunderts.

Mehr Informationen erhalten Sie unter www.aufbau-verlag.de
oder in Ihrer Buchhandlung

aufbau

André Brink
Die andere
SEITE
der STILLE
Roman
aufbau

MATTHIAS
FRINGS
Der
letzte
Kommunist
Das traumhafte Leben
des Ronald M. Schernikau
aufbau